近代 滿洲 벼농사 발달과 移住 朝鮮人

金 穎

국학자료원

국립중앙도서관 출판시도서목록(CIP)

近代 滿洲 벼농사 발달과 移住 朝鮮人 / 김영 지음. -- 서울 : 국학자
료원, 2004
   p. ;   cm. -- (韓國史研究叢書 ; 47)

ISBN 89-541-0165-8 94900 : ₩18000
ISBN 89-541-0090-2(세트)

911.06-KDC4
951.903-DDC21   CIP2004000070

近代 滿洲 벼농사 발달과 移住 朝鮮人

책을 펴내면서

　중국 동북지역(만주)은 관내와 달리 뒤늦게 19세기에 들어와서야 본격적으로 개발되기 시작하였다. 淸朝 초기부터 이주해 오기 시작한 중국 북방지역의 漢人들은 주로 旱田 작물만을 재배하였다. 뒤늦게 들어온 조선인 이민은 만주의 호된 추위와 건조한 기후 등 불리한 조건을 극복하며 벼농사를 개시하고 줄곧 꿋꿋이 담당해 왔었다. 그 결과 벼농사지역은 1945년 현재 흥안북성을 제외한 만주 전역에 분포되었으며, 지금은 쌀이 중국동북지역의 主食이 되었다. 수전농업개발양식의 도입은 만주경제 전반에 생기를 불어넣었으며 농업의 지속적 개발을 보장하였다.

　본래부터 이민은 先住民으로부터 강한 배척을 받는 것이 상례라 하겠지만 이주 조선인들이 겪은 고난은 실로 참담하였다. 만주에서 벼농사가 발달하던 시기는 일제의 조선 식민지화, 만주점령, 전면적인 대륙침략전쟁시기와 겹치었다. 일제는 대륙침략에 줄곧 벼농사에 종사하는 조선인 이민을 이용하는 정책을 펴왔기 때문에 벼농사는 中·日 양국과 조선인 이민간의 이해관계가 뒤엉켜 복잡한 모순과 시련을 겪으며 발전해 갔다.

　일제는 한편으로 조선인에게 끊임없는 탄압을 가하면서도 다른 한편으로는 벼농사에 대한 개입을 통해 조선인 사회를 지배, 통제해 가는 수단으로 '보호'의 허울을 쓰고 조선인 이민 생활개선을 표방하였다. 만주침략 이후에는 일본인의 기호에 맞는 쌀을 생산하기 위해 일본품종을 보급시켰고 수리, 시비, 농기구도 개량하였다. 그러나 실제로 만주개발을 위한 것도 아니었고 조선인 이민의 생활안정을 위한 것도 아니었다. 일제는 만주 벼농사의 전반적인 발달사에서 始終 조선인을 이용하고 수탈하였다. 일제의 조선인 이용정책으로 말미암아 재만 조선인의 벼농사는 불명예스럽게 된 측면이 있는 것도 부인할 수 없다. 근대 만주 벼농사 발달에 관한 연구를 통하여 우리는 조선인들의 고난에 찬 이주의 역사와 함께 '침략과 반침략', '개발과 수탈', '보호와 통제' 등의 주제를 고찰할 수 있다.

한편, 조선인의 만주이주성공은 벼농사 발전에 크게 힘입었고 조선인 인구 증가는 또한 벼농사 발달의 動因이 되기도 하였다. 그리고 벼농사 과정에서 조선인 농민과 중국인 농민은 협조관계를 유지하면서 화합한 관계를 맺어갔다. 벼농사는 조선인 이민의 대표적인 생산분야로 확고한 위치를 점하면서 오늘날 중국 조선족 형성의 기초를 다졌다. 지금까지도 벼농사는 중국동북지역에 거주하는 조선족의 생활기반이 되고 있고 조선족 마을에서 생산된 쌀은 시장에서 유난히 인기가 있다. 만주 벼농사 발달사를 체계적으로 연구 정리하는 것은 중국 조선족 형성과정에 관한 역사적 해명에서 가장 본원적이고 근간이 되는 것이다.

필자는 1991년 석사학위 취득 후, 몸담고 있었던 중국 요녕대학의 희망에 따라 원래의 전공이었던 일본중세사에서 한국근현대사문제에 관한 다양한 주제의 논문을 발표하고 있었지만 한평생 종사할 연구 주제를 잡지 못하고 있었다. 1999년에는 운 좋게 서울대 인문대학 대학원 국사학과에 입학하여 박사과정을 밟을 수 있는 기회를 갖게 되었다. 첫 학기에 여러 가지로 만주 이주 조선인의 생산, 생활, 투쟁 여러 분야의 관련된 연구주제를 타진하던 중, 사회대학 경제학과 안병직선생님의 수업시간에 만주 벼농사가 매우 중요한 주제라는 말씀을 들었다. 그 후 연구성과조사결과 이 주제에 관한 연구가 중요함에도 불구하고 아직 연구되지 않았음을 확인한 나머지 흥분함과 사명감을 갖고 방학을 이용하여 이에 관련한 중국측의 연구성과와 자료를 조사하였다. 의외로 중국측도 이에 관한 연구가 별로 없고 자료가 많음을 확인하였다.

한편, 중국 동북지역에서 태어나서 살고 있는 중국 조선족이자 중국 대학교 선생으로서 중국측 1차 자료 접근이 가능하고, 일본어를 제1외국어로 배웠기에 가능했던 일본어 자료 해독능력을 바탕으로 한중일 3국의 자료를 대조해 보면 이 주제를 누구보다 잘, 또 객관적으로 분석 판단할 수 있지 않을까 판단하였다. 그리하여 늦게나마 이 주제를 나의 학문의 새로운 출발로 삼고 진지하게 1차 자료 수집에 몰두하였다. 처음부터 한 권의 책을 쓸 작정을 하고 우선 접근하기 쉬운 한국측 자료의 수집부터 착수해 서울대학교중앙도서관 구관도서실, 농학도서관, 중앙국립도서관, 국회도서관, 국사편찬위원회의 관련자료를 수집하였다. 방학 때마다 관련 연구자들을 찾아뵙고, 중국의 요녕성당안관, 길림성당안관, 연변당안관, 요녕성도서관, 대련도서관 등 각지 문헌기록 자료기관을 다니며 쌓여 있는 문서더미 속에서 이제껏 사용된 적이 없었던 자료들을 수집하였다.

본 書는 이와 같은 필자의 연구결과인 박사학위 청구논문에 수정 보완을 가한 것이다. 지금 보아도 허점이 있긴 하지만 만주지역 연구에 관심을 갖고 있는 모든 분들에게 조그마한 도움이나마 되었으면 하는 것이 필자의 간절한 소망이다.

이 책을 쓰는 과정에서 필자는 너무나 많은 사람의 도움을 받았다. 우선 저의 박사논문 지도교수이신 權泰檍선생님의 학문적인 여러 가지 가르침, 아낌없는 지도, 격려, 도움이 있었기에 완성할 수 있었다고 말하고 싶다. 그리고 저의 박사논문심사위원장이셨던 李泰鎭선생님을 비롯하여 심사를 맡아 주셨던 李景植, 金仁杰, 朴桓선생님께 마음 속 깊은 곳으로부터 감사를 드린다. 선생님들의 꼼꼼한 지적과 조언으로 논문의 질이 향상될 수 있었다. 이밖에 서울대 국사학과 여러 교수님들이 보내준 격려에도 감사드리고 싶다. 또한 박사과정 3년간 장학금을 제공해 준 재외동포재단에 감사를 표한다.

그리고 여러 가지로 많은 조언과 도움을 준 염정섭, 박현순를 비롯한 여러 동학들에게도 진심으로 감사의 마음을 전하는 바이다. 이 책 간행하기 전 마지막으로 원고의 표현과 문장을 전반적으로 검토하느라 고생이 많았던 양택관 동학에게도 감사하는 바이다.

한편 이 책의 출판을 주선하여 준 박환교수님께 다시 한번 謝意를 표하며, 어려운 출판 사정 속에서도 이를 기꺼이 허락해 주신 정찬용사장님과 임원 여러분께 고마운 뜻을 전하는 바입니다.

마지막으로 본인의 장기간에 걸친 유학을 가능케 해 준 가족에 감사의 말을 전하고 싶다. 나의 학문적인 발전을 적극 밀어 준 남편 許哲均, 해외 유학 동안 집안 살림을 맡아 주시고 격려해 준 어머님, 그리고 엄마와의 이별을 참아주고 오히려 용기를 북돋아 주었던 나의 사랑스런 딸 許馨元 모두에게 감사한다.

이 책을 저의 어머니 金琴芬여사에게 받칩니다.

차 례

도표목차

1. 연구의의

　만주 벼농사의 발달은 다른 旱田작물의 발달과 다른 길을 걸었다. 대두, 고량, 속, 옥수수, 소맥, 대맥, 陸稻 등을 포괄한 旱田작물은 일찍이 淸朝초기부터 산동, 하남 등 중국북방지역의 이주 漢人에 의해 개발, 발전되었다. 이들 旱田작물기술을 가진 북부지역 漢人들은 만주에 이주한 후에도 고량, 속 등을 주식으로 하면서 한전작물만 재배하였고 습지를 개간하여 벼농사하는 방법을 몰랐다. 만주의 벼농사는 뒤늦게 이주한 조선인 이민에 의해 개시되었고 줄곧 그들 주도로 발전해 갔다. 만주 벼농사의 발달사는 이주 조선인에 의한 유구한 전통을 가진 조선농업기술의 국제적 파급과정으로도 볼 수 있는 만큼 이에 대한 연구는 한국사 연구에서 대단히 중요한 의미가 있다.

　일찍이 北邊지방 조선인들은 조·청 양국의 禁越과 封禁에도 불구하고 인삼채집과 수렵을 위해 계속 '犯越'하였다. 1860년대에 이르러 청의 압록강 北岸지역에 대한 封禁이 완화되어 漢人들의 개발붐이 일어남과 더불어 조선 북부지역의 연속적인 자연재해, 三政紊亂의 피폐 등으로 인해 조선인의 대량 이주가 이루어졌다. 정착초기에 그들은 여전히 인삼채집과 수렵을 위주로 하였고 일부 보리와 감자를 심어 생계를 유지하였지만 1875년에 이르러 압록강

상류의 대안인 통화지역에서 제일 처음으로 벼 재배에 성공하였다. 그 후 벼농사는 점차 만주전역으로 보급되어 갔다.

본 書는 한중일 3국에서 근대 만주 벼농사발달사에 관한 연구가 거의 없는 만큼, 1875년 조선인에 의한 벼의 성공적인 재배를 시점으로 하여 1945년 광복까지 70년 간 만주 전역 벼농사의 발달상황을 체계적으로 연구 정리하고자 한다. 이 주제에 대한 연구의의를 정리해 보면 다음과 같다.

첫째, 1945년 광복의 시점에서 200만 명에 가까웠던 이주 조선인[1]의 생산, 생활의 근간인 벼농사 발달에 관한 연구는 근대 조선인의 만주 이주사의 전체상과 이주 성공으로 인한 중국 조선족의 형성과정, 아울러 일제시대 만주에서의 독립운동의 사회경제적 기초를 밝히는데 큰 의미가 있다. 이것은 필자가 이 주제를 선택하게 된 주요한 동기이기도 하다.

재만 조선인이라 하면 벼농사를 연상케 하는데, 벼농사는 그들이 생존하고 사회활동을 하기 위한 기본적인 경제적 바탕이었다. 특히 간도지역 이외의 광대한 만주지역에 널리 분포한 이주 조선인들은 그 이주가 간도지역보다 일찍 행해졌던 곳이 많았음에도 불구하고 간도와 같은 토지소유권이 인정되지 않았으므로 큰 집단적인 이주지역을 형성하지 못하였다. 그러나 그들은 先住 중국인이 할 줄 몰랐던 유망한 작물인 벼를 성공적으로 재배함으로써 발전의 요소를 마련할 수 있었다.

지금까지도 벼농사는 중국동북지역에 거주하는 중국 조선족의 생활기반이 되고 있으며[2] 조선족 마을에서 생산된 쌀은 시장에서 유난히 인기가 있다. 하천유역의 벼농사 중심지대에는 어디를 가나 조선족들이 집단적으로 거주하

---

1) 이주 조선인에 대해서는 鮮人, 鮮農, 墾民, 韓人, 朝鮮人, 歸化韓人 · 非歸化韓人, 入籍韓人 · 未入籍韓人 등으로 실로 복잡하고 다양한 칭호가 있다. 본문에서는 특별히 역사서술의 정확성과 진실성을 나타내려는 의도 외에는 이주 조선인, 조선인 이민이라 칭하겠다.

2) 흑룡강성 19개 조선민족향, 499개 민족촌은 모두 유명한 '水稻之鄕'이다.

는 마을들이 있다. 지금 조선족의 마을 단위의 농경지는 어느 마을 할 것 없이 모두가 논으로 되어 있고 밭 면적이 적다는 점에서 서로 비슷하다.

이주 조선인들은 벼농사 과정에서 중국 본토인과 밀접한 관계를 맺으며 서로 배우고 돕고 화목하게 유대를 강화하여 확고한 뿌리를 내렸다. 일제가 민족 이간정책을 시행했음에도 불구하고 두 민족 간의 접촉으로 인하여 어려운 사회문제는 발생하지 않고 점차 화합하여 갔다.[3]

둘째, 만주의 벼농사발달에 관한 연구는 근대 韓·中 농업기술교류의 하나의 훌륭한 사례를 제공한다.

조선인 이민은 일제 강점이전의 조선 稻作法 뿐만 아니라 일제의 産米增産運動의 일환으로 직수입된 일본식 농법도 만주에 그대로 전파, 보급하였다. 근대 한민족의 벼농사기술의 전파, 보급으로 말미암아 만주에서는 새롭게 수리개발이 개시되었고 중국인의 旱田농업 개발양식에 조선인의 수전농업 개발양식이 첨가되어 만주지역 농업의 발전방향과 지속적 개발을 보장하였으며 경제 전반에 생기를 불어넣었다.

셋째, 현재 중국 동북지역의 주식인 쌀의 생산이 어떻게 시작되고 어떤 과정을 거쳐 발전해왔는가를 밝히는 것은 中國東北地域史 연구에서도 대단히 의미 있는 일이다. 지금도 노인들은 가끔 조선사람이 들어와서 '水粳子'를 심었기 때문에 이렇게 맛있는 主食인 쌀을 먹기 시작했다고들 한다.

넷째, 근대 만주 벼농사 발달시기는 일제의 조선 식민지화, 만주점령, 전면적인 대륙침략전쟁시기와 겹친다. 본 書는 일본 자본주의 발전에 따른 시기적 요구와 내외 사정에 따라 통제되기도 하고 왜곡되기도 하면서 '발전'해 가는

---

3) 李勳求, 1932 ≪滿洲와 朝鮮人≫ 平壤崇實專門學校 經濟研究室 217쪽. 이훈구는 미국지리학협회의 만주에 대한 연구부탁을 받고 만주사변직전 만주의 부여, 아성, 쌍성, 빈강, 주하, 녕안지역의 201호에 대해 조사를 진행하면서 위 책을 썼다. 그는 이 책에서 조선인과 중국인이 서로 확연히 다른 문화를 갖고 있었음에도 불구하고 그들 서로가 조화적 우의를 가진 것은 놀라운 일이라고 하였다.

만주벼농사발달사를 다루면서 일제의 '만주개발'과 이주 조선인에 대한 시혜의식의 본질을 드러내고자 한다. 침략과 근대화의 논리는 동전의 양면과 같은 것으로, 결국은 강자인 일제 자신의 침략적 이익을 관철하기 위한 것으로 일제는 자신의 이해와 일치되는 한에서만 '근대화'시킨다.[4] 본 書는 바로 이에 대한 하나의 실증적 분석연구라 하겠다.

2. 연구현황과 과제

한국학계에서는 1980년대 후반부터 조선인의 만주 이주에 관한 연구가 활기를 띠기 시작하였는데 주목되는 연구로는 박영석, 윤병석, 고승제, 전해종, 오세창, 권석봉, 홍종필, 김기훈, 윤휘탁 등의 논저와 중국연변대학교수 박창욱, 손춘일, 김춘선, 유병호, 김태국, 강룡범 등의 연구를 들 수 있겠다.[5] 이들의 연구에 의해 다양한 면에서 만주의 조선인 사회에 대한 조명이 이루어졌지만 대체로 만주사변전의 시기에 집중되어 있고 정작 가장 많은 이민이 발생한 '만주국' 설립 이후에 대해서는 소홀히 다루어지고 이민사 전반의 변화과정을 동태적으로 다루지 못하고 있다.

동시에 이들 연구는 '만주관헌 및 중국인 지주의 조선인 이민에 대한 포악과 압박, 이로 인한 조선인의 피눈물나는 빈궁한 처지'라는 역사상 제시에 초점을 맞추고 있는 바, 이러한 파악은 만주관헌의 핍박에도 불구하고 왜 더 많은 조선인이 계속 만주로 이주해 갔는가를 설명해내지 못하고 있다. 한편 만주지역의 독립운동사를 다루는 연구들도 독립운동의 배경으로 조선인 이민문제를 거론하고 있으나, 그 연구가 독립운동문제에 편중되어 있어서 조

---

4) 권태억, 1994 <통감부 설치기 일제의 조선 근대화론> ≪국사관논총≫ 제53집; 2000 <근대화·동화·식민지유산> ≪한국사연구≫ 108호 참조.
5) 이들의 논저는 뒤에 첨부한 참고문헌을 참조할 것.

선인 이민 중에서 순수하게 조국광복을 위하여 투쟁한 지사도 아니고 친일파도 아닌, 오직 생존을 위해 만주로 이주한 대다수 일반 조선인들이 어떻게 만주사회에 적응했느냐를 깊이 있게 밝혀내지 못하고 있다. 만주 벼농사 발달에 관한 연구는 바로 이런 문제를 깊이 있게 다룰 수 있는 주제이다.

한편 이제까지의 만주 이주사와 관련된 연구는 간도지역 위주의 연구경향으로 말미암아 이 지역 조선인 사회 형성에 대해서는 어느 정도 밝혀 놓았지만 기타 남만주, 북만주를 포괄한 광활한 다른 지역 조선인 이민에 대한 심층적인 연구는 부진하였다. 간도는 투田 위주의 생산형태로 수전이 차지한 비중이 크지 않았으므로 간도위주의 연구경향은 이주 조선인의 대표적인 생산수단인 벼농사에 대한 연구까지 소홀히 취급하게 되는 결과를 초래하였다. 필자는 만주 벼농사 발달이란 주제를 통해 근대부터 간도 이외의 더욱 넓은 곳에 조선인이 자체의 대표적인 벼농사를 생업으로 정착해 나갔음을 밝히고자 한다.

일본학계에서는 일본제국주의 침략에 대한 반성과 비판이란 시각에서 접근한 논문은 대체로 만주에 대한 일제의 침략정책이나 일본이민정책을 중심으로 한 연구에서 조선인 이민과 벼농사에 대해 단편적으로 취급하면서 재만 조선인들이 겪은 비참한 생활상을 어느 정도 규명하였다. 반면 일부 학자는 만주의 철도, 광공업부문 등 외적, 量的 발전을 달성한 부문을 중점적으로 연구하면서 일제의 만주경영, '만주국' 건설을 미화하고 적극적으로 평가하려고 하는 경향도 있다.[6]

중국학계의 만주 벼농사에 대한 관련 연구는 특히 부진하였다. ≪中國稻作史≫란 책에서는 고대 동북지역 稻에 관해 간단히 언급하면서 근대 벼농사는 조선인이 들어와서 개시되었다고 지적하면서 스쳐지나갔을 뿐이었다.[7] 중

---

6) 이들의 논저는 뒤에 첨부한 참고문헌을 참조 할 것.
7) 游修齡, 1995 ≪中國稻作史≫ 中國農業出版社

국학계의 이 주제에 대한 연구부진의 원인은 벼농사가 근대 만주농업경제의 근간이 아니었고 또한 식민지 '만주국' 경제와 관련된 연구가 일제의 침략성, 수탈성을 부각시키는데 치중한 나머지 이 시기 많은 작물이 위축하는 가운데 계속 급속한 증산추세를 나타낸 쌀 생산과 관련된 연구를 특별히 선정해 깊이 있는 연구를 하기 만무하며 게다가 이 문제는 복잡한 민족관계까지 얽혀 있기 때문이라고 판단된다. 심지어 어떤 중국학자는 벼농사가 발달했다는 사실조차 인정하지 않거나 언급하지 않는다.

현재 만주 벼농사와 관련된 연구성과로는 박영석교수의 ≪萬寶山事件研究≫와 짧은 논문 몇 편, 중국학자 衣保中교수의 ≪朝鮮移民与東北地區水田開發≫이 있을 뿐이다.[8]

박영석교수의 ≪萬寶山事件研究≫는 수전을 둘러싼 한 개 분쟁사건인 만보산사건의 진행과정과 이에 대한 한중일 3국의 반응을 위주로 다루었을 뿐 만주지역의 전반적인 벼농사 발전 양상을 보여주지는 못하였다.

홍종필의 <만주 조선인 이민 수전개척소고-1920년대 만주조선인이민사 이해를 위하여>는 제목 그대로 1920년대에 국한하였고 수전을 둘러싼 일제의 지배목적과 이용수단, 중국에서의 복합적이고 결정적인 요소 등을 소홀히 취급하였으며 특히 중국측의 자료에 대한 검토가 없었기 때문에 설득력이

---

8) 박영석, 1978 ≪萬寶山事件研究≫ 아시아문화사

黃今福, 1987 <淺談近代延邊地區的水田開發> ≪中國朝鮮族歷史研究論叢≫1 연변대학출판사

權寧朝, 1989 <黑龍江省近代水田的發展與朝鮮民族> 孔經緯 ≪中國東北地區經濟史專題國際學術會議文集≫ 182쪽

＿＿＿, 1992 <조선민족의 이주와 중국동북일대 근대 벼농사의 개척> ≪재외한인연구≫ 제2호 134쪽

홍종필, 1990 <만주 조선인 이민 수전개척소고>-1920년대 만주 조선인 이민사 이해를 위하여 ≪명지사론≫ 3 명지대

권 립, 1992 <만주'근대수전'의 개발과 우리민족> ≪김창수교수화갑기념논총≫

衣保中, 2000 ≪朝鮮移民与東北地區水田開發≫ 長春出版社

부족하다. 중국학자 황금복, 권녕조, 권립의 논문은 깊이 있는 자료 발굴을 하지 않고 너무 간략히 다루고 있다. 이들 논문들은 벼농사과정에서 여러 중요한 요소를 연관시켜 충분한 논증 전개 없이 한결같이 만주 벼농사의 전개는 조선인의 위대한 공헌이라고 높이 평가하고 있다. 이것은 틀린 것은 아니지만 충분하지는 않다.

당시 일본의 식민지로 열악한 정치적 지위에 처해 있던 빈곤한 조선인 이민이 만주에 들어가 주체적으로 수전을 스스로 다 경작해나갔다는 것은 무리가 따르는 억지 주장이라 할 수 있겠다. 근대 만주 벼농사는 이주 조선인이 벼농사 기술을 가진 노동력으로서 줄곧 담당해왔지만 만주당국의 벼농사에 대한 권장과 관리, 조선인 이민에 대한 규제라는 모순되는 정책과 일제의 만주침략과 대륙침략을 일삼는 과정에서의 전시 식량수요에 따른 미곡정책, 만주이민 정책 등의 결정적 영향을 받았음을 함께 파악해야만 한다.

의보중이 저술한 ≪朝鮮移民与東北地區水田開發≫은 시기적으로 1931년 만주사변까지만 다루었다. 조선인 인구로 보나, 수전 면적으로 보나 큰 발전을 달성한 '만주국'시기는 전혀 언급하지 않았다. 그리고 조선인 이주사를 위주로 기술하는 과정에 수전개발을 언급하는 정도에 그쳐, 이주과정에서 재만 조선인의 벼농사 경작실태, 만주당국의 벼농사에 대한 권장과 조선인 이민에 대한 규제라는 모순되는 시책도 충분히 밝혀내지 못하고 있다. 또한 일제의 만주침략이라는 큰 구조에서 접근하지 않아 내용적으로 일제에 대한 언급이 빠졌다. 그리하여 만주사변 전까지 다루면서 사변직전 만주 벼농사전개과정에서 발생한 일제의 조선인을 침략에 이용하려는 굵직한 만보산사건에 대한 언급도 없었다.

이와 같은 한중일 3국 학계의 연구부진으로 말미암아 만주 벼농사 발달사는 그것이 이주 조선인의 노력에 의한 것이라는 것만 당연한 사실로서 받아들여지고 있을 뿐 그 실상은 전혀 밝혀져 있지 않았다. 필자는 당시 사회경제

전반에 결정적 역할을 준 만주당국, 그리고 일제의 조선인 이민과 벼농사에
대한 정책을 연관시키면서, 전반적인 복잡한 정세변화 속에서 일부 중국인,
일본이민의 벼농사까지도 포괄시켜 만주의 벼농사발달사를 다루려고 한다.

3. 논문 구성과 자료 활용

본 書는 주로 시기별 순차와 각 시기별로 결정적 역할을 한 주체를 구분기
준으로 하여 1875~1915년, 1915~1931년, 1932~1939년, 1940~1945년
네 단계로 나누어 각 시기의 특징과 전반적인 變化像을 규명하려 하였다.

제1장에서는 조선인이 중국 관내 북방이민들의 토지개발 붐에 합류해 1875
년에 통화 上甸子에서의 벼농사 성공 재배를 시점으로 하여 1915년 '만몽조
약체결전까지 주로 남만지역9)에 국한해 조선 도작법이 전파, 보급되는 벼농
사 초창기를 다루었다. 여기에서 조선의 여러 사정이 조선인 만주이주에 중요
한 요인이 되기도 하였지만, 청정부와 그 후 민국정부의 일반 중국인에 대한
토지소유권의 인정, 만주 개발 붐의 형성, 저습지를 포괄한 광대한 황무지의
산재 등 만주에서의 요소가 일제 식민지하 조선인 만주이주에 결정적인 요소
였음을 밝히고 있다.

제2장은 종전 이주사 연구에서 늘 포악하게만 그려졌던 만주관헌이 저습지

---

9) 남만주, 북만주의 구분은 公的, 私的인 문헌에서 자주 사용하고 있었지만 남만, 북만
   의 지역 경계선은 분명치 않았다. 그 구분기준은 다양하였는데 省경계로 구별한 것,
   지세(분수령)를 기준으로 하여 구별한 것, 철도를 중심으로 구별한 것, 그 외에도
   무역계통에 의해 구별한 것, 러일 세력범위에 의해 구별한 것 등이 있었다. 지세를
   구분기준으로 할 경우에는 동남에 있는 장백산과 서북에 있는 흥안령맥을 분수계로
   북쪽으로 흑룡강과 동해로 흘러가는 각 하천유역을 북만주라 하였고 남쪽으로 황해
   에 들어가는 각 하천유역을 남만주라 하였다. 철도를 구분기준으로 할 경우, 남만주
   는 만철이 경과하는 곳이었고 북만주는 중동철로가 경과하는 곳이었다. 일반적으로
   봉천성을 남만, 길림성과 흑룡강성을 북만으로 지칭하기도 하였다.

를 포괄한 황무지를 지속적으로 감가 불하하는 동시에, 중국인 개개인과 稻田公社의 벼농사를 권장하고 또한 전문적인 관리기구인 수리국, 수리분국을 설립하여 수전을 둘러싼 분쟁조정 등 여러 가지 수리 관리정책을 펼쳤음을 논술하면서 이는 객관적으로 조선인의 벼농사의 전파와 보급에도 유리한 요소로 작용하였음을 밝혔다. 또 중국정부측이 일제침략을 저지한다는 의미에서 조선인에 대한 규제정책을 강화하여 조선인 이민의 벼농사 여건이 악화되었음을 밝혔지만 그 정책과 정책실행 사이에는 큰 차이가 있었음에 주목하면서 봉천성, 길림성, 흑룡강성의 벼농사발달과 관련된 조선인 이민에 대한 시기별, 지역별 규제의 차이가 수전 분포에 끼친 영향 등에 대해서도 주목하였다.

제3장에서는 일본제국 내 식량사정이 악화되기 이전인 1939년까지, 일제의 이민 통제정책과 미곡증산을 만주에서의 늘어나는 수요를 만족시켜 주는 자급자족의 수준까지 통제하려는 정책과 조선인 이민들의 급증으로 말미암아 쌀 생산이 증가하였다는 점을 다루었다.

제4장에서는 일제가 일본제국 내의 전시 미곡사정악화로 개척민에게 쌀 증산 임무를 부여하고 대규모 수리사업을 통해 수전면적 확대시책을 펼치면서 쌀 증산를 이루었지만 이것은 전형적인 식민지지배원리인 최대의 공출과 최소의 소비가 적용되고 수탈을 강화함으로써 쌀 생산을 직접 담당한 이주 조선인의 생활의 개선으로 이어지지 않았음을 밝히면서 일제가 표방한 '만주개발', '조선인 생활개선', '근대화'는 자기이익을 우선시하는 근대화임을 극명하게 드러냈다.

필자는 본 書에서 논거로 되는 자료로 새로운 1차자료를 많이 사용하였다. 만주 벼농사 발달에 관한 주제는 거의 연구되지 않은 분야이므로 중국의 1차자료를 소장하고 있는 요녕성당안관, 길림성당안관, 연길당안관에서 중국, 한국, 일본에서 한번도 사용하지 않은 새로운 문헌을 많이 찾아냈다. 그리고 당안관[10]에서 편집한 1차자료집 ≪萬寶山事件≫, ≪奉系軍閥檔案史料

匯編≫(1-9卷)의 자료도 활용하였다.

만주당국은 한편으로 일제의 침략세력 확장을 저지한다는 의미에서 조선인 이민에 대해 규제정책을 폈지만 다른 한편으로는 조선인이 주로 담당하는 발전성 있는 생산력인 벼농사의 발달을 制止시킬 수 없다. 만주당국의 벼농사를 둘러싼 시책에 대해 체계적인 기초정리조차 되어 있지 않아 만주농업사 연구에서 공간적으로, 시간적으로 혼선하는 경우가 많았다. 필자는 요녕성당안관, 길림성당안관, 연변당안국에서 아직 정리되지 않은 벼농사에 관계되는 하나 하나의 1차자료 案卷을 수집하고 입수한 자료를 토대로 시대별, 지역별로 연구 정리하였다. 입수자료의 제한으로 완벽하지 않을 수도 있겠지만 기본적인 시책들을 설명하기에는 충분하다고 생각된다.

이주 조선인에 대한 조사와 연구는 1910년대 전후부터 일본의 식민학자들에 의해 시작되었다. 일본측 자료로는 1차자료로 일본외무성외교사료관자료 ≪滿蒙各地に於ける朝鮮人の農業關係雜件≫(1-7), 不二出版社의 ≪滿洲移民關係資料集成≫(1-40卷)등을 활용하였고 일제의 영사관, 남만주철도주식회사(이하 모두 만철로 약칭함), 관동군, 동양척식주식회사, 동아권업주식회사, 만선척식주식회사, 만주척식공사 등 기관이 작성한 자료를 주요 참고자료로 하였다.

---

10) 본 書에서 인용되는 요녕성당안관, 길림성당안관, 흑룡강성당안관의 당안관 문서는 만주사변전 소속 각 현에서 省에 올린 呈, 省정부가 각 현에 하달한 명령과 현의 집행과정에서 나타난 문제에 대한 조사보고, 중요한 사건의 처리과정에서 형성된 案卷, 각 機關간의 왕래문서 같은 것들이 포괄된다. '滿洲國'시기는 僞滿洲國이라 일제의 의도에 따라 작성한 자료가 대부분이기 때문에 아직 열람불가 상태로 '만주국'시기의 자료는 주로 일본측 자료를 많이 활용할 수밖에 없었다. 흑룡강성의 수전면적은 만주사변이전 보잘것없이 적었고 그 후 '만주국'시기 특히 후기에 크게 발달하였으므로 만주사변전 흑룡강성당안관에 흑룡강성 수전개발과 관계된 자료가 별로 없을 것이라고 판단되었고 '만주국'시기에 관해서는 日文자료가 풍부하였으므로 필자는 요녕성당안관, 길림성당안관, 연길당안관의 자료수집에 중점을 두고 흑룡강성당안관은 방문하지 않았다.

특히 만철은 일제의 대륙침략정책을 효과적으로 입안 결정하려는 목적 하에 방대한 조사자료를 남겼다.[11] 이런 조사와 각종 문건들은 당시에는 극비자료로 되어 있어 객관성이 있고 사료가치가 높다. 그러나 그 속에 당시 일본학자들의 자의적 해석이 개입될 여지가 있고 침략의도를 반영하거나 중국인과 조선인간의 모순, 조선인내부의 모순을 의도적으로 과장하고 일본인과 조선인 농민과의 모순을 축소 은폐하려는 측면도 곁들어 있어 자료사용에 신중을 기하였다.

일본측 자료는 주로 중국 요녕성당안관, 길림성당안관, 연길당안관, 요녕성도서관, 대련도서관 등에 소장한 것과 한국의 서울대학교중앙도서관, 농대도서관, 국립중앙도서관, 국회도서관, 국사편찬위원회 등에 소장한 자료를 많이 활용하였다. 현재 한국 각 연구기관에서 일본에 있는 한국관계자료 수집작업을 잘 진행하고 있기 때문에 일본에 있는 한국관계자료 중 웬만한 것은 한국에서 수집이 가능하여 연구에 편리를 주었다.

---

11) 만철의 기관지로는 처음에 ≪滿蒙事情≫, 후에는 ≪滿鐵調査月報≫라 개칭한 잡지가 있다.

제1장 1875~1915년 조선인 이민에 의한 만주지역 벼농사의 전개

1. 조선인 이민에 의한 벼농사의 개발

1) 만주의 기후조건

기후는 농작물의 성장을 규제한다. 벼농사에서 일정한 水量과 온도의 보장은 벼 성장의 결정적 요소이다. 만주는[1] 북위 38도 43분의 요동반도남단에서 북위 53도 30분 사이에 위치하고 있는데 조선에 접하고 일본과 가까이 있어 조선과 일본 양국의 주요 재배작물인 벼가 재배될 수 있는 가능성은 컸다. 稻作에서 특히 중요한 7월의 평균기온 22도 등온선은 북위 50도의 혹하를 거친다.[2] 이와 같은 7월의 기후조건으로 보면 북만에서도 도작이 가능하였다.

만주는 대륙성 기후에 속해 겨울은 매우 추워 지하 數尺까지 얼어붙지만 벼 생육이 왕성한 6월, 7월, 8월 3개월은 평균 섭씨 20도 이상의 고온이 지속되어 열대, 아열대의 온도에 해당하며 같은 緯度의 다른 곳과 비교해도 2~3

---

1) 당시 일본, 조선에서는 중국동북지방을 '만주', 동부 내몽고 지방까지 합해 '만몽'이라 칭하였다. 중국은 '동삼성' '동북'이라 불렀다. 현재 중국고유의 이 영토를 여전히 '만주', '만몽'이라 부르는 것은 적합하지 않다. 그러나 한국에서의 서술 편리를 위해 독특한 역사명칭으로, 본 논문에서는 인용표기를 넣지 않고 그대로 사용하겠다.
2) 滿鐵調査局, 1943 ≪滿洲稻作技術調査報告≫ 8쪽

도 내지 5~6도의 고온을 나타내고 있기 때문에 같은 緯度에 있는 일본이나 조선 각 지방의 産米에 비교해 손색없는 良質의 쌀을 생산할 수 있었다. 벼 성장에 특별히 고온이 필요하지 않은 파종, 발아 및 幼苗시기인 5~6월은 만주의 온도가 상승하는 시기이고, 벼가 최대기온을 요구하는 穗孕, 出穗, 開花기간인 7~8월에는 고온이 지속되어 발육에 좋은 조건을 제공한다. 7월 상순 벼의 발육이 왕성한 시기에 고온이 지속되고 일본과 같은 폭풍우가 없이 개인 날이 많고 일조가 충분한 기후조건은 벼의 동화작용을 왕성케 하여 莖葉의 발육을 튼튼히 하고 병충해를 방지하며 稔實 또한 양호케 하여 쌀의 질을 높여준다. 그리고 出穗 개화 후 8월 하순부터 성숙기에 접어들 때는 기온이 점차 하강하므로 성숙기에도 고온이 지속되어 벼의 分蘖이 왕성해 성숙이 충분치 않은 현상이 없다. 그러나 9월 이후의 성숙기에 기온이 급강하여 투冷의 피해를 입기 쉬운 불리한 점이 있다.[3] 만주 無霜期間의 積算온도를 보면 만주남부지역도 寒地稻作地帶에 속해 보통 조생종을 재배해야 하였다.[4] 또한 무상기간이 해마다 규칙적이지 않아 북만지역의 도작은 어려움이 많았다.

벼농사는 강우량의 제한도 많이 받는데 만주의 강우량은 연평균 500~600㎜로 일본의 2분의 1 내지 3분의 1에 불과하며 분포 또한 매우 불균형하다. 연 강수량은 봉천에서는 674.3㎜, 하얼빈에서는 577.3㎜, 海拉爾에서는 322.8㎜로, 남부, 동부지역에 많고 서부지역으로 갈수록 급격하게 감소하는 지역적 차이를 나타낸다.

특히 봄 4~5월 파종기는 강우량이 적은 건조기로, 심할 경우에는 10㎜ 이하 밖에 되지 않았고 일조가 많고 바람까지 강해 증발이 심하므로 파종, 발아에 큰 지장을 주었다. 그렇기 때문에 건조에 약한 곡물은 성장하지 못하였

---

3) 1921년 동녕현 지방에서는 霜害로 수확이 5할 감퇴한 적이 있었다. 在哈爾賓 일본총 영사관 1922년 5월 <北滿在住朝鮮人の狀況> 김정주 1971 ≪朝鮮統治史料≫ 10 한국사료연구소 282쪽

4) 永友繁雄, 1944 ≪滿洲の農業經營と開拓農業≫ 滿洲移住協會 3쪽

다.5) 벼농사의 흉년은 주로 4월, 5월, 6월 한발에 기인한 것이 많았다. 1917년, 1920년, 1923년, 1926년은 한발로 흉년이 들었다.6) 1926년 旱災의 경우 봉천부근 수전면적 47,000町 중 3분의 2가 한재를 입었고 營口는 모두 한재를 입었으며 鐵嶺, 長春은 절반이 한재를 입었다. 관개시설을 修築하거나 후술한 건답법과 같은 경작법을 활용하여 봄철의 한발을 어느 정도 해결할 수 있다면 만주 벼농사는 좋은 성적을 올릴 수 있었다.

만주는 연 강수량의 過半이 6월, 7월, 8월 3개월 사이에 집중되어 있기 때문에 벼 생육기간에 수요되는 수분은 降雨에 의해 많이 해결할 수 있었다. 하지만 집중된 강우량으로 대소 하천이 범람하여 수해가 일어나기 십상이었다. 9월에 들어서면 점차 강우가 적어지는데 이것은 나락을 충분히 익게 하고 收穫調製작업의 대부분을 戶外에서 진행하는데 편리를 제공해 주었다.

그리고 토양은 理學的 성질은 별로 좋지 않지만 화학적 요소는 풍부하였다.7) 그 분포상황을 보면 봉천이남의 평야지방은 대체로 砂壤土, 壤土 및 埴壤土로 생산력이 풍부한 토지이지만, 서부평야는 건조하고 생산력이 낮은 황막한 초원이었다. 동북부 평야지방은 이른바 흑토지대로서 부식질이 많고 비옥하였다.

이로 보아 만주에서 벼농사하는 기후 조건은 충분하였다. 다만 봄 가뭄 때의 관개, 7~8월의 수해방지, 耐寒性 품종의 선택 등과 같은 기술적인 문제를 해결해야 하였다. 이주 조선인들은 전통적인 벼농사기술을 토대로 이러한 기술적 요구에 응해 만주 각 지역의 벼농사에 불리한 기후 조건을 극복하며 알맞은 벼 품종과 재배방식을 모색해 가며 만주 각지에서 수전을 개척해 갔다.

---

5) 鈴木小兵衛, 1936 ≪滿洲の農業機構≫ 白楊社 146-147쪽
6) ≪上海時報≫ 1926년 8월 2일
7) 滿鐵興業部農務課 1926 ≪滿洲ノ水田≫ 日淸印刷所 18쪽

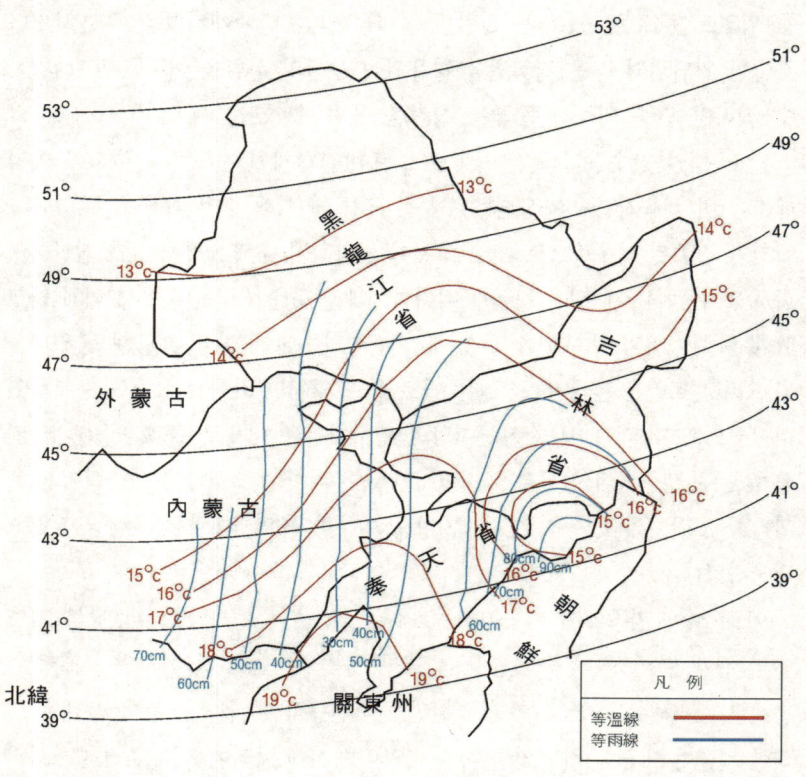

<도 1-1> 滿蒙지역 農作期間(5~9월) 等溫 및 等雨量圖

2) 만주 벼농사의 始原과 이주 조선인

만주지역 벼농사의 발단에 대한 명확한 문헌기록은 찾을 수 없지만 만주 稻作의 역사는 상당히 길었다. 1988년에 발행된 考古年鑑[8]에 의하면 大連灣大嘴子유적지에서 출토된 炭化된 벼의 연대는 최저 2400년 이상이 된다고 한다. 이것은 만주지역 벼에 관한 제일 이른 기록이다. 이 유적지의 稻作은 아마 화북의 초기이민 혹은 부期 고구려인과 관련될 것이다.

≪周禮≫에는 '東北曰幽州, 其谷宜三種'[9]이라는 구절이 있다. 여기에 나오는 幽州는 지금의 요녕성 일부 지역을 포괄하며, 三種은 黍, 稷, 稻를 가리켰다. 2000여 년 전에 요녕성에서도 이미 稻를 경작하고 있었음을 짐작해 볼 수 있다. 그러나 이 稻는 旱稻일 가능성이 크다.

新唐書 219卷 중의 ≪渤海傳≫에 渤海國시기(698-926년) '盧城之稻'를 당시 발해국 명산물의 하나로 중국인과 거래했다는 기록이 있다. '盧城'이 어느 지방인지에 대하여는 여러 가지 견해가 있지만 어쨌든 만주경내에 있는 것은 분명하였다. 稻가 명산물의 하나였다는 것은 稻가 당시 이미 상당한 생산량이 있었고 특기할 만한 특산물이 되었다는 뜻인데 이 稻를 水稻로 해석하는 학자가 있다. 즉 만주 벼농사의 시작은 발해시대부터라는 것이다. 조선반도와의 교섭이 잦고, 비교적 좋은 자연조건을 구비한 송화강 상류, 장백산 부근에 제일 먼저 水稻가 도입되었을 가능성은 충분하였다. 이것을 기원으로 한다면 만주 벼농사도 상당히 오랜 역사를 가지고 있다고 할 수 있겠다. 그러나 그때 이후부터 무슨 연유인지 모르게 만주에서의 稻作에 관한 기록은 끊어졌다.[10]

---

8) ≪中國考古學年鑑≫ 1988 遼寧省
9) 陳祖槼, 1985 ≪中國農業遺産選集≫ 稻(上編); 應存山, 1993 ≪中國稻種資源≫ 466쪽
10) 朴昌昱은 당시 中京顯德府소속의 유명한 '盧州之稻'는 발해가 멸망한 후 消失되었

926년에 발해가 거란에 의해 멸망되고 遼, 金, 明朝의 무려 700여 년 동안 만주 땅에는 수전이 없어지고 한전작물만 재배되었다. ≪朝鮮王朝實錄≫에 의하면 후금(청)이 1637년에 한반도에 침입하여 '병자호란'을 일으킨 후 조선이 후금의 요구에 따라 적지 않은 '種稻'를 후금에 보냈다고 하나 이 種稻를 만주 땅에 심었다는 기록은 없다. 청조가 건립된 후 봉금이 계속되었고 ≪瀋陽狀啓≫에 의하면 조선왕자가 체류한 '瀋陽館'에서 조선의 농민을 불러들이어 농사를 지었지만 수전을 경작했는지 여부는 모르고 1644년 귀국한 후 경작도 지속되지 않았다.

1682년 盛京官庄[11]에서의 강희황제의 2차 東巡과 관련된 稻에 관한 기록, 그 후 1783년(건륭시기)에 편찬한 ≪盛京通志≫속의 품종 '遼陽靑'에 대해 '稻有紅白兩種, 出遼陽者色微靑, 味尤香美 号遼陽靑'이라고 그 특징을 서술한 것, 1856년(함풍6년) 청정부가 盛京將軍과 奉天府尹에 명령을 내려 쌀을 天津 창고로 운반하라고 한 것[12] 등과 같은 기록은 간혹 찾아볼 수 있다. 그러나 종래 水稻와 경쟁적 관계에 있던 陸稻가 水稻보다 더 오랜 역사를 가지고 중국인들 사이에 널리 재배되고 있었으며 일반인들이 먹을 수 없는 고급 식량으로 소중히 취급되어 왔다는 점, 그리고 후술하는 조선북부 및 간도성 벼농사의 경위와 벼 도입의 경로를 감안할 때 이 稻는 육도를 가리킨다고 판단해야 할 것이다. 만주 땅에는 벼농사가 없었다고 할 수 있겠다.

근대에 와서 만주 벼농사의 始原을 19세기에 두는데, 대체로 2가지 통설이 있다. 하나는, 1845년에 평안북도 초산군 지방의 80여호 농민이 삼림벌채하기

고 淸初에 동북지역에서 水稻를 경작했다는 기록은 없다고 하였다. ≪中國朝鮮族歷史研究≫ 1995 延邊大學出版社 68쪽
11) 청의 동북에서의 官庄은 대체로 盛京內務府官庄(皇庄), 盛京各府의 官庄, 王公貴族莊園, 八旗衙門官庄과 三陵衙門官地를 가리킨다.
12) ≪奉天通志≫ 권 40

위해 入滿하여 혼강유역의 寬甸縣 下漏河, 太平哨 등지에 水稻를 심었던 것이 근대만주수전개발의 서막이라는 것이었고[13] 다른 하나는 1875년 압록 강상류지방에 이주한 조선인이 혼강을 따라 통화지역에 들어가서 上旬子, 下旬子에서 水稻를 試作함에 성공하여 이곳이 유명한 벼 재배구가 되었다 는 것을 이유로 1875년을 만주 벼농사의 시점으로 삼는 것이었다.[14]

최근 한국학계의 홍종필은 지금까지의 통설보다 거의 200년 앞당긴 1686 년설을 주장하고 있다.[15] 그 근거로 <三道溝事件>에[16] 연루되어 처형된 사람 중에는 평안북도 수전지대인 安州 출신의 金成立이 포함되어 있고 그 밖에 安州, 熙川, 咸興 출신들이 있어 삼도구사건을 전후하여 월강한 採蔘 者들이 조선으로 돌아오지 않고 벼농사를 시작하였을 것이라고 주장한다. 청정부는 1860년대에 이르러서야 압록강 대안지역의 봉금을 점차 폐지하기 시작하였으므로 필자는 그 이전의 봉금시기에 정착생활을 전제로 하는 벼농사 가 있을 가능성이 거의 없다고 생각한다. 1872년의 ≪江北日記≫에서도[17] 조선인이 만주 정착생활을 목적으로 압록강 北岸 일대에 대량 이주하기 시작 한 것을 1860년대 이후로 보고 압록강상류에 이주한 초기 조선인은 압록강

---

13) 中村誠助, 1941 國立農事試驗場熊岳城支場 <南滿ニ於ケル水稻作ノ研究> ≪滿 洲水稻作ノ研究≫ 滿洲農學會, 1943, 9쪽
14) 石津半治之, 1921 ≪滿洲の水田≫ 滿鐵地方部勸業課 1쪽
15) 홍종필, 1990 <만주 조선인 이민수전 개척소고-1920년대 만주 조선인 이주사 이해를 위하여> ≪명지사론≫ 제3호 76쪽; 1993 <만주조선인이민의 전개과정소고> ≪明 知史論≫ 제5호 69쪽
16) 三道溝사건은 1685년 10월 三水別榮堡 韓得完 등 6명이 추종자 20명과 함께 삼수군 관할 厚州대안의 白石塔부근에서 채삼하던 중 백두산일대의 지리를 조사하던 淸駐 防協領 勒楚일행을 습격하여 병졸 1명을 사살하고 勒楚 등 2명을 부상시킨 사건이었 다. ≪淸聖祖實錄≫ 康熙25년 2월 丁亥條; 사건 발생 후 범인과 관계 지방관리들은 사형 혹은 降職처분을 받았고 조선 국왕도 청에 사죄문을 제출하기까지 하였다. 그 후 변민의 월경은 더 엄격해졌다. 李洪烈, <삼도구사건과 그 善後策: 시책면에서 본 사건의 시대성> ≪백두산정계비와 간도영유권≫ 2000 90-91쪽
17) ≪江北日記≫는 1872년 최종범과 김태홍, 림석근 등 3명이 압록강북안지역을 조사하 고 韓人들의 생활실태를 日記體 형식으로 기록한 문서이다.

南岸지역의 조선인들이 아니라 대부분 두만강 남안의 사냥을 위주로 하는 무산인이라고 지적하면서[18], 그들이 황무지를 개간하여 감자와 보리를 일부 생산하고 있었으나 생계는 여전히 인산채집과 수렵에 의거하고 있었다고 밝혔다.[19] 위와 같은 상황을 고려할 때 만주 벼농사 개시의 시점을 1875년이전으로 잡는 것은 타당하지 않다. 1840～1860년대에 혼하 하류 관전현 下漏河, 太平哨일대에서 간혹 볍씨를 뿌린 적이 있을 수도 있겠지만 그곳에서의 재배는 성공해 보급되지 않았으므로, 조선인들이 혼강을 따라 북으로 올라가 1875년 통화일대에서 벼농사 試作에 성공하였고 이것을 시점으로 하여 남만지역으로 수전이 점차 확대되어 갔기 때문에 이것을 만주 벼농사 개시의 시점으로 봐야 할 것이다.

근대 만주의 벼농사 개발은 이주 조선인에 의해 시작되었다. 그들은 중국관내에서 이주한 漢人들의 토지소유권이 인정되고 한전위주의 개발열풍에 합세해 정착목적으로 대량 이주하는 과정에서 마침내 벼농사를 개시하였다. 사실상 만주에서 개발열풍이 일어나지 않았고 조선인의 이주를 수용할 수 없었거나 그들이 漢人이 할 줄 모르는 벼농사를 하지 않았더라면, 최소한 그렇게 많은 이주가 이루어지지 않았을 것이다.

청은 북경에 들어간 후부터 1668년 봉금을 선포할 때까지 만주로의 이민을 모집하고, 황무지 개간을 권장하였다.[20] 봉금령 선포 후에도 인구와 경작면적

---

18) 청정부는 1860년대부터 압록강 대안지역의 봉금을 점차 폐지하였지만 두만강 북안의 북간도일대에 대해서는 계속 봉금을 강화하였다. 그래서 무산인들은 두만강 북안을 지척에 두고도 그곳에 이주하지 못하고 남으로 내려가 압록강대안지역에 이주하였던 것이다.

19) ≪江北日記≫ 六월 初五日條, '問其所農 則地高且寒 只種甘薯 或有麥田 六月未熟 所居十三戶 皆是我人 爾以採蔘獵貂爲業'

20) ≪淸朝文獻通考≫ 卷1 "民人願出關墾地者, 令山海關造册報部, 分地居住", 즉 만주로 들어와 토지를 개간하는 자에게 토지를 나누어주어 거주하도록 하였다. 1653(順治 10)년에는 <遼東招民開墾條例>까지 반포하여 이민에게 매달 식량 1斗, 토지 1晌, 종자 6승, 100명에 소 20마리씩 나누어주었다. 그밖에 이민을 유치한 호수에 따라

은 증가하였다.[21] 그러나 봉금정책을 실행함으로 인해 황무지개간의 진척은 완만하였다.

청정부의 만주封禁에 호응해 조선정부도 1686년에 <沿邊犯越禁斷事目>과 1688년 <邊民採蔘犯禁之律>를 제정하여 '冒禁潛入'한 '越禁', '犯禁'한 자에 대해 極律과 사형에 처형한다며 엄금하였다. 그리하여 조선인은 만주에서 정착생활을 할 수 없었다.

19세기 중반에 들어서서 자본주의 침입으로 말미암아 청은 1858년 《璦琿條約》, 《天津條約》, 1865년 《北京續約》을 맺고 흑룡강이북, 우수리강이동 100여만km²의 광대한 토지를 잃고 변강 위기가 날로 엄중해지자 만주지역에 '弛禁' 즉 봉금정책을 풀면서 局部的인 황무지 개방을 개시하였다.[22] 이와 동시에 관내 군벌간의 전쟁을 피해 산동성, 하북성, 하남성의 많은 이민들은 만주에 몰려들어오기도 하였다. 이들은 앞서 '泛海', '闖關'하여 몰래 들어온 流民, 流人들과 함께 사사로이 荒地를 개간하였다. 1868년 연슈(延煦) 등이 올린 上奏에서는 '鳳凰, 靉陽 두 邊門밖에는 더 이상 큰 면적의 황무지가 없다'고 보고하였다.[23]

관직을 봉하는 정책을 펴면서 이민유치를 권장하였다. '遼東招民開墾, 至百名者, 文授知縣, 武授守備, 60名以上, 文授州同州判, 武授千總, 50名以上, 武授縣丞 主簿, 武授百摠, 招民數多者, 每百名加一級, 所招民每名口給月糧一斗, 每地一晌, 給種六升, 每百名給牛二十雙' 《盛京通志》 권48 23쪽

21) 청은 1736-1795년(乾隆時期) 전면적인 봉금정책을 취하며 유민, 유인의 수자를 감소시켰다. 그러나 관내에 한재, 수재가 발생하여 유민이 요동에 몰려들 경우, 청은 밀령의 형식으로 그들이 각 關口를 지나가도록 하여 사변발생을 미연에 방지하기도 하였다. 그리고 만주 旗人 중 자기의 份地를 유민에게 소작시켜 소작료를 받는 자가 많았으므로 유민들은 安身處를 쉽게 찾을 수 있었다. 청정부는 대량 유민이 만주에 들어가는 것이 기성 사실이 되자 만주에 流民安置區를 설치하기도 하였다. 嘉慶년간 19세기 10년대 伯都訥, 長春廳, 吉林廳은 길림장군 관할하의 3대 流民開墾區이었다.

22) 1848년 청정부는 봉황성봉금변계내에서 대량의 熟地를 조사해 내어, 지방 각 관에게 招佃徵租하도록 했다. 《奉天通志》 권 39

23) 《奉天通志》 권 42

1875년 청정부는 ≪盛京東邊間曠地帶開墾條例≫를 반포하여 240년 간 지속된 봉금을 정식으로 해제시켰다.[24] 이때부터 더욱 많은 산동성, 하남 성, 하북성의 관내 중국인들이 만주지역으로 이주하였고 청정부도 이를 권장 하면서 그들에게 토지소유권을 인정해 주었다. 이들은 원래 고장에서 벼농사 를 지은 적이 없어 만주에 들어온 후에도 저습지는 그대로 방치해 두고 밭농사 에만 종사하였다.

남만지역에서 중국인에 의한 토지개발이 진행되고 있는 중, 압록강 상류에 있는 봉천성의 장백, 임강, 안도, 무송 4현 일대의 거주민은 대부분이 이주 조선인이었다.[25] 1881년 통화, 桓仁, 흥경(신빈)의 조선인은 이미 8,700여 호, 37,000여 명에 달하였다. 청정부는 표면상 조선인의 越境을 금지하면서 발견되는 즉시 축출한다고 하였지만 薙髮易服을 하면 거주는 허락하였다. 1885년 10월 동변도 候補九品 왕른쒸(王仁恕)가 통화현의 滋生, 弘生, 榮 生 3堡에 조선인 530호, 2,080명이 거주한다고 하는 보고에 광서황제는 회유 의 뜻으로 그들의 거주를 허락하게끔 하였다.[26]

조선정부도 조선인의 만주 이주를 권장하였다. 1881년 평안북도 관찰사는 압록강 북안지대의 조선인 거주지역을 28개 면으로 나누고 강계, 초산, 자성, 후창군에 分屬시켰다. 1883년에 ≪中朝奉天邊民貿易章程≫이 체결되어 양국 민간무역이 발전함과 아울러 압록강을 건너 남만지대로 이주하는 조선인 이 날로 늘어났다. 1897년 조선정부는 徐相懋를 西邊界管理使로 임명하여

---

24) ≪奉天通志≫卷44, 1876년에 鳳凰直隷廳을 설치하고 1877년에서는 봉천동변에 寬 甸, 懷仁, 通化 3개 현을 설치했다.
25) '然墾戶半爲韓籍' 吳希庸, 1941 ≪近代東北移民史略≫ 38쪽
26) 中央研究院近代史研究所 편, 1972 ≪淸系中日韓關係史料≫4 1970쪽 光緖11년 11 월 17일 <總署收軍機處交出慶裕鈔片> '査明通化縣沿江一帶, 滋生弘生榮生三 堡, 有朝鮮民人五百三十戶, 界男女大小二千八十名口, 久經在此潛居, 不知始自何 年, 現擬照會朝鮮義州府尹, 轉飭各該節制使, 預限一年, 陸續設法招回…不得稍事 操切, 致失懷柔屬藩之意'

越境韓人을 보호하도록 하였다.[27] 청정부는 이들을 자치조직으로 보고 별다른 단속을 행하지 않았다. 이곳에서는 간도와 같은 국경분쟁이 없었기 때문일 것이다.[28]

1905년 '한일을사보호조약'이 체결된 후 청정부는 이곳에 신경을 쓰기 시작하였다. 1907년에는 청 주민이 몇 호 밖에 없는 惠山鎭 맞은편의 塔甸子에 장백부를 설치해 군대를 주둔시켰고, 이를 중심으로 조선인 이민들이 거주한 지역에 도로를 닦는 등 관내 중국인 이민유치를 위한 준비작업을 하였다.

청정부는 1895년 ≪중일마관조약≫ 체결 이후 만주에서의 주권을 확보하기 위해 '安置流民' '開荒濟用' '以利餉源' '移民實邊' 등의 명목으로 적극적인 '이민개발' 정책을 폈다.[29] 1902년에 이르러서는 蒙地의[30] 개방을 선포하고 20세기 초부터 성경장군, 길림장군, 흑룡강장군의 주최 하에 局을 설치해 官荒을 전반적으로 불하하기 시작하였다. 봉천성은 1910년 신해혁명 때 이미 可耕地의 80%~90% 정도가 개간되었다. 1909년에 東邊封禁地는 대부분 불하되었다.[31] 未耕地라 해도 그나마 경작하기 어려운 황무지나 旱田 농사를 하기에는 적합하지 않은 습지들뿐이었다. 중국인보다 뒤늦게 들어온 조선들은 바로 이와 같은 포기하다시피 한 습지를 중국인 지주와 계약을 맺고 벼농사를 하면서 만주의 토지개발을 진일보 촉진시켰다. 이에 대해 ≪東三省政略≫에서는 '봉천성 흥경, 통화일대는 韓人이 가족을 데리고 와서 벼농사를 하는 자가 많으며 임강, 집안에서도 압록강을 건너온 韓人이 소작인

---

27) 朝鮮總督府內務局社會課, 1923 ≪滿洲及西北利亞地方に於ける朝鮮人事情≫ 2~3쪽
28) 유병호, 2001 <재만한인의 국적문제연구-1881-1911년> 중앙대박사논문 77-78쪽
29) 趙中孚, 1974 <近代東三省移民問題之硏究> 中央硏究院近代史硏究所集刊 제4기 613-664쪽참조
30) 몽고의 토지, 즉 몽고왕공이 소유한 領地를 지칭한다. 그 범위는 滿·漢·蒙 민족간의 세력의 消長에 의해 변화되기도 하였는데 청조 때는 만리장성을 경계로, 동남부는 柳條邊柵을 따라 북진해 송화강에 이르렀고 서북으로는 소흥안령에 달하는 광대한 지역이었다.
31) ≪奉天通志≫ 卷39

으로 벼농사에 종사하는 자가 적지 않다'고 하였다.[32]

간도지역을 살펴보면, 조선인 이주와 정착은 1880년대 청의 '移民實邊'정책이 시행되던 시기에 이르러서야 비로소 이루어졌다.[33] 1881년 <盛京東邊間曠地開墾條例>에 따라 혼춘에 招墾局을 설치하고 漢人들에게 황무지를 分與하였지만 그들 대부분은 경작할 능력이 없어 조선인들을 고용하여 경작하거나 황무지를 조선인들에게 팔아 이익만 도모하였다.

청정부는 민간인 모집에 어려움이 있는 간도에서 이주 조선인을 청나라에 귀화시켜 '移民實邊'정책을 실행하고자 하였다.[34] 1885년 '劃圖們江北沿岸爲韓民專墾之區'로 越墾局을 설치하였고 1894년 越墾局을 撫墾局으로 고치고 越墾區내의 이미 개간한 토지에 대해 치발역복하면 토지등록증을 주었다.[35] 그 후 의화단운동 및 러시아의 출병으로 대부분 지방이 무정부상태에 처한 시기에 러시아 연해주지방에 이주했던 조선인들은 대거 간도와 모단강 상류일대로 이주하였다. 1909년 9월 일본과 청정부가 ≪圖門江中韓界務條款≫ 즉 ≪間島協約≫을 체결한 후 조선인은 두만강 이북지역에서 정식 토지소유권을 인정받았다.

1910년 만주에 이주한 중국관내 산동, 하북, 하남 위주의 이민은 1868만 여명에 이르렀고 사적토지소유제가 주도적 위치를 차지하였다. 이와 같은 漢人이민의 개발열풍으로 말미암아 관내 중국북방지역의 전통적 旱田농경기술이 만주농업의 기반을 이루었다. 1909년 생산량을 보면 고량 800萬石, 대두 510萬石, 속 500萬石, 小麥 97萬石에 달하였고 봉천성, 길림성 남부지역에

---

32) 奉省興京通化一帶常有韓人携帶眷口在該處租種稻田甚多卽臨江輯安左右越江韓人亦復不少 徐世昌, ≪東三省政略≫ 民政 奉天省 51쪽
33) 金春善, 1998 <'北間島'地域 韓人社會의 形成研究> 국민대학교 박사논문 52쪽
34) 위의 논문 64-66쪽
35) ≪論折匯存≫ 光緒十八年 八月 二十八日; 1902년 가을 청정부는 南崗에 연길청을 설치하고 1903년 2월에 大拉子에 和龍峪分防經歷을 설치하여 지방행정기구를 정비하였다.

서는 대두 경작비율이 고량, 옥수수, 속을 초과해 우세를 점하였고 북부지역에
서는 소맥이 우세를 점하였다. 즉 '南豆北麥'의 商品糧 경작구조가 형성되
었다.

중국인의 만주 개발 붐과 개발을 기다리는 광대한 荒地의 존재는 일제
식민지하의 조선인 이민에게도 더없이 좋은 이주조건이 되었다. 그들은 만주
각지에 부설된 편리한 철로를 이용하여 조선에서의 벼농사 경험을 바탕으로
수리가 편리한 크고 작은 하천을 찾아다니며 벼농사에 종사하면서 만주지역의
토지개발과 농업발전을 한층 더 촉진하였다.

조선인이 지속적으로 만주로 이주하게 되는 근본적 동기는 경제적 궁핍
때문이었다. 당시 만주는 일제의 탄압이 조선보다 덜 하였고 조선내의 기아에
시달리는 窮民과 비교하면 살기 좋았다.

<부록 1>의 재만 조선인 인구추이를 보면 1910년 일제의 조선 강점, 1919
년의 '3.1운동' 등 정치적 원인에 의한 이주가 두드러짐을 확인할 수 있거니와
그 밖의 시기에도 이주가 지속적으로 증가하고 있었음을 볼 수 있다. 이는
조선남부 미작지대의 토지를 상실한 流移民의 증가와 만주에서의 벼농사의
발달과 관계된다고 할 수 있다.[36] 1913~1914년간에 만주에서 벼농사가 유
망하다는 소식이 조선에 전해지면서 벼농사를 하기 위해 만주로 떠나는 조선
인이 더욱 많아졌다.[37] 특히 1918년과 1919년에 걸친 조선남부 수전지대의
흉년은 만주이주인구 급증의 요인이기도 하였다. 당시 만주지방에 풍작이 이
어지고 상당한 이익을 볼 수 있었던 것도 사실이었으나 이주 중개자의 과장선
전과 조선총독부의 이주에 대한 부추김도 무시할 수 없는 요인으로 작용하였
다.

---

36) 矢內原忠雄은 일본의 식민지로 된 후 만주이주의 증가현상은 조선북부의 火田 정리,
    조선남부의 경작지정리 때문이라 하였다. 矢內原忠雄, ≪植民及植民政策≫ 有斐閣
    379쪽
37) 朝鮮總督府, 1935 ≪施政二十五年史≫ 京城 231쪽

조선인들은 京義線과 만주 경내의 만철, 중동철도 등 편리한 철도망을 따라 만주전역으로 신속하게 확장해 갔다. 이들 중 밭농사를 생업으로 하였던 자가 적지 않았음에도 불구하고 만주 이주 후에는 대부분 벼농사에 종사하였다. 이것은 대체로 다음과 같은 이유 때문일 것이다.

첫째, 벼농사의 단위당 소출이 소맥, 대두보다 훨씬 높았을 뿐만 아니라 제1차세계대전 중의 미가폭등으로 말미암아 그 가격 또한 오르기만 하여 지주는 밭농사에 비해 수익성이 높은 벼농사를 選好하기 마련이었고 이주 조선인을 환영하기도 하였다. 田中誠之助의 주장에 따르면 소맥이나 대두의 수확량이 1반 당 2석인데 비해 쌀은 4석이나 되었고 소맥이나 대두가 1석에 10圓인데 비해 쌀은 1석에 20원으로 매각할 수 있어 소맥, 대두의 순수입이 10원인데 반해 미작은 70원이나 되었다고 한다.[38] 그러기에 이주 조선인이 벼농사를 하면 토지를 쉽게 빌릴 수 있었고 빈민으로 현지에 도착 한 후 식량이 떨어질 경우에는 지주가 가을까지 식량을 대여해 주었다.

둘째, 벼농사는 밭농사에 비교해 생산비가 적게 들었다. 밭농사는 一家의 생계를 유지하기 위해 적어도 5町步 이상의 토지가 필요하였고 이를 경작하려면 말 또는 당나귀 2마리가 필요하였으며 농기구 비용도 만만치 않았다. 이에 반해 벼농사를 하면 보통 1정 5반보~2정보의 영세소작경영으로도 생계를 유지할 수 있었고 삽 하나만 가지고 자체 노동력으로 경작할 수도 있었다.

셋째, 벼농사는 경작지 획득과정에서 先住 중국인과의 마찰을 가급적으로 회피할 수 있었다.

조선인 농민들 대부분은 벼농사에만 종사하였고 자가소비용의 된장, 간장의 원료인 대두를 논두렁에 심고 기타 약간의 채소밭만 갖고 있을 뿐, 생계는 전적으로 벼농사에 의해 유지하였다. 만주와 같이 자연기후조건이 변덕스러운

---

38) 田中誠之助, 1922 <滿蒙に於ける朝鮮人> ≪南滿及東蒙朝鮮人事情≫ 附 水田事業の現狀 在外朝鮮人事情研究會 24쪽

곳에서 이런 수전 단일 경작은 매우 모험적이었다. 일조 수재, 한재가 들면 입에 풀칠 할 것조차 없게 되었다.

2. 조선 稻作法의 전파와 보급

1) 조선 재래稻種의 보급과 일본품종의 재배

아시아에서 재배되는 벼는 인디카와[39] 자포니카로 분류되는데 만주에서 재배되는 벼는 조선, 일본과 같이 모두 온대권 자포니카에 속한다. 조선인 이민이 만주에서 벼농사를 성공시킬 수 있었던 것은 벼농사가 先住 중국인의 그것과 경합하지 않는 독자적인 것이었고 조선인 이민들의 우수한 도작법 때문이었다.

조선후기 농업생산체계는 이미 수전 중심이었다.[40] 1910년대 말경 조선북부 6개 도의 수전비율이 17.9%인데 반해 남부 7개 道는 약 54.6%로서 전형적인 답작지대를 형성하였다.[41] 高橋氏의 조선농업 경영지대 구분에 따르면 북부 전작지대라 해도 함남산간지역, 강원도 동해안지역, 평북연안지역에는 도작지방이 형성되었으며 특히 咸州, 定平은 稻作지방으로 유명하였다. 경기에도 수전이 상당히 분포되어 있으며 평남의 연안, 황해도의 중앙부에는 평남 및 黃海 稻作지역이 형성되었다고 하였다.[42] 조선북부 전작지대의 기후

---

39) 인디카는 중국남부, 인도, 자바의 남아시아의 품종 대부분이 포괄되는데 동남아 저지대의 대부분의 품종, 인도네시아의 tjerh, 중국의 秈이 이에 속한다. 安承模, 1999 ≪아시아 재배벼의 起源과 分化≫ 學研文化社 18-23쪽 참조
40) 대동법은 이전의 공물납부 대신 米납부로 전환하였다.
41) 河合和男, 1986 ≪朝鮮における產米增殖計劃≫ 124-125쪽
42) 農林省熱帶農業研究センタ-, 1976 ≪舊朝鮮に於ける日本の農業試驗研究の成果

조건은 만주와 흡사한 점이 많아 이곳의 벼 품종이 이주 조선인에 의해 만주 각지에 전파됨으로써 만주의 벼농사가 더욱 쉽게 성공할 수 있었다.

만주 각지에서의 벼농사보급과정은 조선 농민이 부지런함과 재치로 고난을 극복하며 그곳 기후특성에 적합한 벼종자를 선택해 시험 재배해 가는 과정이기도 하였다. 조선인 이민은 벼농사 초창기에는 만주 자연환경에 익숙하지 않아 수많은 실패를 겪었다. 그들은 많은 실패를 경험하면서 만주 각지에 알맞는 조숙품종을 도입하였고 그것을 개량, 육성하며 벼농사지역을 확대해 갔다.

조선속담에 "굶어 죽어도 벼종자를 베개로 베고 죽는다"는 말이 있다. 만주로 이주할 때도 그들 대부분은 영농을 목적으로 조선산 벼종자를[43] 가지고 갔다. 1909년 ≪岫巖州鄕土志≫에는 '岫巖에서 심는 벼 종자는 水粳이라 칭하는데 조선에서 가져온 것이다'[44]고 명확히 기록되어 있다. 조선품종을 재래종이라 칭하는 데서도 만주 벼농사 초창기의 稻種은 조선품종이었음을 알 수 있다. 예를 들자면 만주에서 벼농사 역사가 긴 통화지방과 안동지역의 1910년 이전에 재배된 품종은 조선품종 旱丁租, 海租였고[45] 해성, 반산지방의 開田 초기에도 조선품종 紅毛子, 京租를 재배하였다. 1914년 전후 析木下甸村 촌민 寧可成은 岫巖에서 조선품종 '金鉤稻', '大秋', '紫稈稻' 등

---

43) 조선산 벼종자는 본래 이주 조선인에 의해 조선으로부터 도입된 것인데 조선인 및 중국인에 의해 각지에서 광범하게 재배되었다. 이 조선산 벼종자는 일본품종에 비해 줄기가 길어 風害로 넘어지기 쉽고 도열병에 약하고 성숙기에 落粒하기 쉽지만 藁稈이 굵고 잎이 넓고 分蘗이 많지 않으며 秒色은 赤褐, 黑紫, 혹은 황백색을 띠는 것이 많으며 재배하기 쉽고 발아가 이르고 건조에도 잘 이겨내며 出穗后로부터 성숙기까지의 기간이 짧기 때문에 각 지방에 잘 적응하는 특성이 있었다. 鮮米協會, ≪朝鮮米の進展≫ 1935 10쪽

44) ≪岫巖州鄕土志≫ '岫所種粳曰水粳, 種自朝鮮來'

45) 滿鐵興業部農務課 1926 ≪滿洲ノ水田≫ 1쪽; 中村誠助, 1941 國立農事試驗場熊岳城支場 <南滿ニ於ケル水稻作ノ硏究> ≪滿洲水稻作ノ硏究≫ 滿洲農學會, 1943, 7쪽

을 심었다.[46] 일본인 大江惟慶은 1909년 公太堡에 조선인 농민을 불러들여 高知지방의 품종을 作付했지만 실패하고 이듬해 조선품종 京租를 재배해 어느 정도 결실을 얻었다고 한다.[47]

일제의 조선강점 후에는 일본 품종이 조선에 보급됨에 따라 조선에서 재배되고 있었던 일본품종, 일본에서 직수입된 일본품종이 만주에서 재배되기 시작하였다. 1917년 5월 18일 東豊縣 지사 쌔퉁썬(謝桐森)은 봉천성장공서에 올린 ≪勸種水稻方法≫에서 일본인이 北海道에서 수입한 종자와 조선의 山峽寒地의 早稻종자는 모두 만주 기후에 적합하다고 지적하였다.[48]

만주의 벼 품종은 雜交가 많고 명칭이 복잡하였지만[49] 그 來歷에서 크게 재래종인 조선품종과 일본품종 2개로 대별할 수 있다. 재래종은 다시 有芒種과 無芒種으로 나눠지는데 有芒種에는 粳(메벼)으로 毛頭兒(홍모자) 紅租, 黑毛子, 虎皮, 京租(正租), 日丁租, 海租, 大邱租 丁租가 있었고, 糯種(찰벼)으로는 荒稻가 포함되었다. 無芒種에는 粳으로 광두이(紅粳子) 多多租, 黑稻, 龍川租, 葫蘆頭, 黃粳子, 麥租가 있었고, 糯種으로는 在來糯, 粘租, 朝鮮糯가 있었다.[50] 그 외에 일본품종은 靑森에서 도입된 關山, 북해도의 札幌赤毛, 井越早生, 高知縣의 出雲, 衣笠, 山形縣의 龜尾 등이 있었다.

1915년까지의 벼농사 초창기에 수전은 주로 남만에 국한되었다. 벼 품종은

46) 海城縣志編纂委員會辦公室, 1987 ≪海城縣志≫ 241쪽
47) 中村誠助, 1941 앞의 책 6쪽
48) 遼寧省檔案館資料 JC 10-4526
49) 만철지방부지방과, 1914 ≪南滿洲米作槪況≫ 5쪽; 일본품종은 일본으로부터 직접, 혹은 조선을 경유해 이입되어 그 계통을 판명하기 쉬웠지만 재래조선품종은 도입역사가 길고 異名同種, 同名異種이 많았다. 중국인 농가가 칭하는 품종명칭은 주로 형태에 의해 유망종은 毛頭兒, 혹은 有毛兒, 무망종은 光頭兒 혹은 沒毛兒라 칭하였고 또한 띠는 색상에 따라 紅, 黃의 글짜를 첨부하기도 하였다. 조선인은 地名, 성숙기의 早晩, 人名 등을 가해 칭하는 경우도 많았다. 주요한 품종은 京租, 早丁租, 紅光頭兒, 紅毛子, 大邱租, 紫稈兒, 黑租, 朝鮮糯 등이 있었다.
50) 滿鐵興農部農務課, 1926 ≪滿洲の水田≫ 53쪽

기후의 제한을 받아 품종이 많지 않았다. 1910년대 초기 벼 품종은 35種에 달하였고[51] 20년대 후반기에는 23종, 1940년에는 주요 품종이 20종이 되었고 기타 잡종까지 합하면 30여종이 되었다. 재배품종이 제일 많은 省은 봉천성으로 주요 품종이 17종에 이르렀고 안동성은 6종에 불과하였다.

조선에서는 종자선택 때 용수가 부족할 때의 晚植재배, 耐病性, 耐旱性에 중점을 두었다.[52] 그리하여 조선품종은 이삭이 패어서부터 성숙에 이르기까지 일수가 짧았고, 수분이 결핍한 토양에서도 발아력이 강한 耐旱性이 있어 건조한 기후에서도 수확이 좋았다. 조선인 이주자들은 이주와 함께 이와 같은 조선에서의 가뭄과 바람, 추위 등 경작상의 제약에 순응한 조숙성 품종을 만주에서 재배하였고 조선보다 더욱 早播早收穫하는 품종으로 서서히 시험재배해 갔다. 특히 西鮮지방의 耐旱性이 강한 품종, 함경도를 중심으로 한 北鮮지방의 건조와 냉해에 적응성이 강한 품종이 만주에 많이 보급되었다.

이주 조선인들은 보통 종자를 취급할 때, 새로 개간한 곳에서 수확한 것을 종자로 삼지 않고 그곳에서 다년 재배해 왔던 품종으로, 2～3년 간 연속 경작했던 수전에서 성숙이 잘 된 곳을 선택해 따로 수확해 종자로 삼았다.[53] 그들은 특별히 채종포를 설치하지 않고 종자로 취급할 곳에는 경종법에 특히 더 유의하여 제초를 잘 하고 패, 赤米, 다른 잡종을 제거하고 霜害, 冷害를 받지 않도록 조기 수확하는 방법을 취하였고 選種에서는 風選이 많았고 水選이 적었다. 이것은 조선의 종자 선택요령과 비슷하였다.

1920년 이전 만주 각지의 재배품종은 아래의 <표1-1>과 같다. 여기에서 조선 건답지대의 주된 품종인 大邱租, 麥租 등이 만주에서 많이 재배되고 있었음을 볼 수 있다. 1916, 1917년에 평북, 강원, 함남지역에서 지정된 우량

51) 黑澤謙吉, 1922 <南滿洲に於ける水稻栽培の硏究> ≪農事試驗場總報≫12
52) 金熙泰, 1948 ≪朝鮮米作硏究≫ 169-170쪽
53) 伊藤榮之祐, 1931 ≪滿洲に於ける水稻栽培≫ 315쪽

품종인 龜尾, 1916년 함남에서 지정된 우량품종인 早生大野, 1913년 강원
도에서, 1919년에 평북에서 우량품종으로 지정된 關山[54], 北海道(札幌赤
毛) 등등 일본품종도 재배되고 있었음을 알 수 있다.

<표 1-1> 1920년 이전 만주 각지의 재배품종

關東州	熊岳城, 松樹	奉天, 撫順	公主嶺	長春	安東	蒙古地方	北滿
出雲早生 大邱租 龍川租 多多租 辦慶糯	早生大野 龜尾 紅粳子 大邱租	京租 衣笠	麥租 大邱租 札幌赤毛	朝鮮糯 札幌赤毛 麥租	紅粳子 龜尾 關山 正租 點租	札幌赤毛 京租 大邱租	札幌赤毛

비고: ① 南滿洲鐵道株式會社興農部農務課, 1921 ≪滿洲の水田≫ 54쪽
　　　② 出雲早生, 札幌赤毛, 龜の尾은 일본품종이고 그 외에는 모두 조선재래종임.

　만주사변이전 만주에서의 벼 재배는 지역적으로 남부, 중부, 북부지역으로
나눌 수 있었다. 남부지역은 관동주 남단의 북위 38도 54분의 대련지방에서
요양이남 북위 41도 5분사이의 벼 생육기간이 160~170일이 되는 지역이었
다. 즉 안동부근 및 압록강하류 大孤山, 庄河지방 및 熊岳城 이남 관동주
지역인데[55] 여기에서는 松樹米로 명성을 떨친 외관이 좋지 않지만 맛이 좋은
재래종인 紅粳子種(紅毛子 및 紅光頭兒를 총칭해 紅粳子라 칭함)이 주로
재배되었고 그 외에 丁租種, 龍川種, 粘租, 大邱租, 紫稈兒도 재배되었다.
　안동지방에서는 紅粳子종의 재배면적이 8~9할을 점하였다.[56] 이것은 러
일전쟁 후 조선인 농민 이주 때 도입되어 繁殖된 것이라고 한다. 지방 미곡취

54) 朝鮮總督府勸業模範場, 1924 ≪朝鮮ニ於ケル稻ノ優良品種分布普及ノ狀況≫ 9쪽
55) 萩原昌彦, 1930 ≪滿洲乃米・組合三年誌≫ 17-24쪽
56) 伊藤榮之祐, 1931 앞의 책 265쪽

급업자는 편의상 대홍모, 소홍모, 홍광두아 기타 몇 종으로 명칭을 붙였다. 조선 북쪽에서 전해져 온 재래종 광두아는 수확량, 품질 모두 좋았고 각지 풍토에 잘 적응했다.[57]

丁租는 원산지가 평안북도로 쌀의 질이 紅粳子種보다 못하고 수확량도 많지 않아 주로 봉황성, 탕산성 등 고원지대에서 약간의 산출이 있을 뿐이었다.[58]

大邱租는 赤褐色의 長芒을 가져 赤大邱租라고도 칭하였는데 쌀의 질이 좋았다. 재래종 중 우량품종으로 주로 관동주, 웅악성, 반산지방에서 재배되었다.

그밖에 일본품종 大原種(山形縣早生大野의 개량종), 万年種(龜尾의 개량종) 紅糯가 있었다. 龜尾라는 품종의 경우, 熊岳城農事試驗場의 것은 일본 山形縣에서 수입한 것이었고 안동지방의 것은 조선인에 의해 조선을 경과해 수입 재배해 왔던 것이다.[59] 안봉선일대는 1920년대 초기까지 龜尾가 상당히 보급되었지만 1920년대 말부터는 거의 재배되지 않았고 해성 이북, 요양 이남지방은 龜尾보다는 성숙기가 이른 품종인 早生大野가 많이 재배되었다.[60]

만주 중부지방은 주로 봉천, 철령지방 즉 북위 42도 전후를 중심으로 하는, 無霜기간이 150일 내외의 지방으로서 요양이북, 개원, 四平街 이남 지역 즉 本溪湖서쪽, 무순, 흥경, 통화로부터 산성자, 해룡의 岳嶺일대, 봉천, 철령, 개원, 신민둔, 반산일대를 포괄한다. 이 지역들은 조선의 평안북도, 함경남도

57) 小島淸三郎, 1941 農事試驗場佳木斯支場 <北滿二於ケル水稻作ノ硏究> ≪滿洲 水稻作ノ硏究≫ 滿洲農學會 1943 104-107쪽; 光頭兒와 기타 재래종은 1937년 농산 개발 5개년계획 실시 때 북해도부터 수입한 坊土6호, 栗稗糯 등과 함께 재배하였지 만 그 재배면적은 매우 적었다.
58) 萩原昌彦, <滿洲の水稻に就いて>(六) ≪全滿朝鮮人聯合會會報≫ 제10호 39-40쪽
59) 滿鐵興業部農務課, 앞의 책 56쪽
60) 伊藤榮之祐, 1931 앞의 책 268쪽

의 북단, 함경북도의 대부분과 비슷한 기후특징을 가진 곳으로 만주 벼 재배에서 제일 중요한 지방으로 재래종 京租가 이 지역 재배면적의 9할 9분을 점하였다. 그리하여 중부지대를 京租地帶라 칭하기도 하였다. 京租 외에 衣笠, 부丁租, 黑租 등도 재배되었다.

京租는 조선북부 평안북도지방에서 전파해왔는데 벼농사 개시 때부터 재배해 온 재래종이었다. 풍토에 순화되기 쉬운 특성이 있어 만주에 도입된 후 약간의 개량을 거쳐 평안북도산의 原種보다 품위가 향상되었다고 한다. 이 품종은 조선인에 의해 도입되었으므로 1911년, 1912년 때는 正租라 칭한 적도 있었다. 어떤 경우에는 奉天種이라고도 불렸다. 이 품종은 벼 껍질이 두꺼워 조제에 불편한 점이 있기는 하지만 수확량이 많고 맛이 좋아 만주 재래종의 대표적인 품종이었다. 京租는 만주에서 주로 무순미, 봉천미로 그 명성을 떨치었다.[61]

만주사변전 沈陽縣 揚家村 오가황농장에 대한 조사에 따르면 豊國과 같이 반당 수확량이 4.17석이 되는 다수확품종의 재배는 적었고, 반당 수확량이 1.5석 밖에 되지 않지만 종래 계속 재배해 온 재래종 경조를 많이 심었다고 한다. 1940년에도 봉천성, 통화성에서는 京租의 재배면적이 札幌赤毛를 누르고 작부면적 1위를 차지하였다. 만주의 제일 중요한 稻作지대인 중부지역에서 오랜 기간, 광범하게 재배된 조선재래종인 경조는 오랜 전통을 가진 朝鮮稻種의 우수성을 실증하였다. 그 외에 중부지대는 구릉지대, 계곡의 계수로 재배해도 일찍 성숙할 수 있는 부京租, 소량의 일본종인 衣笠種(조선인과 중국인은 광두아, 백광두아라 칭하기도 함), 大邱租, 黑租, 부丁租[62], 朝鮮糯도 약간 재배하였다.

---

61) 米穀檢査場, <滿洲産米之特徵與其鑑別> 《奉天農事合作月刊》 제2권 제4호 1938 9쪽
62) 萩原昌彦, <滿洲の水稲に就いて>(六) 《全滿朝鮮人聯合會會報》 제10호 39쪽

黑租는 평안북도지방에서 만주로 이입되었던 것인데 그 수확량이 극히 적지만 幼苗 때부터 紫黑色을 띠어 기타 混種과 구분하기 쉬워 赤米(앵미라고도 함)의 혼입이 많은 만주지역에서 赤米를 驅除하는 수전 토지개량용 품종으로 주로 이용되었다.[63]

개원광두아는 그 원종이 衣笠種의 퇴화로 혼합종이 많았는데 벼 껍질이 황색을 띠면 조선재래종 京租의 混配物로, 모양이 길쭉하고 맛이 경조와 유사하여 좋았다. 전만미곡동업조합 검사장에서는 이것을 新京租로 칭하여 구별하기도 하였다. 벼 껍질이 백색을 띠고 모양이 동그란 것은 조선재래종 天落租에 가까워 맛이 좋지 않았다.[64]

북부지역은 북위 43도에서 북위 48도의 札蘭屯지방, 북위 49도 전후의 博克圖까지 달하는 생육기간이 130일 되는 곳이었다. 이 북부지역은 기후가 차고 무상기가 짧아 재래품종을 재배하기 어려웠으므로 벼농사 초창기에는 이곳에 벼농사가 거의 없었다. 일본 북해도 품종 小田代, 北海(札幌赤毛)가 도입됨으로써 벼농사는 획기적으로 이곳 북부지역에서도 행할 수 있게 되었다. 그러나 벼 품질, 수확량은 남부지역보다 좀 떨어졌다.

북부지역의 주요 품종은 北海(札幌赤毛), 札幌坊主, 小田代, 麥租, 大邱租, 粘租, 天落租, 朝鮮糯 등인데 그 중 북해가 재배면적의 8할을 넘어[65] 북부지역을 北海지대라 칭하기도 하였다. 이 지역의 남쪽지방에서는 小田代, 靑盛 등을 재배하였다.

간도에서는 1915년까지 여러 품종을 도입하여 시험재배를 하였지만 기온이 낮아 벼의 질과 수확량이 좋지 않아 벼농사의 보급실적이 좋지 않았다. 그 당시 粳米로는 江原道産의 종자가 있었는데 이 품종은 수확량이 매우

---

63) 米穀檢查場, <滿洲産米之特徵與其鑑別> ≪奉天農事合作月刊≫ 제2권 제4호 1938 12쪽
64) 위의 논문, 11쪽
65) 伊藤榮之祐, 1931 앞의 책 61-63쪽

적어 점차 재배하지 않게 되었고 1914년 이후 주요 재배된 것은 6度에서도 발아할 수 있는 黃租早稻라 칭하는 함경도 鏡城에서 도입된 품종이었다. 그 외에 명칭도 잘 모르는 일부 糯稻가 재배되었을 뿐이었다.[66] 1915년이 되어서 한전작물보다 수확량이 배로 많고 질도 좋으며 고가로 판매할 수 있는 小田代가 조선수원모범농장으로부터 간도 용정촌에 도입되면서 벼농사가 급기야 간도에 퍼졌고 성행하기 시작하였다.

20년대 초기에 만주관헌은 불량한 입지조건에도 적응성이 좋은 조선재래 품종의 재배를 권장하였다. 1922년 3월초에 봉천수리국에서 편집한 ≪種稻淺明法≫에 나오는 벼 품종은 약 20여종이 되었는데 자주 심는 것은 6~7종에 불과하다고 하였다. 보통 많이 심고 있는 것은 1畝에 奉斗로 2석 5두 수확할 수 있는 黃芒大粒, 그 다음으로 黃芒보다 좀 못한 1무에 많아야 奉斗로 1석 7두인 紅芒大粒, 보통 파종기를 연기했을 때 심는 성숙기가 짧은 黃光頭, 紅光頭, 紅芒快도 소개되었지만 이것들은 수확량이 매우 적어 토지가 비옥한 곳에서도 1무에 奉斗 1석 2두 밖에 수확할 수 없었다고 하였다. 그 외에 성숙기가 위 3종보다 더 짧고 1두에 많아야 1석 밖에 안되는 黃光頭黏, 紅光頭黏가 있으며, 따로 황무지 개간 때 자주 심는 품종으로 紫芒快, 紫芒慢, 黑苗稻 등이 소개되었다.[67] 이것들은 대체로 조선 재래품종들이었다.

일본 장려품종은 大楡樹와 撫順의 2개 採種田 및 일본농업실험장 熊岳城分場의 試驗田에서 채종하여 배포되고 있었지만 배급량이 적어 대량의 수요를 만족시킬 수 없었고 재배의 성공가능성이 확실치 않아 일본인 농장조차도 그 재배를 기피하였다.

일본인 농장에서도 벼농사를 개시한 첫해에는 보통 안정성을 기해 조선재

---

66) 上塚司, 1914 ≪間島に於ける水稻≫ 5쪽
67) 1922년 3월 초 봉천수리국편집 ≪種稻淺明法≫

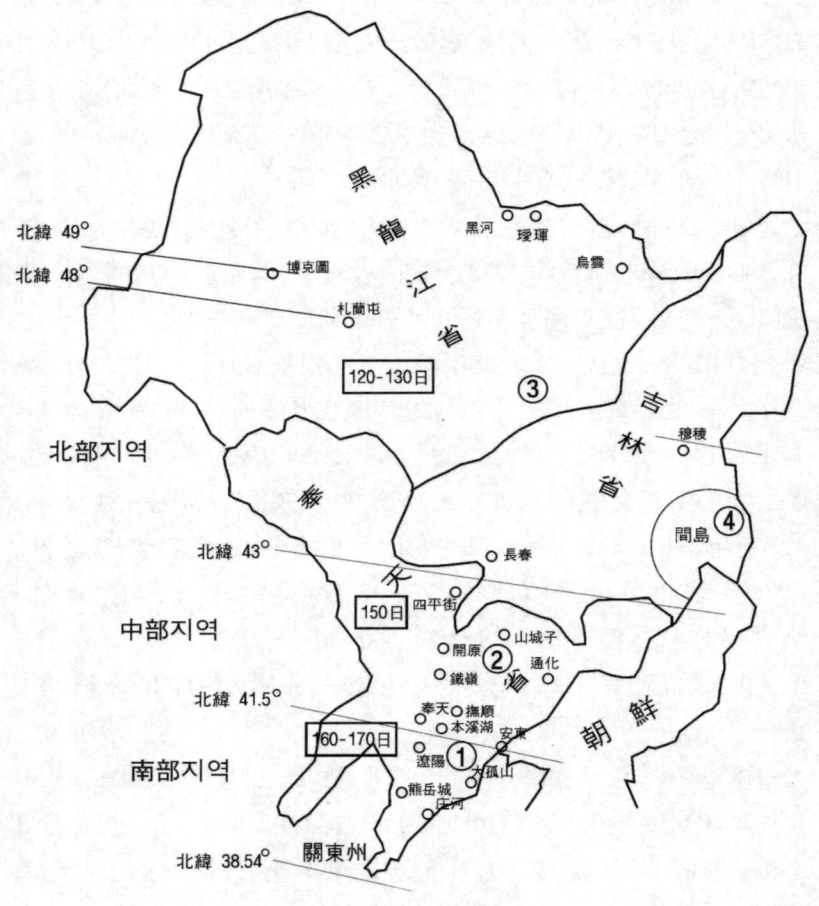

<도 1-2> 만주사변 직전 주요 벼 품종 분포도

①南部地域:紅粳子, 龜尾地帶,기타 丁租, 龍川種, 大邱租
②中部地域:京租地帶, 기타 衣笠, 早丁租, 黑租
③北部地域:北海(札幌赤毛)地帶
④間島地域:小田代地帶
비고:伊藤榮之祐, 1931 ≪滿洲に於ける水稻栽培≫를 주요 참고자료로 하여 작성

래종을 재배하였다. 1912년 봉천 打虎山에서 일본인이 경영한 수전공사의 700天地의 稻田과 勝弘正次郎의 총계 530무의 수전에서는 모두 조선재래종을 심었고,[68] 1934년에 이르러서도 봉천성에 있는 榮興농촌의 개간초년은 수확량과 품질을 따지기보다는 강건하게 재배하기 쉬운 품종인 조선재래종 대구조종을 심었다.[69]

일본품종은 조선에서의 재배에서 확인되었듯이 비료의 다량 사용과 수리의 개선이 뒤따를 때 재래품종에 비하여 수확량이 높았다. 만주와 같이 수리조건이 완비되지 않고 시비하지 않는 여건 하에서는 생산량이 많지 않았다. 만주에서는 조선과 달리 일본품종의 보급상황이 진전되지 않았다.[70] 일제는 만주에서 조선에서와 같이 헌병과 경찰을 동원하여 무단적, 강제적 방식으로 明治農法을[71] 추진할 수 없었고 또한 일본의 미작산업을 위협할까봐 그렇게 하려고 하지도 않았다. 그리하여 장려품종의 보급 및 합리적인 재배법의 지도를 소홀히 취급하였다. 1940년에 이르러서야 겨우 종자배급협회가 성립되었고 各省에서 벼 채종포를 경영하였다. 그러나 이때도 농민이 각자 종자를 준비하고 있는 상황이었다.[72]

만주에서는 지방마다 재래품종에 대한 집착이 강하여 민족별로 서로 다른 벼 품종을 사용하는 사태까지 나타났었다. 관동주 내 普蘭店지방의 중국인들

---

68) 潘詠雷역, ≪南滿洲水稻狀況≫ ≪農林公報≫ 제14기 1913 18-30쪽; 章有義, 1958 ≪中國近代農業史資料≫ 제2집 북경 三聯書店 496쪽

69) 高見成, 1941 ≪鮮滿拓植株式會社, 滿鮮拓植株式會社 五年史≫ 208-209쪽

70) 1912년 조선에서 일본품종의 보급율이 수전경작면적의 2.8% 밖에 안되었지만 1923년에 보급율은 67.3%, 1935년에는 82.2%로 상승하였다. 農林省熱帶農業研究センタ-, 앞의 책 230쪽

71) 명치농법이란 明治초기에 형성된 多勞多肥적, 가족노동력을 위주로 한 수도작 기술체제로서 1. 雄町, 神力, 愛國 등 다수확품종의 보급 2. 청일전쟁이전에는 漁肥, 그후에는 大豆粕 등 金肥의 대량투하 3. 鹽水選, 短冊苗代, 正條植 등 집약재배법의 사용 4. 축력에 의한 深耕과 中耕除草器의 개발에 의한 집약화 등을 그 주요내용으로 하였다.

72) ≪滿鮮日報≫ 1940년 4월 6일

은 홍모자, 홍광두아 등을 가장 많이 재배하였고 일본인들은 大原, 萬年, 紅糯를 많이 재배하였다.[73] 松樹지방의 경우, 송수미로 알려진 홍광두란 재래종이 장려품종인 일본품종 대원, 만년에 비교해 수확량, 품질에서 떨어졌지만 이 지역의 중국인 벼 재배자들은 반일정서를 갖고 좀처럼 이를 받아들이려 하지 않았다. 일본우량품종은 소수의 일본인 이주농가 혹은 일본인 대지주의 농장에서나 시범적으로 재배되는 정도로 보급율이 낮았다.

만주에서는 일본품종이 강제로 보급되지 않는 상황 하에서 조선의 재래품종이 선호되었고 그것이 늦게까지 남아있으면서 조선재래품종의 우수성을 실증하였다.

2) 조선 재배방식의 적용과 개량

만주 각 지방의 벼농사는 조선인에 의해 시작되고 보급되어 갔기 때문에 자연히 조선재래의 稻作法이 적용되었다. 조선에서는 18세기 후반 직파법을 대신해 이앙법이 널리 보급되었지만[74] 북부지방에서는 여전히 직파재배 위주였다. 합병 전의 조선의 재배관행을 조사한 ≪韓國土地農產調查報告≫에 의하면, 조선에서의 벼 재배는 이미 이앙법이 위주였지만, 寒冷지역이나 用水가 부족한 지방에서는 직파재배가 그대로 행해진다고 하였다.[75] 평안북도의 경우, 1910년대 초반에 寧邊郡 일부를 제외한 대부분 지역은 직파재배를 하였다.[76] 조선 북부지역의 직파재배법은 그대로 만주로 전파되었다.

직파에는 水耕直播(灌水田直播)와 건답직파 2종류가 있었다.[77] 만주에

---

73) 伊藤榮之祐, 1931 앞의 책 242쪽
74) 김용섭, 1995 ≪증보판 조선후기농업사연구≫ (Ⅱ) 일조각 43쪽
75) 日本農商務省, 1906 ≪韓國土地產調查≫ 平安道, 黃海道, 咸鏡道 以文社 153쪽
76) 中村松次郞, 1915 <平北地方水稻直播의 得失及多栽培法에 대ᄒᆞ야> ≪朝鮮農會報≫ 16쪽

서는 起耕해서 물을 댄 수전에 미리 발아시킨 볍씨를 뿌리는 水耕直播 耕種法이 절대적 우세를 차지하였다. 수경직파법은 寒冷하고 생육기간이 짧은 만주 북부 및 최북부를 포함한 만주전역에서 모두 행하였다.

조선에서는 일찍부터 건답직파법을 사용하였다. 조선초기 함경도, 평안도를 위시한 북부지역 개간 개발이 추진될 때 熟治常耕의 일환으로 수전 개발이 촉구되면서 북방지역의 건조한 기후조건에서 개발이 가능한 곳에 요긴하게 乾播를 이용하여 도작면적의 확대를 도모하였다.[78] 20세기 초에 이르러서도 건답직파법은 평안남북도 지방 벼농사의 主流 방식으로 오래 남아있었다.[79] 평안남북도 서부해안지방의 평지에 건답 총면적이 5만 町步에 100종의 耐旱性 乾稻 품종(밭과 논에 兼用할 수 있는 품종과 순수한 건답품종들이 포함)이 있었다.[80] 김용섭은 ≪農事直說≫에 나오는 건경법은 早早晩水의 한국 기상특성에서 연유한 것으로, 중국이나 일본의 어느 고농서에서도 나타나지 않는 조선 고유의 농법이며, 이것은 조선농업의 커다란 전통이고 특징이라 하였다.[81] 이와 같은 건답직파법은 이주 조선인에 의해 그대로 만주에 전파, 보급됨으로써 건조지대인 만주지방의 벼 재배면적의 확대에 큰 역할을 하였다.

이 건답법에 대해 1920년대 봉천성 당국이 발행한 ≪種稻淺明法≫에서는 '봄 가뭄 때 旱種할 수 있는데 먼저 한전작물과 같이 파종을 하고 흙을 두텁게 덮지 말며 발아하기 전에는 물을 대지 말며 묘가 3~4촌 자랐을 때 물을 대야 한다. 灌水가 늦으면 벌레가 인다'고 소개되어 있다.[82]

---

77) 건답법이란 西鮮지방에서 4~5월의 한발로 인해 묘대용수의 확보가 쉽지 않아 파종을 밭 상태에서 행하고 雨期를 기다려 湛水수전상태로 전환하는 특수한 재배방법이었다. 이춘녕 ≪이조농업기술사≫ 1964 38-39쪽; 건전직파재배에서의 토질은 砂質壤土가 제일 좋고 그 다음은 壤土이다. 砂土, 진흙, 강한 알칼리성 토지는 이 재배법이 적합하지 않았다.
78) 李景植, 1998 ≪朝鮮前期土地制度硏究≫ Ⅱ 지식산업사 101-105쪽
79) 印貞植, 1992 ≪朝鮮農村再編成ノ硏究≫ 印貞植全集 제3권 한울아카데미 300-301쪽
80) 武田總七郞, 1927 ≪實驗稻作新說≫ 동경 明文堂 166쪽
81) 김용섭, 1995 ≪조선후기농업사연구-농업과 농업론의 변동≫ Ⅱ 일조각 7쪽

만주에서 5월, 6월 파종기에 한발로 인해 관개수가 없으면 보통 그 지방의 조숙품종을 선택하여 건답 재배하였다. 건답직파법은 보통 소출이 水耕直播法, 移秧法보다 적었지만 가뭄이 든 해에도 벼를 얼마만큼 수확할 수 있고 수전면적을 늘일 수 있어 매우 의미 있었다. 그리고 관개용수를 절약할 수 있어 특히 기계양수관개를 할 경우 揚水費를 절약할 수 있었다. 또한 수전 單作의 경우에는 적당하게 건답직파재배를 병행함으로써 노동력의 분배, 水量의 절약 등 경영상의 효과를 얻을 수도 있었다. 예를 들면, 4월 하순에서 5월 상순 해빙기 후에는 건답직파의 整地 및 파종을 실행하고, 5월 상순에 묘대의 파종이나 水耕直播의 灌水整地 파종을 시행한 다음, 5월 하순부터 6월 상순에는 건답직파의 除草中耕을 끝내고 水耕直播의 灌水를 시작하고 묘 고르기를 할 수 있으며 그 후 水耕直播, 모내기, 건전직파의 제초를 차례로 행하면서 노동력의 분배를 조절할 수 있었다.[83]

건답직파법을 행하면 발아기가 보통 1주간 지연되기 때문에, 성숙기도 1주간 늦어져 霜害를 받기 십상이므로 생육기간이 짧은 지방에는 적합하지 않았다. 新京(장춘)이북은 성숙기간이 짧아 이 경작법을 적용할 수 없었다.[84] 건답직파법은 無霜기간이 비교적 긴 봉천성의 봉천부근, 개평현, 복현, 웅악성부근, 안동성 장하현 등에서 많이 행했다. 이들 지방은 수리여건이 좋지 않아 5월 하순 수경직파를 진행하기 어려운 곳들이었다. 보통 水耕直播와 건답직파를 상황에 따라 병용하는 경우가 적지 않았다. 봉천성 철령농촌의 경우, 1932년에는 水耕直播를 하였지만 1933년에는 용수 부족으로 작부면적의 45%인 324町에 건답직파 하였고, 1934년에는 다시 水耕直播를 하였으며 1935년에는 심한 가뭄으로 작부면적의 80%인 521.79町에 건답직파를 행하

82) 1922년 3월 초 봉천수리국편집 ≪種稻淺明法≫
83) 伊藤榮之祐, 1944 ≪滿洲二於ケル水稻ノ乾田直播栽培≫ 13쪽
84) 위의 책, 2쪽

였다.[85]

중부지방 봉천, 무순지역의 건답직파법을 보면 어떤 곳에서는 논을 갈지 않고 전해 가을의 벼 그루사이에 2촌 내외 깊이의 고랑을 만들어 土糞이나 乾糞을 넣어 파종하고 부드러운 흙으로 덮는 不整地 파종이 많았다.[86] 보통 파종 후 진압 없이 끌개로 3～5번 그 위를 지나가면서 흙을 부드럽게 덮기만 하였다. 이 방법은 整地파종보다도 도리어 수확량이 많을 경우도 있었지만 表土를 갈아엎지 않았기 때문에 잡초의 繁盛을 초래해 地力을 減耗시켰다.

'만주국'시기에도 건답직파 방식은 계속 보급되어 갔다. 특히 정부차원에서 건답직파법 보급계획을 세워 미곡증산의 한 시책으로 중시하기도 하였다. 1942년, 1943년에 남만지방의 심한 한발로 말미암아 用水문제가 심각하였을 때 건전재배법을 장려하였다.

벼 재배방식에는 위와 같은 水耕直播法, 건답직파법이 포괄되는 직파법 외에 이앙법도 있는데 만주사변전 이앙재배법은 극히 적었다. 이앙은 수경직파에 비해 성숙기가 1주간 지연되므로 대체로 기후가 비교적 온난한 봉천 이남이 아니면 행할 수 없었다. 관동주 및 만철 부속지의 일부 일본인 수전 경작자만이 시험적으로 移秧재배법을 채용하고 있었을 뿐이었다.[87] 또한 만주의 기후와 노동력 관계로 이앙법을 채택하여 짧은 기간 내에 넓은 면적의 논에 整地를 충분히 하고 모를 이식시키는 것은 불가능한 일이기도 하였다. 이앙법은 상당히 숙련된 기술을 가진 노동력을 필요로 하는데 만주에서 이와

---

85) 東亞勸業株式會社, 1935 ≪營口 河東 鐵嶺 綏化 三源浦 朝鮮人安全農村建設經過 並現狀≫ 47-49쪽
86) 伊藤榮之祐, 1931 앞의 책 276-277쪽; 滿鐵新京支社, 1942 ≪滿洲に於ける水稻作の 研究≫ 滿洲農學會刊 53-54쪽
87) 당시 이앙재배방식을 많이 행했다고 하는 관동주의 普蘭店지방에서조차 이앙의 優 劣을 단정하지 못하고 있는 상황이었고 이앙과 직파의 비율은 1 : 9로 직파위주이었 다. 伊藤榮之祐, 1931 앞의 책 241-242쪽; 奧田亨, 工藤要 1942년 1월 <滿洲に於け る水稻作耕種技術の現狀> ≪滿鐵調查月報≫ 제22권 제1호 83쪽

같은 노동력을 고용하기 어려운 점도 이 재배법의 적용이 제한 받는 하나의 요인이기도 하였다. 만주에서는 기본적으로 직파 재배법이 광범위하게 적용되었다.[88]

1917년 5월 18일 東豊縣 지사 새퉁썬(謝桐森)이 奉天省長公署에 올린 글에서도, 만주 기후는 차기 때문에 직파하는 것이 이득이 되고 이식은 묘가 복원하기 어렵기 때문에 이앙 재배를 해서는 안 된다고 하였다.[89]

그러나 1940년대에 이르면 남만지방에서는 이앙 재배법이 적지 않았다. 이앙 재배법은 제초하기 편리하고 용수가 절약될뿐더러 수확량도 많기 때문이었다. 중만, 북만의 일부지역에서는 온상묘대 혹은 기타 육묘법을 강구해 이앙 재배를 행하는 지역이 늘어났다.[90] 철령지방 沙坨子는 직파와 이앙이 각각 50%를 차지하였는데 매년 6월 상순에 직파파종을 끝내고 6월 15일부터 이앙의 모내기를 시작하였다.[91] 1940년 안동성에서는 대부분 이앙법을 행하였고 봉천성의 무순, 본계, 해성, 흥경에서의 이앙면적은 50%에 가까웠다. 하지만 그 밖의 지역은 직파재배법이 여전히 주도적 위치를 차지하고 있었다.

만주의 벼농사는 이와 같은 직파재배 위주로 말미암아 제초작업에서 어려움이 많았다. 파종 후 잡초가 적은 곳은 손으로 뽑았지만 잡초가 많은 곳에서는 특별한 제초방법을 활용하였다. 즉 잡초가 17~20cm정도 자랄 때 벼는 약 10cm정도 자란 상태가 되므로 물을 깊이 13cm 내외로 대고 벼 베는 큰 낫으로 잡초를 수면으로부터 베었다. 이 작업이 끝나면 20cm정도 깊이로 물을 대고 把子로 잡초를 제거하였다. 이렇게 하면 잡초의 성장은 억제된 반면 벼의 생육이 왕성해져 잡초를 압도하게 된다. 잡초의 발육이 다시 왕성해지면

---

88) 1920년 만철권업과의 조사에 의하면 대부분 수경직파로 撒播, 혹은 條播가 널리 행해졌다.
89) 遼寧省檔案館資料　JC10-4526
90) 小島淸重郞, 1944 <水田硏究三十年> 滿田隆一, ≪滿洲農業硏究三十年≫ 33쪽
91) 中村誠助, 1941 앞의 논문 30쪽

같은 방법을 2회 행하기도 하였다.

만주에서는 보통 秋耕을 하지 않고 벼 그루를 그대로 두어 이듬해 봄 해빙을 기다려 起耕하였다. 3월 하순 地表가 해빙할 때, 새로 수전으로 만들 저습지에는 풀뿌리가 越冬으로 죽고 새로운 뿌리가 생겨나지 않았거니와 풀씨는 겨울철에 새의 먹거리가 되어 적어졌기 때문에 이 시기에 起耕하였다.

만주 토지는 유기질이 많아 생육과다로 莖葉이 무성하게 자람으로써 성숙이 10일 내외 지연되기 십상이므로 霜害방지를 위해 早熟種을 심는다. 새로 개간된 논에서는 2년째는 완전히 그루를 뒤엎지 않고 그대로 灌水해 파종하고 밭을 깊이 갈지 않는다. 3년째는 그루를 불살라 버린 후 얕게 밭을 갈거나 혹은 2년째와 같이 파종한다. 개간 후 3년째부터는 생육이 좋지 않게 되어 보통 밭을 간다. 이런 식으로 4년째, 5년째 連作하면, 피(稗)가 많이 자라 수지가 맞지 않으므로 새로운 개척지를 찾아 개간하는 것이 더 이익이 되었다. 그리하여 벼농사 초창기에는 3~5년 경작한 후 다른 곳으로 轉耕하는 경우가 많았다.[92] 20년대 이후 벼농사에 종사하는 이주 조선인이 많아지고 경작지 획득이 어려워져 예전과 같이 새로운 경작지를 구해 轉住하는 방식은 점차 사라졌다.

1920년까지만 하여도 조선인, 중국인 농가는 거의 無肥料 경작을 하고 비료는 수전에 施用하지 않는 것이 관습이었다.[93] 이것은 施肥 위주의 일본 농법과 구별되었다. 그러나 후기로 가면서 조선의 개량된 경작기술과 일본의 재배기술의 도입에 따라 다년간 경작으로 비옥도가 떨어진 토지에 점차 비료를 施用하는 곳이 많아졌다.

---

92) 伊藤榮之祐, 1931 앞의 책 314쪽
93) 안동남방의 渾水泡지방에서는 다년 연작한 결과 토질이 나빠졌으므로 시비의 필요로 인분과 목탄을 혼합하여 시용하였고 무순동방사의 수전에서는 짚을 5촌 크기로 잘라 논에 방치해두었다가 봄 起耕시 반전하여 매몰시키는 동시에 과린산석회 및 米糠을 첨가해 시비하였다. 滿鐵興業部農務課, 앞의 책 59쪽

水耕直播

○ 長春

○ 鐵嶺
○ 奉天
○ 撫順
○ 本溪
○ 海城
興京
安東
○ 蓋平
○ 熊岳城
復
普蘭店
庄河

朝鮮

關東州

凡 例	
☐	水耕直播지역
☐	移秧지역
☐	乾畓直播지역
☐	直播 및 移秧 혼재지역

<도 1-3> 滿洲지역 벼 栽培 방식 분포도

벼의 건조는 수확 후 기후가 건조하기 때문에 稻架를 사용하지 않고 논이나 논둑에 널려 平乾한 후 큰 단으로 묶어 몇 곳에 집중해 쌓는 방식을 취하였다. 탈곡은 조선식 打落法으로 조제장에서 작은 볏단 그대로 돌이나 나무토막에 대고 치는 것과 도리깨에 대고 탈락시키는 2가지 방법을 사용하였다. 후기에 가서는 足踏回轉脱穀機를 사용하기도 하였다. 만주 벼의 精白率은 보통 4할 5분이었다.

벼농사에 이용되는 농기구를 보면, 조선인, 중국인 사이에 사용되는 것은 외관이 간단하고 작지만 견고하고 실용적이고 가격이 저렴하고 자가 및 근처에서 수선 또는 구입이 편리한 것들이었다. 조선인 벼농사 지대에서는 대개 조선 재래의 수전 농기구인 가래, 써레, 쇠스랑, 삽, 따비, 낫, 도리깨, 맷돌, 지게, 용두레 등을 사용하였다. 논을 삶을 때 가축이 없는 경우에는 써레를 사용하지 않고 삽으로 흙덩어리를 부셔 고르게 하기도 하고 板이나 버드나무로 엮은 것에 돌을 넣어 끌고 다니며 논을 고르게 하는 경우도 적지 않았다. 만주 수전의 논두렁은 견고하지 않아 해마다 가래를 사용하여 논두렁을 만들어야 하였다.[94] 남방 웅악성, 송수지방의 중국인은 대부분 만주 재래농기구를 그대로 수전 경작에 적용하였는데 쇠스랑, 낫 등 농기구의 자루가 길어 허리를 굽히지 않고 작업할 수 있는 것이 특징이었다.[95]

3) 조선 수리관개법의 활용

중국 관내의 旱田경작은 자고로 관개법을 행하였지만 만주에서의 한전경작은 천연 강우에 의해 행하였다. 근대 만주의 관개는 조선인이 들어와 벼농사를 개시하면서 최초로 시작되었다.[96] 벼농사에 필요한 수리시설은 중국인 지

---

94) 滿鐵新京支社, 1942 앞의 책 46쪽
95) 滿鐵興業部農務課, 앞의 책 62쪽

주들이 수축할 줄 몰랐으므로 주로 벼농사를 담당한 조선인 소작농민이 큰 하천이 아닌 지류, 혹은 작은 하천에서 물을 끌어들이었다.[97] 그들에게는 肉眼으로 토지의 고저를 판별하여 정확히 물을 유도할 줄 아는 독특한 재간이 있었으므로, 그들에 의한 만주의 수전 개발이 가능하였던 것이다. 조선인의 수전 개발로 말미암아 만주의 풍부한 수리자원까지 개발되었다.

벼농사에서 물은 마치 인체의 혈액과 같았다. 특히 만주와 같이 강우량이 적고 증발이 심하며 하천 물량이 안정되지 않는 기후조건에서 관개용수는 開畓면적을 결정하였다.

만주 수전관개에서의 관개용수는 벼 성장에 필요한 수분을 공급할 뿐만 아니라 북부지역에서의 저온의 기상 조건에서 야간의 온도 저하를 방지하는 역할을 하기도 하였고 중서부 및 남부의 알칼리지대에서는 토양 중의 염분을 낮추는 역할을 하기도 하였다.

만주수리관개에서 지하수 이용이나 溜池관개는 별로 없었다. 미가가 낮은 만주에서 지하수와 전동기를 이용하여 양수 관개하기가 어려웠다. 관동주 내에 주로 일본인이 행하였던 여순, 보난점지방의 수전관개는 수리조건이 좋지 않아 대부분 하천의 상류에 수로를 설치해 貯水池에 물을 끌어들이거나 규모가 작은 우물을 파서 水車 혹은 전동기로 양수하여 관개하였다. 일본인 수전농장 愛川村은 1키로와트 4錢이라는 다른 곳보다 싼 동력을 가까운 대련으로부터 쉽게 지원 받을 수 있었기 때문에 지하수 관개가 가능하였다.[98] 만주에서 集水구역 내에 내리는 겨울철 雨雪의 대부분이 봄에 침투, 증발하여 溜池에 集水할 수 있는 量이 극히 적었기 때문에 溜池관개가 적합하지 않았다.[99]

---

96) ≪中國水利史稿≫ 下册 1989 431쪽
97) 만주사변이전의 만주관헌과 '만주국'시기 마지막 몇 년을 제외한 시기에 정부주도의 대규모 수리공사는 별로 없었다.
98) 木下通敏, 1934 ≪滿洲に於ける農業經營の實際と移民問題≫ 동경, 斯文書院
99) 滿鐵興業部農務課 앞의 책 25-26쪽

연 강수량이 적은 만주에서의 관개는 주로 하천의[100] 물을 이용하기 마련이었다. 조선인 이민들은 자연, 경제, 기술, 인력 등 여러 측면의 제약을 받으면서 조선의 수리방식과 비슷하게 주로 작은 하천의 물 흐름을 막아 보를 쌓고 수로를 통해 관개하는 방식을 취하였다.[101]

벼농사 초창기 이주 조선인들은 조선의 河口 델타 지역과 산곡의 계류주변에서 수전을 개간한 경험을 토대로 구릉지대에 산재하면서 산간계곡에서 흘러 나오는 작은 하천에 소규모 수리시설을 수축하여 물을 끌어들여 산간분지에 작은 수전을 만들었다. 그들은 경작자가 적을 경우에는 작은 하천유역을 선정하였고 경작자가 많을 경우에는 조금 큰 하천유역을 선정해 수전을 만들어 갔다.[102] 그리하여 초창기 수전은 대부분 하천의 상류, 즉 안전도가 높은 구릉지대에 분포되었다. 장백산맥의 구릉지대에 수많은 작은 수전이 널리 분포되었는데 동북쪽으로는 간도, 동쪽으로는 압록강 상류연안, 남쪽으로는 통화, 홍경, 서쪽으로는 무순 및 瀋海철도연선으로 이어졌고 서북쪽으로는 吉敦지방에 이르렀다.

산간 계곡 양안의 수전은 수해의 위험이 적고 침수가 오래 지속되지도 않고 수원이 안정되어 한발우려가 거의 없었다. 그리고 부근에 수전이 속출하지 않아 물싸움도 적었다. 비록 교통이 불편하다는 불리한 점이 있긴 하지만 이곳 사람들이 순박하므로 대부분 불모지를 개간하여 수전을 만드는 조선인

---

100) 만주의 대하천으로 북에는 송화강, 남에는 압록강, 요하가 있다. 송화강의 支流로 輝發河, 驛馬河, 牡丹江, 압록강의 지류로 渾江과 靉河, 요하의 지류로 太子河, 渾河, 東遼河가 있다. 남부하천의 서부 지류는 거의 일년간 담황색으로 혼탁하여 遼西평원은 수전이 없다. 萩原昌彦, 1932 <滿洲水田の將來> ≪農業の滿洲≫ 제4권 제4호 29쪽

101) 조선시대는 堤堰과 洑가 수리시설의 기축을 이루었다. 특히 조선중기이래 보의 개발이 두드러졌고 조선 후기 이앙법의 전국적 확산으로 더욱 확대되었다. 이태진, 1989 <16세기의 川防(洑) 관개의 발달 - 사림세력대두의 경제적 배경일단> ≪한국사회사연구-농업기술발달과 사회변동≫지식산업사 188-189쪽

102) 伊藤榮之祐, 1931 앞의 책 313쪽

농민을 환영하기도 하였다.

압록강 하류 수전은 구릉의 溪水를 이용해 계곡의 분지를 수전으로 개간한 것으로 그 발전이 극히 빨랐다. 안동지방에서 생산된 쌀은 1918, 1919년에는 安東米라 칭해 전 만주지역을 휩쓸었고 북만까지 진출하였다. 復州河 유역의 벼농사는 계곡의 用水로 수리가 극히 편리하여 거의 전부가 중국 본토농가들에 의해 행해졌다.[103] 길림일대에도 처음에는 山間窪地에서 자연적으로 流入되는 溪水를 이용하여 수전이 개발되었다.[104]

평원지대의 벼농사는 대부분 하천하류에 집중되었다. 평원지대에서는 처음에 저습지를 선택해 벼농사를 하였다.[105] 그러나 개발 후 10여 년이 지나도록 큰 진전이 없는 경우가 많았다. 그것은 평원지대의 수전은 한발과 홍수의 2가지 위험이 따랐기 때문이었다. 만주의 하천은 치수공사 없이 모두 원시적 상태로 방치되어 있었고 보통 공사비가 적게 들어가고 착수하기 쉬운 작은 하천은 수전 용수의 제일 중요한 시기인 6~7월에는 자주 물이 없거나 유량이 적었다. 특히 하천 상류에 수전이 많을 경우, 하류 평원지대를 흘러갈 때에는 물량이 현저히 적어졌다. 또한 건조한 기후에서 산림수목이 적어 表土는 浸透性이 결핍해 降雨가 집중 내리면 하천은 갑자기 범람하여 홍수가 자주 발생하기도 하였다. 홍수발생시 하천의 水路가 변경될 때에는 제언, 갑문 등이 파손되거나 효용이 없어지기도 하였다.

평원지대의 수전은 비록 수리 관계상 하천양안에 불완전한 둑을 설치하여 쉬운 방법으로 관개할 수 있고 그곳의 대부분은 低濕地로 지가가 저렴하다는

---

103) 위의 책, 249쪽

104) 東北物資調節委員會, 東北經濟小叢書 1947 ≪農田水利≫ 9쪽

105) 만주사변 직후까지도 남만에 위치한 太子河 유역에서 수도재배를 행하지 않은 원인은 河床이 비교적 낮아 연안에 저습지가 적고 자연관개를 하기 어려웠기 때문이었다. 萩原昌彦 <滿洲の水稻に就いて>(二) ≪全滿朝鮮人聯合會會報≫ 제6호 1933 49쪽

유리한 점을 갖고 있었지만 대부분의 경우 배수시설이 잘 되어 있지 않았다. 그렇기 때문에 7~8월 豪雨가 내리면 평원의 물은 窪地에 몰려들어 2~3일 지나도 배수가 되지 않아 수확이 전혀 없는 경우가 많았다.[106] 간도에서는 河川의 홍수범람에 대비한 수리시설 없이 하천양안의 저습지를 개간한 탓으로 폭우가 연일 내리면 그 피해를 입군 하였다. 1915년 홍수 때 수전 200여 정보 중 약 100여 정보가 침수되었다.[107]

또한 평원의 저습지는 보통 큰 면적으로 이어져 있으므로 한 곳에 수전 개발이 성공하면 그 주위에 개간자가 속출하여 물싸움은 연중행사가 되었다. 그 결과 다 같이 용수가 부족하게 되곤 하였다. 후기로 가면서 수전 적합지 선정에서 지가가 싼 저습지를 선택해 수해의 위험을 감수하기보다 수해 위험이 적거나 수해를 당해도 2~3일로 退水할 수 있는 밭을 수전으로 개조하는 開畓현상이 늘어났다.[108]

당시 수리시설의 설치는 빈곤한 조선인 소작농민들이 담당하였는데 하천을 이용한 수리관개는 조선과 비슷하게 단순히 물길을 내는 정도와 작은 보를 설치하는 것 외에 하천과 경작지의 고저를 고려해 하천의 상류부위에 築洑한 후 洑梁의 양안에서 물이 누출하는 것을 방지하기 위하여 제방을 설치하기도 하였다. 큰 하천에서는 큰 돌로 물의 흐름을 막아 수위를 높여 물을 끌어들이기도 하였지만 보통은 물이 흐르는 속도가 완만한 장소를 선택해 버드나무가지를 묶어 柳條堰을 만들었다.[109] 柳條堰은 견고하지 않았지만 짧은 시간에

---

106) 吉林省檔案館 吉林省政府實業廳 L12+L16 J111-02-0845; 萩原昌彦, <滿洲水田の將來> ≪農業の滿洲≫ 제4권 제4호 1932 30쪽

107) 上塚司, 앞의 책 13쪽

108) 萩原昌彦, 1933 10 <滿洲の水稻に就いて>(四) ≪全滿朝鮮人民會聯合會會報≫ 제8호 43쪽

109) 류조언 축조 때 청장년들은 옷을 벗고 얼음덩어리가 뜨는 차가운 물 속에 들어가 말뚝을 박고 버드나무가지를 깔고 그 다음 돌이나 흙을 담은 가마니로 버드나무가지를 눌러서 하천을 막아 하천의 물이 水渠로 흘러 들어가게 하였다. 지금 어떤 조선족 수전 지역에서는 아직도 이런 방법으로 물을 끌어들이고 있다.

쉽게 보강할 수 있었다. 그러나 柳條堰으로 막는 물량은 많지 않았으므로 이것으로는 소규모의 수전 경작만을 할 수 있었고 홍수에 떠내려가기 십상이었기 때문에 해마다 번거롭게 새로 축조하여야만 하였다. 20년대 후기에는 각지에서 결빙기간에 얼음 위에 류조언을 구축해두었다가 해빙과 함께 이것을 내리는 방법을 고안해 냈다. 이 방법은 노동을 3분의 1이하 절감할 수 있었고 차디찬 물 속에서 오래 견딜 필요가 없었으므로 널리 보급되었다.

보통 이주 조선인들이 새로이 수전을 만들 때는 노련한 농부를 고용하여 地表의 상황에 따라 각종 형태로 수전을 구획하였는데 마치 거북이껍질의 波形狀과 같은 경우가 많았다.[110] 영구지역의 낮은 지형조건에서는 遼河의 밀물, 썰물의 수위 차가 평균 10尺이 되는 것을 이용해 관개하였는데 요하 河岸에 水渠를 파서 요하 만조 시에는 수로의 水門을 열어 河水를 유입시켰고 썰물 때에는 수로를 통해 遼河로 배수하였다.[111] 조선인에 의한 벼농사 전파에 따라 중국인도 조선인을 모방하여 벼농사를 어느 정도 할 수 있었지만 수리관개에서는 완전히 조선인에 의지해야 하였다.

해림, 하얼빈, 齊齊哈爾, 길림 등 만주 북부지역은 관개용수의 수온이 낮아 발아가 不良하기 십상이었기때문에 저수지를 만들거나 수로를 길게 하여 햇빛에 쪼이는 시간을 연장시켜 조금이라도 수온을 높여 관개하려고 하였다.[112]

강우량이 적고 증발이 심한 만주에서는 전동기계를 이용한 관개방법이 일반화되지 못하였고 수리시설까지 허술함으로 인하여 하천물량의 1할도 이용

徐基述, 徐明勛편저, 1988 ≪黑龍江朝鮮民族≫ 흑룡강민족출판사 47쪽
110) 萩原昌彦, 1933 10 <滿洲の水稻に就いて>(四) ≪全滿朝鮮人民會聯合會會報≫ 제8호 46쪽
111) 營口驛貨物調査係, 1937 ≪遼河流域(領事館營口警察署管內)に於ける朝鮮人一般概況≫
112) 앞의 ≪農田水利≫(1947), 9쪽

하지 못하였다. 수리시설은 4尺 이상의 제언이 없고 漏水를 방지하는데 흙, 초석, 자갈, 류조 혹은 짚을 사용함에 불과하였고 수로입구에 閘門 시설이 없어 수량을 조절할 수가 없어 용수의 범람이 더 잦았다. 그리고 水渠의 구조도 극히 불완전하고 파손되기 십상이어서 물 부족과 침수로 인한 중국인과 조선인간, 조선인간, 일본인과 중국인간의 물싸움이 더욱 빈번하게 발생하였다. 특히 벼농사하는 조선인 농민과 한전을 경작하는 중국인 농민과의 분쟁이 자주 일어났는데 여기에 만주와 대륙침략에 조선인을 이용하려는 일제가 개입하여 韓·中 민족 간에 이간을 붙였기 때문에 조선인 이민의 벼농사 여건은 더욱 불리해졌다.

3. 초창기 벼농사 전개의 지역별 양상

> 만주땅 넓은 들에
> 벼가 자라네 벼가 자라
> 우리가 가는 곳에 벼가 있고
> 벼가 자라는 곳에 우리가 있네
> 우리가 가진 것 그 무엇이냐
> 호미와 바가지밖에 더 있나
> 호미로 파고 바가지에 담아
> 만주벌 거친 땅에 벼씨 뿌리여
> 우리네 살림을 이룩해보세[113]

위 노래는 조선인 이민들 사이에 널리 불려지고 있었는데 이 노래에서도

---

113) 玄龍順, 1982 ≪朝鮮族百年史話≫ 51쪽

알 수 있다시피 그들의 생활은 매우 어려웠다. 그들의 이주를 보면 솥 가마 한 개, 의류와 이불 한 보따리, 남자는 짐을, 여자는 아이를 업고 '負耒耜'[114] 즉 재래 농기구를 갖고 만주로 들어갔다. 그들은 물의 흐름만 있다면 결코 보아 넘기지 않고 작으나마 수전을 일구고 수전 부근 조금 높은 곳에 土壁을 쌓고 지붕을 세워 흙으로 만든 작은 집에서 온돌식으로 취사하며 벼농사에 종사하였다.[115]

초창기 조선인 이민들은 하천을 따라 각지에 들어가서 벼농사를 개시하였는데 보통 어느 한 곳에서 시험재배가 성공하면 친척이나 熟人 등 연고관계로 이민들이 그곳에 몰려들어 조선인 공동체 부락을 형성하였다. 길림성 永吉縣 제2구 黃旗屯 경찰서관내 대둔갑에서는 경상남도 통영군의 同鄕부락이 형성되었다.[116] 이주 조선인들은 벼농사 특성상 대체로 자유농촌, 공동농촌[117], 잡거촌 등 여러 형태의 조선인 부락을 형성하며 살았다.[118]

이주 조선인들은 조선에서와 같이 상부상조와 自活을 위한 전통적인 공동체 조직인 농무계를 만들었다. 농무계는 각 농가의 경영자금의 차입과 반환, 소작지의 借用, 소작료의 납입, 開田, 公共的 관개와 배수시설 수축 및 수리통제 등을 공동으로 대행하였다. 수리관개시설의 수축을 보면 기술적인 기초조사와 설계는 기술자를 불러 행하였고 모든 관개비용은 경작자가 年賦償還하여야 하였다. 일반적으로 수리권과 경작권은 대부분 결합되었다.[119] 그리하

---

114) 滿鐵興業部農務課, 앞의 책 62쪽; 石津半治, <滿洲に於ける水田の現狀> ≪滿蒙之文化≫ 제16책 1921년 12월 17~18쪽
115) 岡川榮藏, 1923 ≪滿洲米作論≫ 大阪屋号書店 5쪽
116) 善生永助, 1937 <滿鮮人雜居地帶の村落調査>-吉林省永吉縣大屯部落の一例, ≪滿鐵調査月報≫ 제17권 제5호 111-123쪽
117) 공동농촌은 자유농촌에서 발족하여 점차 성장한 경우도 있었지만 최초 입식 때부터 共同開田을 목적으로 집단을 형성한 촌락도 있었다.
118) 吉林省公署民政廳土地科, 1935 ≪鮮農小作問題に就て≫ 1-7쪽
119) 滿洲農產公社總務部調査科, 1942 ≪滿洲水稻生產に於ける灌漑と技術 - 五常縣安家及山河實態調査報告書≫ 22쪽

여 수리분쟁의 경우 공동체간의 수리분쟁이 잦았고 촌락공동체 내부의 수리분쟁은 별로 없었다. 수전의 확대와 분포상황은 조선인 인구의 증가속도, 지역분포와 거의 일치하였다.

만주농업은 본래 한전경작 위주였다. 초창기 수도와 한전곡물가격이 비슷해 벼는 작물로서 그 중요성을 인정받지 못하였고 주로 식량자급목적으로 재배되었다. 석주 이상룡이 '만주인은 旱田작물만 생산하고 관개의 이익을 모른다.…우리들이 여기에 거주하여 한전곡물만 먹어야 되니 풍토가 너무 달라 병에 걸리기 쉬워 황지를 수매하여 벼농사를 한다'고[120] 한 데서도 조선인 농민이 원주민이 이용하지 않는 습지를 개간하여 주로 식량 自給을 위해 벼농사에 종사하였음을 확인할 수 있다.

제1차대전까지 만주의 벼농사는 시험적이고 소규모적이었으며 완만한 발전단계에 있었다. 이주 조선인들은 생각지 않은 성공이나 실패의 희비극을 겪으며 그것이 귀중한 경험으로 되고 확신으로 되어 실천적으로 벼농사가 확실히 만주의 유망사업임을 입증하였다. '봉천 이북의 각 州縣은 비록 저습지가 있지만 수전 경작을 할 수 없었다. 벼가 완전히 성숙하기 전에 기온이 떨어지기 때문이었다'라는 말에서도 알 수 있듯이[121] 수전은 초창기 남만지역에만 국한해 행해졌고 북만이나 간도 등 중부지역은 재배품종의 제한으로 보급되지 않았다. 1917년에 開原지방에 조선인 이민이 처음 陶鹿河를 이용해 수전을 개척하였음을 고려한다면 1915년 이전에 수전은 대체로 북으로는 철령까지만 보급되었다고 추정할 수 있다.

---

120) '滿洲之人亦專務旱農爾不知灌漑之爲利…吾輩僑居此地 但喫旱穀, 風土殊異, 尤易生病, 不得不收買曠棄之荒田, 務種稻子, 宜使熟習農業者, 廣審水利 豊其利益大小, 工役多寡 然後雇粔築洑…' ≪石洲遺稿≫ 1973년 284쪽

121) ≪奉天地誌≫ 25쪽 '近十年來,種水稻法,由鴨綠江之右,鳳凰城,寬甸,岫巖等處,延及金,復,蓋三縣,卑濕地,及河岸積沙處,多整理之,以爲水稻畦,多年荒棄之水地,一旦變爲膏腴,歲種之數,不讓他穀,然奉天以北各州縣,雖水地亦不宜種此,蓋氣候漸寒,不能待其成熟也'

1910년의 조사에 의하면 만주 인구 1600여만명 중 白米를 常食하는 사람은 단지 7만여 명의 일본인뿐이었고, 그 외 일반인은 생활수준이 낮아 고량, 火燒, 饅頭 등을 常食하고 있었기 때문에 백미에 대한 수요는 적었다.[122] 쌀은 비록 만주 무역상 비중이 크지 않았지만 일본인에게는 하루도 없어서는 안 되는 食糧이었으므로 특별히 중요시 되었다. <표 1-2>를 보면 1910년대 초반에 수요의 증대로 만주로 수입된 쌀이 급증하고 있음을 알 수 있다. 1909년은 쌀 수입이 30만 擔[123], 價額 164만원이었지만 1913년에는 50만 擔, 價額 338만원으로, 1909~1913년 5개년간의 쌀 輸入量은 6.6할, 價額은 2배로 크게 증가하였음을 볼 수 있다.

<표 1-2> 1909-1913년 만주의 쌀 수입상황(단위; 擔, 円)

연도	1909년	1910년	1911년	1912년	1913년	5개년평균
수량	302,552	425,911	378,406	400,801	538,539	409,241
價額	1,638,890	2,021,984	2,169,897	3,168,583	3,379,210	2,475,713

출전; 滿鐵地方部地方課, 1914 ≪南滿洲米作槪況≫ 80쪽

만주 각지의 벼농사 전개 추세를 살펴보면 대체로 조선인 이민의 이주에 의해 남부에서 북부로, 동부 산간지대에서 서부 평원지방으로 보급되어 갔다. 이하에 만주에서 제일 처음 벼농사를 개시한 통화지역경로, 안동에서 시발한 두 갈래 확대경로, 북만으로의 전파경로, 간도경로로 나누어 초창기 벼농사 전개의 지역별 양상을 살펴보겠다.

통화지역 경로를 보면, 압록강을 건너 渾江유역 통화 상전자에서 맨 처음 벼 재배가 성공된 후, 인접지역인 통화, 집안, 환인으로 확대되었고[124] 점차

---

122) 朝鮮總督府, 1911 ≪朝鮮總督府月報≫ 제2권 제3호 31쪽
123) 1근=1000분=100전=10량, 1擔=100근, 1瓩=1000瓩
124) 1915년까지의 초창기 벼농사로 크게 성공한 자는 별로 없었지만 통화방면에서

장백산맥을 넘어 혼하상류의 흥경부 왕청문부근에 달해 마침내 撫順縣, 柳河縣, 海龍縣으로 전파되었다. 興京縣 旺淸邊門, 柳河縣 三源浦지방은 유명한 수전지역이 되기도 하였다.[125]

柳河縣에서는 1878년 11월 김화룡 등 수명이 통화현으로부터 灣溝에 들어온 후부터 1890년대에 이르기까지 三通河의 상류 三源浦 大肚子, 馬鹿溝, 伊統河의 本支流 亨通山子 및 白川溝 등 여러 곳에 조선인 이주자가 증가하였다. 그러나 그들은 처음에는 주로 밭농사에 종사하였다. 1909, 1910년 이후 수전 경작의 유리함이 광범하게 알려지면서 伊統河의 源流지방인 藍山, 상류지방인 孤山子, 大牛溝 등 곳에 벼농사하러 온 이주자가 급증하였고 先住 조선인들도 다투어 수전 경작을 하기 시작하여 伊統河, 三通河 연안에 조선인 이민부락이 형성되기에 이르렀다.[126]

그러나 이곳 동변도 지역은[127] 산이 많고 평지가 적으며 기후가 차고 무상기가 짧아 벼농사 여건이 그다지 좋지 않으므로 수전 적합지를 찾아 다른 곳으로 재차 이주하는 현상이 늘어났다. 1897년 이곳 조선인 인구가 37,000여 명이었는데 1907년 12월의 흥경, 장백, 봉황, 통화, 임강, 집안, 안동, 환인, 관전 등 2부 1청 6개 현의 총인구가 겨우 28,151명[128] 밖에 되지 않아 종전에

후에 대한민국 초대부통령이 된 李始榮이 큰 한인촌을 만들어 조선인들을 관리하였다. 혼강유역의 東西江甸子는 萬頃의 벼 파도가 넘실거리었고 조선인이 그 속에서 왕래하는 풍경은 마치 조선을 방불케 하였고 수전에 적합지 않는 곳에서는 고량, 옥수수를 재배하여 중국과 다름이 없었다고 하였다. ≪매일신보≫ 1915년 11월 30일

125) 滿鐵興業部農務課, 앞의 책 1쪽

126) 日本外務省, 1934 ≪在滿朝鮮人槪況≫ 34-35쪽

127) 1907년 청조는 府制를 廢除하고 府州廳을 현으로 개편하여 省, 道, 縣 3급제를 실시하였다. 1913년 2월 봉천성에 중, 동, 남, 서, 북 5도를 설치하였고 7월에는 중로, 서로 2도를 폐지하고 남, 동, 북 3개 도만 남겼다. 1914년 6월에는 南路道를 遼沈道(관할 30개 현), 東路道를 東邊道(관할 20개 현), 北路道를 洮昌道(관할 12개 현)로 개칭하였다. 동변도는 만주국시대에는 통화성 내의 9현 즉 통화, 장백, 무송, 휘남, 金川, 류하, 몽강, 집안, 임강을 지칭하였다.

비해 크게 감소되기까지 하였다.

안동에서 시발한 수전 보급경로는 두 갈래가 있었다. 한 갈래는 안동 삼도 랑두부터 안봉선의 고려문 탕산성 등에 있는 하천을 따라 봉황성 사리채, 수엄 일면산지방으로 수전이 확대되어 大孤山 北土城子에 이른 다음 庄河 一面山 및 그 부근에로의 보급을 거쳐 다시 서쪽으로 松樹驛 동부의 복주하, 대사하 연안지방 및 웅악성 부근, 관동주 境內로 확장해 간 경로였다. 송수지 역은 완전히 중국인에 의해 벼농사가 이루어졌다.[129]

안동현에서 봉황성 이남 대고산, 장하 방면에 이르는 곳에는 조선인 이민 2,800여명이 벼농사에 종사하고 있었는데, 이들 중에는 일제의 조선강점 후 동양척식회사가 龍川郡 의주부의 경작지를 매수 할 때 회사에 토지를 팔고 그 대금으로 이곳의 토지를 구매한 자가 많았다.[130] 안동현 남부 渾水泡, 삼도랑두 등지에는 대규모 수전지역이 형성되었다.

안동에서 출발한 다른 한 경로는 안봉선 철로를 이용하여 일단 봉천에 몰려 들었다가 그 일부분이 봉천부근에서 벼농사에 종사하였고 나머지는 대체로 2개 경로로 나누어 졌다. 그 한 갈래는 봉천에서 무순사이의 중간지역인 혼하 유역에 산재하기도 하고 무순을 경과하여 흥경, 통화에 들어가기도 한 경로였 고 다른 한 갈래는 남만선을 따라 철령, 개원지방의 각 하천 양안에 集居하였 다가 1917, 1918년 米價가 날로 등귀하고 수전이 有望하다는 설이 각지에 퍼진 후 개원으로부터 서풍, 해룡, 柳河 방면으로 깊숙이 진출하여 수전을 개간한 경로였다.

봉천지방에서는 1906년에 王家荒의 왕창씽(王長興)이 조선인 金時順, 全某을 招致해 水稻 시험경작을 하여 성공하였다. 그 후부터 벼농사하는

---

128) 遼寧省檔案館, 奉天省公署檔案 卷 2658호
129) 滿鐵地方部勸業課, 앞의 책 2쪽
130) 《매일신보》 1915년 11월 28일

조선인이 점점 많아졌는데 특히 1911년 말 안봉선 개축공사 준공 후 조선철도 와 직결되면서 평안남북도, 경상북도의 조선인 농민이 아주 쉽고 편하게 속속 들어와 이곳의 벼농사를 크게 발달시켰다. 철도개통은 수전 면적의 급격한 확대와 분포에 큰 역할을 하였던 것이다.

남만선을 따라 장춘에 들어간 조선인 이민은 한편으로는 장춘에서 伊通, 懷德으로 북상하여 扶余로 벼농사를 보급시켜 갔고 다른 한편으로는 길림에 서 장춘까지의 吉長線 철로를 따라 길림에 이르렀고[131] 길림에서 화전, 액목 2현 방면으로 수전 적합지를 구해 이주해 갔다. 이들은 통화, 해룡지방에서 북쪽으로 퍼져간 이주 갈래와 합해지기도 하였고 東支연선 일면파, 해림, 목릉지방에 이르며 점차 확장해 가기도 하였다. 그 결과 길림지방의 산간저지 및 송화강 연안에 벼농사가 흥해졌다.[132]

이 시기 북만에서도 조선인에 의해 벼농사가 개시되었다. 그러나 본격적인 수전 개발은 아니었고 일부 극동 연해주에 이주한 조선인이 들어와 약간의 수전을 만들었을 뿐이었다. 1889년에 러시아 연해주 일대에서 30여세대 조선 인들이 밀산 일대로 건너와 물줄기를 찾아 논을 만들었고[133] 1898년에 러시 아 우수리강 이동에 거주했던 조선인들이 목릉현 경내에 들어와 신한촌을 꾸려 벼농사를 하며 정착생활을 하였다.[134] 그리고 중동철도 동부선부설 (1898-1903년)에 동원된 조선인 노동자들이 철도부설 준공 후 수분하, 마도석, 일면파, 아성, 哈爾濱 등 철도연선에 남아 농사를 지었는데 그들 중 일부는 벼농사에 종사하였다고 한다. 일제가 조선을 강점한 1910년에는 饒河縣 新

---

131) 길림부근에서는 1908년에 벼농사가 시작되었다. 만주 중부지역 수전의 첫 시작 은 1900년 평안북도 宜川 金之順이 德惠縣 南嶺子에 이주하여 1.5天地를 수전 으로 만든 때부터이었다. 日本外務省 1934 앞의 책 46-53쪽
132) 滿鐵地方部勸業課, 앞의 책 3쪽; 滿鐵調查部, 1941 ≪在滿鮮農ノ移住入植過程ト 水田經營形態≫ 75-77쪽
133) ≪흑룡강신문≫ 1984년 12월 21일
134) ≪흑룡강신문≫ 1989년 11월 13일

興洞과 밀산현에서, 1912년에는 동녕현, 목릉현에서 벼농사가 개시되었다.[135)]

간도지역의 벼농사 전개 양상을 살펴보면, 간도는 원래 주로 벼농사 경험이 없는 조선북부에서 이주해온 농민이 대다수였기 때문에 산간계곡의 습지, 수리에 편리한 경작지를 수전으로 만들지 않고 밭농사에만 종사하였다. 조선남부지방, 함경남도 定平郡으로부터 轉住한 벼농사 경험 있는 이주민이 들어와 저습지를 수전으로 일구어 좋은 성적을 거둔 다음에야 벼농사의 유리함이 알려지면서 수전개발이 흥해지기 시작하였던 것이다.[136)]

지리적으로나 인원적으로나 조선 북부지역과 밀접한 관계를 가진 간도지역은 처음 벼농사 개시 때에 조선북부에서 가져온 벼종자를 사용하였다. 벼농사에 요구되는 노동력이 많고 재래품종으로는 단위당 벼 생산량이 한전작물보다 많지도 않았으며 시장가격도 陸稻와 같았으므로 수전 개발이 활발하지 않았다. 그리하여 간도 수전은 주로 도문강 연안과 계곡에 한정되어 있었고 쌀은 주로 자가소비로 이용되었고 상품으로 시장에 나오지 않았다. 간도에서 처음 수전경작을 한 곳은 東良下里社大敎道부근이었다.[137)] 기록상 좀 규모가 있는 開田은 1906년 延吉縣 勇智鄕 大敎洞의 조선인 농민 14명이 공동으로 22町 길이의 물도랑을 파서 만든 7정보의 수전이었다.

그러나 벼농사가 밭농사에 비교해 점차 유리해져 갔으므로 조선인들은 벼 재배에 관심을 갖고 수전을 개간하기 시작하였다. 통계에 의하면 청조말기 1906년의 수전면적은 12.6町, 1908년에는 98町이었지만, 1912년은 185町, 1915년에는 334町으로 완만하지만 꾸준히 늘어났다.[138)] 1915년 이전의 수전

---

135) 日本外務省 1934 앞의 책 67-68쪽
136) 上塚司, 앞의 책 2-3쪽
137) 滿鐵興業部農務課, 앞의 책 4쪽 ; 上塚司, 앞의 책 1쪽
138) 朝鮮總督府內務局社會課, 1927 10 <滿洲及西比利亞地方ニ於ケル朝鮮人事情>
　　金正柱, 1971 ≪朝鮮統治史料≫ 10 594쪽

지역은 北都所의 東良上里社, 東良下里社, 和龍社, 平岡上里社, 間樓溝社, 德化社였다. 제1차대전과 그 후의 세계경제시장에서 쌀 수요의 급증에 따른 가격등귀로 인해 간도의 수전은 1910년대 말부터 급격히 확대되었다. 그리하여 수전의 중심지가 두만강, 海蘭江岸의 산간에서 瑞甸벌, 平岡벌로 옮겨졌고 그 지리적 범위도 북쪽으로 布爾哈通河, 嘎呀河, 琿春河 연안으로 확대하기 시작하였다.

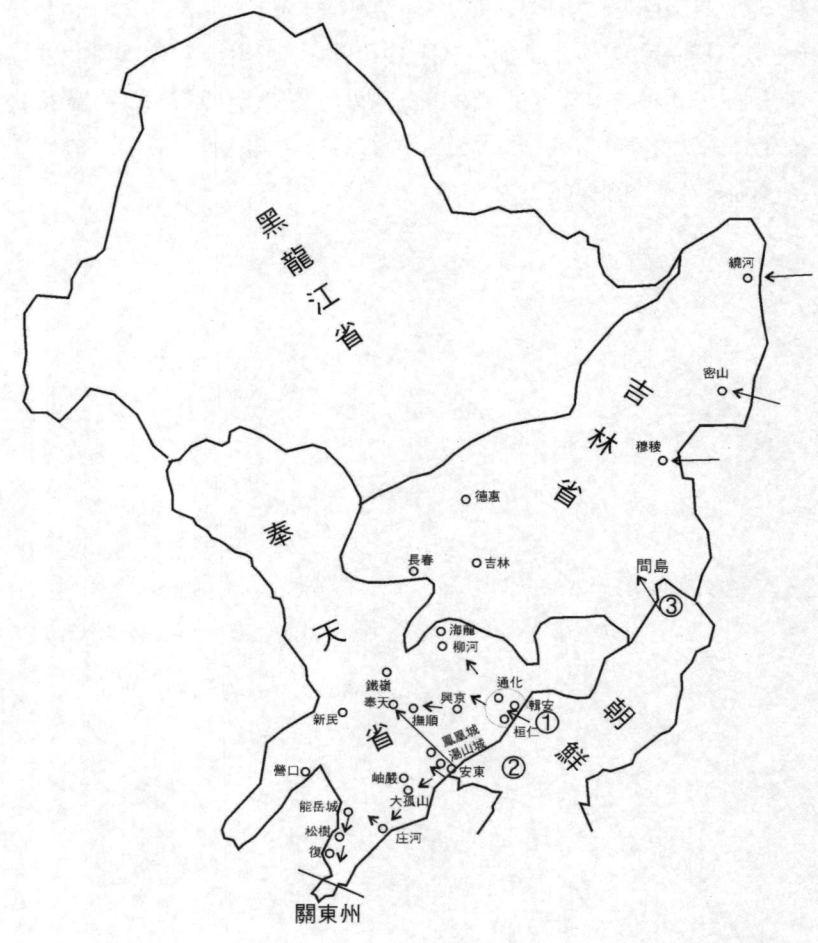

<도 1-4> 1915년 水田 分布와 확대 경로

비고 : 滿鐵地方部 勸業課, 1921 《滿洲の水田》을 참작하여 작성.

제2장 1915~1931년 만주당국의 수전농업시책 및 벼농사의 발달

1. 만주당국의 벼농사 권장과 관리

1) 토지개발 촉진책

(1) 황무지의 減價 불하

1911년 신해혁명으로 청조는 멸망되었고 만주에서는 官荒, 旗地[1]가 전면 불하되면서 사적 토지소유제가 형성되었다. 민국초기 官荒, 皇室庄地, 王公庄地가 대규모로 불하되었다. 1915년 1월 奉天全省官地淸丈局이 설립된 후 황실의 토지장부에 기록된 액면토지의 地價수입은 청 황실에 돌리고 浮多地[2]의 수입은 국유로 한다고 명확히 규정하였다.[3] 1913년 1월에는 奉天省

---

1) 청조 旗籍에 속하는 旗人의 소유지를 가리키는데 王公宗室 소유지와 일반 旗人의 소유지가 포괄된다.
2) 만주에서의 토지경계는 동서남북의 경계선에 의해 구분된다. 보통 실제 토지면적은 地券에 기재된 면적보다 훨씬 컸는데 그 초과부분을 浮多地라 칭하였다. 地券에 기록된 면적의 10배, 20배에 달하는 부다지도 적지 않았다. '만주국'시기 부다지는 地券소유자의 소유권으로 인정되었다. 滿洲事情案內所, 1940 ≪滿洲の土地事情≫ 43쪽
3) ≪奉天全省官地淸丈局兼屯墾局報告書≫ 附錄

丈放官地總局이 설립되어 '佃不失地, 兵得生計' 즉 소작인은 토지를 잃지 않고 병사는 생계를 유지할 수 있게 한다는 원칙으로 旗地를 불하하였다.

1914년 길림성은 ≪吉林全省放荒規則≫ 13장 45조를 반포하여 移民實邊의 명목으로 沿邊 각 현의 荒地가격을 절반씩 減價 불하하였다.[4] 1917년에는 ≪吉林省勘放官荒章程≫ 18조를 반포하여 길림성 20개 현의 官荒을 개간하였거나 집을 짓고 우물을 팠다면 모두 原戶로 인정하여 우선권을 부여해 불하한다는 원칙을 정하였다.[5] 旗署 荒山, 柴山, 柳樋, 와지는 官荒가격을 참조해 불하하고 그 수입의 4할을 旗人생계의 유지에 사용하도록 하였다.[6]

흑룡강성은 1914년 ≪黑龍江省放荒規則≫ 22조를 반포하고 旗人의 생계유지를 위한 토지를 제외한 그 밖의 토지를 모두 불하한다고 규정하였다.[7]

만주당국[8]은 官荒의 불하를 통한 수전개발을 촉진하기 위해 대규모의 저

---

4) ≪吉長日報≫ 1914년 5월 7일
5) 만약 原戶가 매수 할 능력이 없다면 結을 받아 내어 타인에게 불하하기도 하였다. 그러나 原戶에게 개간비나 가옥, 용수시설비를 보상해야 하였다. 상등 荒地의 불하 가격은 1상에 大洋 10元, 중등은 7元, 하등은 4元이었고 거기에 수속비 2할이 추가되었다. 이미 개간한 荒地는 그 배의 가격을 지불해야 한다고 규정하였다. 吉林省檔案館資料, 吉林省政府 L14 J101-07-0287
6) ≪吉林農報≫ 1912년 9월 21일
7) '荒段內除遇有旗丁原留生計地照章劃拔外, 其餘一律出放' ≪墾務公報≫ 1914년 12월 제1기; 衣保中, 1992 ≪東北農業近代史研究≫ 吉林文史出版社 38쪽
8) 청조는 청말 만주지역의 행정기구로 盛京將軍, 吉林將軍, 黑龍江將軍을 두었고 1907년 4월에는 이를 철폐하고 동삼성총독을 두어 관리하도록 하였다. 총독 밑에 봉천순무, 길림순무, 흑룡강순무가 일상 사무를 처리하였다. 신해혁명 후 민국시기에는 政局이 혼란스러워 만주에서도 군벌이 할거하는 상황이었다. 봉천성 봉계군벌 우두머리 쨩쭤린(張作霖)은 1919년 8월에 길림성까지 지배함으로써 만주를 통치하는 일대군벌로 부상하였다. 그 후 열하지역도 그 지배에 두면서 만주를 통일하였다. 奉直軍閥戰爭에서 봉계군벌이 패배 한 후, 1922년부터 만주는 자치체제로 들어갔고 1928년 6월 장작림이 皇姑屯에서 폭살 된 후 장학량은 중앙정부에 통합되었다. 그러나 만주지역의 최고행정기관인 동북정무위원회는 중앙정부의 법률과 규칙에 저촉되지 않는 그 어떤 조치도 취할 수 있는 권한을 가졌다. 本 書에서는 만주에서의 이와 같은 군벌할거시기, 봉계군벌통치시기, 그리고 형식적인 중앙정부통치시기의 지배기관을 일괄해 만주당국으로 통칭하였다.

습지 불하에서 적극적인 減價 불하정책을 추진하였으며 이미 불하된 황무지와 숙지에 대해서도 보편적인 淸丈을(즉 토지면적을 조사하여 등록하거나 토지등급을 올리는 것) 행함으로써 浮多地를 축출해 내어 다시 불하하였다. 이와 같은 토지불하조치는 객관상 조선인 이민의 수전 개발에 편리한 조건을 마련해 주었다.

봉천성에서는 1913년 盛京工部所屬의 牛庄葦塘溝 서쪽일대의 淤地를 일반인들에게 불하하였고[9] 1915년 1월 봉천성 官地淸丈局은 반산현 소속의 六里河 양안과 안동현 소속의 압록강 연안 일대의 저습지를 다시 조사, 측량하였는데 1916년 11월까지 반산, 안동 두 현 소속 저습지 38.19만여 畝[10]를 불하하였던 것이다. 1927년 7월 봉천성 수리국은 수전 개발을 위해 신민, 요중 2현 경내 포하 연안의 余荒도 불하하였다.[11]

길림성은 저습지 불하 과정에서 減價 불하 해 주는 가격기준으로 富錦成案과 宝淸成案까지 나타났다. 富錦成案은 1921년 길림성 실업청이 稻田을 권장하기 위한 목적으로 실업조사원 쑨쩐둬(孫振鐸)를 東北路沿江 각 현의 수전 적합지를 조사하도록 하였는데 이 조사원과 부금현장은 부금현의 柳樹

---

9) ≪營商日報≫ 1913년 9월 26일
10) 만몽의 토지면적 單位는 일반 농경지는 坰, 天地, 畝로 표시하였다. 坰(天地＝日地)은 남자 한 사람의 힘으로 하루에 경작할 수 있는 면적을 가리켰다. 대체로 장춘 이북은 坰을, 그 이남은 畝를 사용하였다. 그러나 상, 무는 지방에 따라 면적 차이가 컸다. 대체로 봉천성 개원현 이남의 개간지에서는 1小畝를 240궁, 6小畝를 1상으로 하였다. 대무는 350궁으로 몽고지역 사유지에서 주로 사용되었고 중무는 288궁으로 昌圖 이북의 몽고지역 및 길림, 흑하에서 사용되었으며, 龍江省의 신개간지에서는 중무 10무 혹은 7무를 1상, 대무 10무를 1천지로 하였다. 궁은 中國尺 5척의 평방이었다. 일본계량단위와의 환산을 보면 1段(反) ＝ 중국 1.614小畝 ＝ 9.917355公畝, 1町 ＝ 중국 0.166頃 ＝ 0.9917ha였다. 길림지방에서는 大坰은 일본의 8반보, 중상은 6반, 소상은 4반에 상당하였지만 지방에 따라 그 면적이 달랐다. 1934년 1월 25일 '만주국'에서 공포된 도량형법은 1天＝10무, 1頃＝100무, 1畝＝10分＝100釐, 1陌(ha)＝1만㎡로 통일하였다. 사료의 본래 모습과 필자의 換算上의 오류로 숫자의 정확성이 떨어짐을 방지하기 위하여 원래의 계량단위를 그대로 사용하였다.
11) 遼寧省檔案館 JC10-4230

河, 칠성하, 安邦河 일대와 夾河 양안의 80~90方 되는 저습지가 수전 적합
지라 보고하였다. 이에 대해 실업청은 길림성장의 令에 따라 淸理田賦局과
협상하여 이곳이 경작하기 불편한 곳임을 고려해 다른 곳과 구별해 할인불하
하도록 하였다. 즉 3垧을 1垧으로 계산해주고 지가는 여전히 ≪修正淸丈地
畝規則≫ 제16조에 근거해 1상에 荒地가격으로 大洋 1원 50전을 받고 그
외 1상에 2할의 부가등록비, 등록증 한 장에 1원, 인지 10전을 징수하도록
하였다.12)

이 부금성안의 저습지 감가불하방법은 부금현 뿐만 아니라 1922년에는
의난, 발리, 보청, 요하, 동강 등 5현 범위로 확대해 적용하기도 하였다. 그
후 부금성안보다 더 많이 減價해 주는 宝淸成案이 형성되었는데 보청성안3)
은 宝淸縣의 板石河, 双柳河 등 여러 곳의 저습지 7만여 상을 3상을 1상으
로 계산해 주고 1垧에 대양 80전, 1상 가격에 부가등록비 2.5할을 징수한다는
내용이었다.14) 이와 같은 저습지 감가불하정책 하에서 수전 적합지인 저습지
의 불하는 순조로웠다.

(2) 招墾, 催墾, 搶墾 정책

청조 중엽부터 시작되는 荒地의 여러 차례 불하 및 그 후의 淸丈에서
토지를 제일 많이 차지한 자는 대군벌, 대관료지주였고 그 다음으로는 상업고
리대대지주, 부유한 상인들이었다. 군벌, 관료들은 자신의 권세와 재력을 뒤받침
해 각지의 좋은 토지를 많이 占有 하였다. 그러나 이들 대부분은 황지를 불하

---

12) 吉林省檔案館 吉林省政府實業廳 L16 J111-02-0854; 길림성정부 L121 J101-10-0430
13) 吉林省檔案館 吉林省政府實業廳 L16 J111-02-0854
14) 그 후 1928년 2월 1일 각 현에서 수전 적합지를 불하할 때는 민간의 토지매매지가가
    많이 올랐고 沿邊 각 현의 황지불하가격도 모두 증가하였다는 이유로 저습지를 富錦
    成案이나 寶淸成案에 따라 불하하지 않고 1상 가격을 보청성안의 倍가 되는 大洋
    1원 60전으로 불하하였고 그후로는 할인해 주지 않았다. 吉林省檔案館 吉林省政府
    L16 C42 J101-17-0190

받기만 하고 토지등급을 올릴 때까지도 별로 개간하지 않았다.[15] 이런 현상은 개간 역사가 길고 중소지주가 많은 남부지역보다 각급 관료, 상인들의 토지투기가 집중된 새로 불하된 북부지역이 더욱 심각하였다. 嫩江省의 황무지를 불하받은 자 중, 개간한 자는 1/100도 안 되었다.[16] 불하받기만 하고 개간하지 않은 이와 같은 문제를 해결하기 위해 만주관헌은 招墾(개간하도록 유치하는 것), 催墾(개간하도록 재촉하는 것), 심지어 搶墾(개간하지 않을 경우 개간권을 회수해 다른 사람에게 개간하도록 맡기는 것) 등의 조치를 취하였다.

봉천성 催墾시책의 一例로 輝南縣을 들자면, 1926년에는 ≪催墾單行規程≫을 반포하여 주인이 없는 荒地는 官府에서 招墾하여 2년 동안 소작료를 내지 않고 개간하도록 하였고 주인이 있는 황지는 1년 내에 개간을 끝내도록 하였고 1년 후에도 개간하지 않았다면 토지를 몰수하여 주인 없는 황지로 간주해 처분한다고 규정하였다.[17]

1914년 길림성에서는 황무지를 불하받은 자는 정해진 기간에 개간을 끝내야 하는데 첫해에는 황무지의 10분의 2, 둘째 해에는 10분의 4, 셋째 해에는 10분의 6, 넷째 해에는 10분의 8, 마지막 5년째에는 개간을 완전히 끝내야 한다고 규정하였다. 만약 정해진 기간 내에 개간을 끝내지 못하면 황지 1상에 吉洋 10전의 벌금을 내도록 하였다.[18]

1929년에는 ≪吉林省東北各縣招墾章程≫, ≪修正吉林省沿邊淸丈各縣搶墾試辦章程≫을 반포하였다. 여기에서 搶墾지역은 의란, 寧安, 부금, 화천 화전, 목릉, 밀산, 몽강, 虎林, 同江, 饒河, 綏遠, 寶淸, 勃利 등

---

15) '前放荒地已屆升科年限, 已呈領各戶大半散居各處, 多未認眞開墾' ≪吉長日報≫ 1913년 9월 24일
16) '到段者不及百分之一' ≪龍沙新報≫ 1914년 2월 18일
17) 朴京洙, ≪연변농업경제사≫ 연변인민출판사 8쪽
18) '準各縣按年査明, 照應墾之數缺墾若干垧畝, 科以罰金, 每垧核收吉洋一角' ≪吉長日報≫ 1914년 5월 7일

14현에 한하였고 搶墾농호는 불하받은 황지를 3년 내에 모두 다 개간해야 하였고 개간된 토지의 4할은 원래 주인에게 돌리고 6할은 搶墾농호의 소유지로 인정한다는 것이었다. 개간농호가 작은 쟁기 하나 있으면 4方을 搶墾하도록 하고 인력으로 개간한다면 남자 한사람에 20상만을 개간하도록 하였다.[19]

1914년에 흑룡강성은 ≪黑龍江省招墾規則≫을 반포해서 3년이 지나도 10분의 4를 개간하지 못하거나 혹은 개간 기한이 넘어도 전부 개간하지 못하면 그 황지를 회수해 다시 불하하며 이미 입수한 토지대금은 돌려주지 않는다[20]고 규정하였다. 그 해에 또 ≪黑龍江省行政公署招墾布告≫를 공포하고 전문적으로 墾民과 관련되는 사업을 책임지는 招墾局, 招墾分局을 설립하였다. 1927년 3월에는 ≪黑龍江省各屬招墾章程≫을, 이듬해 9월에는 ≪黑龍江省腹部各縣民荒搶墾章程≫을 반포하여 官荒은 난민이 자유로이 개간하고 기간을 정해 토지등급을 올려 조세를 납부케 하며 이미 불하된 관황은 기한을 정해 원래 불하받은 자에게 우선권을 주지만, 기간이 지나도 개간하지 못하면 搶墾하도록 하였다. 위와 같은 조치는 흑룡강성의 토지개간에서 큰 효력을 과시하였다. 1927~1928년 흑룡강성의 개간된 토지는 12만 상에 이르는데 이것은 1914년 이후 10여 년 간의 성적과 비슷한 규모였다.[21]

1930년에는 ≪黑龍江省沿邊荒地搶墾章程≫이 시행되면서 종전의 장정들을 대체하였다. 즉 民荒, 官荒 할 것 없이 모두 搶墾범위에 포괄시켜 원래 불하받은 자가 기한 내에 개간하지 못하면 타인은 그 토지를 搶墾할 수 있고 3년 내에 개간을 끝내도록 규정하였다. 창간장정이 반포된 후 인근의

---

19) 吉林省政府檔案 11(7-7)-2165 ; '搶墾戶報領荒地分三年墾齊, 其墾熟之地, 以四成歸原領戶, 以六成歸墾戶。墾戶有牛犁一具, 只準搶墾四方; 只用人力刨墾者, 按每男一口準墾20垧'
20) '墾戶承領新放荒地,⋯第三年如未墾至十分之四, 或屆墾墾齊年限上未竣墾, 應將未墾部分收回另放, 不退原價'≪盛京時報≫ 1914년 4월 3일
21) ≪東北新建設≫ 1권 제5기

腹地 미개간토지에서도 시행되어 흑룡강성 모든 지역이 搶墾지역이 되었다.[22]

(3) 노동력 유치정책

노동력의 부족은 만주 荒地의 개발을 제약하는 중요한 요소이었기 때문에 만주당국은 적극적인 노동력 유치정책을 폈다. 1923년 짱쪼린(張作霖)은 내몽고 동부에 墾務局를 설립하여 그곳에 이주하는 墾民에게 여비, 종자, 농기구를 제공해 주었고 새로 개간한 토지에 대해서는 賦稅를 3년간 면제해 주는 조치를 취하기도 하였다. 1925년에는 천진에 이민국을 조직하여 이주하려는 사람들을 도와주었다.[23] 1930년 2월에 요녕성[24]에서는 ≪移民墾荒大綱≫을 반포하였고 개원, 봉천, 철령, 사평, 조남 안동, 영구, 통료 해룡, 북산성자, 조양진 등에 난민수용소와 구제소를 설치하여 난민들을 유치하였다.

길림성에서는 1927년 3월에 ≪吉林省救濟難民辦法≫을 반포하였고 흑룡강성에서는 1929년에 ≪黑龍江省安置災民辦法≫을, 1930년에는 ≪黑龍江省核定安插河南省災民辦法≫을 반포하는 한편 난민구제기구를 설치하여 적극적인 墾民 유치조치를 취하였다.

위와 같은 노동력 유치의 일환으로 철도부문에서는 이민에 대해 혜택정책을 폈다. 1925년에 ≪京奉, 京綏兩路發售移民減價票規則≫을 반포하여 이민 및 그 가족이 승차할 때 차표가격을 정가의 10분의 4~5분을 할인해

22) 吳希庸, 1941 ≪近代東北移民史略≫ 41쪽
23) ≪中國近代農業史資料≫ 제2집 北京三聯書店 656쪽
24) 봉천성은 청말부터 성, 도, 현 3급제를 실시하였고 1914년 6월에는 남로도를 遼沈道 (관할 30개 현), 東路道를 동변도(관할 20개 현), 北路道를 洮昌道(관할 12개 현)로 구분하였다. 1928년 장학량이 '東北易幟'한 후로는 道를 폐기하고 요녕지역에 성, 현 2급제를 실시하였다. 1929년 2월 봉천성을 요녕성으로 개칭하였는데 이것은 요녕성의 최초의 칭호였다.

주었고 12세 이하 어린이 및 이민이 휴대한 농구에 대해서는 차비를 면제해 주었다.[25] 1927년에는 ≪洮昂鐵路運送墾荒農民減價章程≫을 반포하여 墾民에게 차표가격을 절반 減價해 주었고 1928년 奉海, 洮昌 두 철로는 ≪運輸直魯難民免費辦法≫을 반포하여 난민에 대해 무료운송을 실시하기도 하였다.

1920년대에 들어서서 봉계군벌이 만주를 통일한 후, 만주는 관내의 잦은 군벌전쟁과 달리 상대적으로 안정되었기 때문에 관내 이민들은 자연재해와 전쟁을 피해 만주로 이주하였다. 특히 만주당국의 토지감가불하정책, 노동력 유치정책, 招墾, 催墾, 搶墾 등 지속적인 토지개발권장정책, 그리고 활성화된 새로운 개간구의 노동력에 대한 대량 수요, 편리한 교통조건 등으로 말미암아 관내 중국인 이민들의 만주개발 붐이 일어났다. 만주인구는 1912년 18,774,000명에서 1928년 29,432,000명으로 평균 해마다 666,000명이나 증가되었다.[26]

만주의 토지개발 붐에 힘입어 농업생산도 급속한 발전을 이루었는데 淸末부터 형성된 '南豆北麥'의 상품무역분포가 大豆三品(大豆, 豆油, 大豆粕)을 위주로 하고[27] 고량, 속, 옥수수 등 雜糧의 수출을 포괄한 상품곡물 무역구조로 전환되어 갔으며 20년대에 이르러 개발역사가 긴 요하유역에서는 인구가 밀집하고 개간지가 포화상태에 이르러 평균 경작면적이 현저히 줄어들었고 도시인구 증가로 식량수요가 급증하였으므로 상품경제작물인 대두생산은 위축되었고 고량, 옥수수 등 식량작물생산이 늘어났다. 20년대 후반으로 들어가

---

25) ≪農商公報≫ 1925년 5월 제130호
26) 李樹田 편집, 1991 ≪中國東北通史≫ 吉林文史出版社 560쪽
27) 제1차대전 후 유럽의 대두 수요급증으로 말미암아 대두의 상품화율은 80~90%에 달하였으며 만주수출총액에서 차지하는 비중은 1924년에 58%였다. 이 해의 대두경작면적은 총경작면적의 26.6%를 차지하였고 1931년에는 31.1%에 이르렀다. 위의 책, 563쪽

면서 이와 같은 경향은 더욱 심각해졌는데 20년대 쌀 생산에 대한 대대적인
권장정책도 이와 같은 식량작물생산을 늘리려는 시대흐름의 한 조치라 볼
수 있겠다.

1929년 세계 자본주의 공황으로 대두의 가격은 폭락하였고 수출은 크게
위축되었다. 이와 더불어 만주화폐가치도 폭락하면서 북부지역의 농업생산은
위기에 처해졌다. 이와 같은 농업위기의 해결책으로 만주당국은 경작구조 조
정대책을 강구하면서 대두의 경작면적을 더욱 줄였고 쌀 생산을 포함한 기타
고량, 속, 옥수수 등 다른 곡물생산에 주력하였다.

2) 벼농사 권장과 稻田公司의 설립

(1) 만주당국의 벼농사 권장정책

1898년 청 光緖황제는 유신인사를 기용하여 유신법령을 반포하고 新政
(維新变法)을 추진하였다. 신정은 비록 100일 정도의 짧은 기간 행하고 실패
로 끝났지만 이 기간에 제창한 근대농업기술의 도입, 실험장 설립 등 농업개량
조치는 일정한 진전을 보았다. 1906년 3월 봉천성에 농업실험장이[28] 설치되
었고 민국초기 1913년에는 봉천의 西塔灣에 수도시험지가 개설되기도 하였
다.[29]

---

28) 농업실험장은 趙爾巽장군이 물을 올려 개시한 것이었는데 대동문회 내무부 官地
100여무 및 戶部 官地 200여 무를 확보하고 일본기사를 초빙하고 當地 농민을 고용
해 시험 경작하였다. 미국에 유학한 적이 있었던 陳振先이 실험장의 주임직을 담당하
기도 하였다. 실험장은 주로 다른 성 및 외국에서 수입한 종자와 本地 종자의 비교실
험, 비료실험, 파종실험 등 경작방면의 실험을 많이 진행하였다. 徐世昌, ≪東三省政
略≫ 實業 奉天省 3쪽
29) 遼寧省檔案館, 1990년 8월 ≪奉系軍閥檔案史料匯編≫ 1 江蘇古籍出版社 香港地平
線出版社 723-724쪽

벼농사는 기상의 변화에 따라 그 수익이 크게 달라지기는 하였지만 단위당 수확량이 많았고 1918년, 1919년의 미가 상승으로 인해 수익율이 높았다. 1919년 미가는 거의 배로 올랐다.[30] 1919년 大楡樹曾根農場의 1반 당 수전 收支는 21.27엔이나 되어 고량, 속, 대두 등의 1반당 수익이 2~3엔인데 비해 훨씬 높았다.[31] 게다가 옥수수, 대두, 고량, 속 등은 윤작하여야 하였지만 벼농사는 윤작 할 필요가 없었고[32] 개발되지 않은 저습지를 개간함으로써 재정수입을 늘리고 농업발전을 추진하는 계기가 되기도 하였다. 벼농사의 높은 수익률로 말미암아 만주당국을 포괄해 지주, 일본자본가 모두 벼농사를 선호하였다.

중국인은 스스로 벼를 재배하는 방법을 몰랐고, 실제 대부분 조선인 이민에게 소작시키는 방식을 취하였다. 1915년 ≪만몽조약≫ 체결이후 일제의 만주침략이 가속화되고 조선인 이민을 침략에 이용하려 하자 만주관헌은 본국인의 벼농사만을 권장하였다. 만주당국의 벼농사 권장은 어디까지나 중국인의 벼농사 권장을 '治本之道'로 삼았다.

다음에는 봉천성과 길림성의 例를 통하여 만주당국의 벼농사 권장정책을 살펴보겠다. 이 두 지역은 만주사변전에 면적으로 보나 수확량으로 보나 흑룡강성과 비교할 수 없을 정도로 앞서 갔다.

1918년 봉천성[33]에서는 ≪提唱華民耕種水稻方法≫을[34] 반포했다. 그

---

30) 滿鐵地方部勸業課, 1921 ≪滿洲の水田≫ 101쪽
31) 위의 책, 58쪽
32) 李動求, 1932 ≪만주와 조선인≫ 평양 崇實專門學校 經濟硏究室 180쪽
33) 청말 민국초기 봉천성은 지금의 요녕성 관할구 외에 길림성의 通化, 四平, 遼源 등 여러 도시, 白城지역의 대부분 시, 현 및 지금 내몽고 赤峰市, 興安盟과 哲里木盟 관할지방이 포괄되었다. 길림성은 지금 흑룡강성의 송화강이동지역이 포괄되었다. 흑룡강성은 단지 송화강이서지역 및 지금의 내몽고 呼倫貝爾盟만 포괄되었다.
34) 표제의 명칭에 대해 外交部特派奉天交涉員 관해칭(關海淸)은 1918년 4월 봉천성장에게 조선인의 수전 구매를 방지한다는 글씨가 들어가면 외국인에게 구실을 주기 십상이므로 <提唱華民耕種水稻方法>이라는 표제를 달고 조선인회의 수전 구매금

주요 내용은 각 현지사가 경내의 수전면적과 수전 적합지를 2개월 내에 자세히 조사하여 보고서를 작성하여 제출하고, 현정부는 농회와 함께 벼농사의 높은 수익성을 알리는 책자를 일반 농민에게 널리 배포하여 그들 스스로 벼농사에 종사하여 토지를 방매하지 않도록 하며, 지방의 紳商들에게 공적기금으로 부족자금을 보충할 수 있는 혜택도 주면서 자금을 모집하여 稻田公司를 설립하도록 하였다.35)

9월에 해룡현은 봉천성 정부의 명령에 따라 ≪耕種水田利益淺說≫을 작성하였다. 여기에서는 수전을 경작하기 전에 우선 현공서의 허가를 받아야 한다는 전제를 규정한 뒤, 벼농사를 하면 지가가 올라가고 맛있는 쌀을 먹을 수 있을 뿐만 아니라 국가가 부유해지고 국토를 지킬 수도 있다고 그 이익을 설명하였다.36) 일찍이 1917년 5월 18일 봉천성 東豊縣 지사 쎄퉁썬(謝桐森)은 勸種水稻方法 講演團까지 조직하여 동풍현 와지는 잡량을 심으면 1坰 소출이 4∼5석밖에 되지 않지만 만약 벼농사를 하면 소출이 15석, 20석이나 되어 그 이익이 대단히 크다고 벼농사의 수익성을 선전하며 일반 농가의 수전 경작을 권장하였다.37)

1922년 3월초 봉천수리국에서 편집한 ≪種稻淺明法≫은 새로 개간한 수전 10무에 경작하는 경우를 甲, 수전 숙지 10무에 경작하는 경우를 乙로 나누어 벼농사의 수익성을 설명하였다.38)

甲 : 새로 개간한 수전 10무에 벼농사를 하는데 총계 77원 40전이 들어간다. 수확량은 10무에 평균 20석 되어 1석에 1원 50전으로 매각하면 300원의

지는 밀령의 형식으로 각 지사더러 엄밀하게 조사하여 음모를 杜絶할 것을 제의하였는데 봉천성장은 이에 동의했다. 遼寧省檔案館資料 JC10-2668

35) 吉林省檔案館資料 吉林省政府實業廳 L11 111-02-0797 J101-07-1407
36) 遼寧省檔案館資料 JC10-2668
37) 遼寧省檔案館資料 JC10-4526
38) 1922년 3월초 奉天水利局편집 ≪種稻淺明法≫

수입이 나온다. 짚은 1000근에 5원, 10무에 평균 4000근이 나오므로 수입에 20원 더 추가해 총수입은 320원이 되며 순수익은 242원 60전이 된다.

乙 : 수전 숙지 10무에 벼농사를 하는데 총계 100원의 비용이 든다. 수확량은 평균 25석이 되어 1석에 1원 50전으로 매각하면 375원의 수입이 나오며 여기에 짚의 수입 15원을 추가하면 총수입이 390원 되고, 순수익은 290원이 된다.

위 글은 농민들이 새로 수전을 개간하거나 수전 숙지를 경작하거나 어느 경우이든 벼농사에 종사하면 수익이 높음을 보여 주었다.

1929년 4월 1일 요녕농광청의 《整頓水田計劃8个條》의 제1조, 제4조에서는 수전을 확충하는 방법으로 廳에서 편집한 種稻淺說을 각 局에 발급하여 일반 대중에게 그 수익성을 알리고 시비도 하며 품종가격의 변화에 따라 종자를 선택하도록 하였다. 제7조에서는 벼농사 장려방법으로 새로 개척한 稻田에 대해 1년 간 1무에 8할의 수리만 징수하고 중국 본국인에 의한 벼농사를 권장하도록 하였다. 구체적으로 집계된 자국인의 수전경작실적에 따라 각 수리국 국장을 장려한다고 규정하였는데 자국인이 새로 개척한 수전이 500무 이상이면 국장에게 1등 공로를 주고, 1000무 이상이면 대공로, 3000무 이상은 직급을 올려주고, 5000무 이상에 대해서는 특별한 상을 주어 격려한다는 것이었다.[39] 여기에서 벼농사 권장은 어디까지나 중국인에 의한 수전개발을 원하고 권장하였음을 재차 확인할 수 있다.

봉천성 재정통계연감을 보면 1922년 육해군비는 75.28%, 내무 8.78%, 재무 7.6%, 사법 3.6%, 교육 3.64% 농상 0.34%, 외교 0.54% 순으로 농상이 차지하는 비중은 보잘것없이 적었다.[40] 이와 같이 농상에 대해 적은 재정 할당 중에서 주요 작물이 아닌 벼농사에 대한 투자는 기대할 수 없었다. 사변

---

39) 遼寧省檔案館資料 JC10-4525
40) <奉天省の土地制度と地稅制度> 滿鐵經濟調査會 《滿鐵調査月報》 제12권 제9호 1932 198-199쪽, 226-228쪽

전 만주관헌에 의한 수리공사는 별로 없었고 오히려 벼를 경작하는 자에게 수리세를 징수하여 재정보충의 주요 원천으로 삼았던 것이다.

다음에 길림성 당국의 벼농사 권장책을 살펴보겠다. 1910년대 중반 이후 쌀값이 오르자 각 지방관청은 벼농사를 권장하고 어떤 지방관청에서는 심지어 조선인 농민을 직접 고용해 벼농사를 짓기도 하였다. 1916년 길림성 실업청에서는 자금 6萬貫을 지불해 화전현 화수림자에 살고 있는 조선인 申尙武와 3년간 황지 100상을 개간해 벼농사를 짓는 계약을 맺었다.[41] 饒河縣지사 루마이(陸邁)는 현 경내의 義順號 지방에 귀화조선인 10여 호를 모집해 1916년 벼농사를 실험경작하여 좋은 성적을 올렸다.[42] 1917년 5월 길림현 공서는 '須知布種水稻有益于民務, 須竭力提唱, 以興農業, 而厚地利, 其各遵照毋違'라 하는 鄕民에게 벼농사를 권장하는 내용을 담은 포고를 냈다.[43]

1918년 6월 29일에는 ≪吉林省獎勸耕種水稻章程≫이 출범했는데 길림성에서는 벼농사에 대해 獎勸, 즉 장려와 권장에 치중하였다. 그 주요 내용을 보면,

> 제1조 각 현 경내에 수전 적합지가 있으면 본 장정에 의해 장려하고 권장한다. 그러나 吉林省의 북쪽에 위치한 현들은 기후가 차서 벼농사하기 어렵기 때문에 본 장정이 적용되는 지역은 吉林, 伊通, 濛江, 樺甸, 磐石, 雙陽, 延吉, 琿春, 敦化, 額穆, 汪淸, 和龍 등 12현에 한한다.
>
> 제2~5조: 각 현 농회는 벼농사의 이익을 농민에게 알리고 경작법을 지도하는 의무가 있으며 농회가 아직 설립하지 않은 현에서는 지사가 책임지고 일정한 량의 벼종자를 배급하면서 벼농사를 勸導해야 한다. 특히 지방의 紳商들을 勸導하여 널리 수전을 개간하도록 한다.
>
> 제6~8조: 현 지사나 농회 및 기타 단체가 벼농사 권장에서 특별히 좋은

41) 서굉일, 동업 ≪間島史新論≫ 우리들의 편지사 103쪽
42) 吉林省檔案館資料　吉林省政府 L121 J101-06-0286
43) 李樹田, ≪吉林農業檔卷≫ 1989 142-143쪽

성적을 올리면 실업청장이 현지사의 勸業考察成績條例 제3조, 農商部獎勵
規則에 따라 省長公署에 呈을 올려 장려한다.[44]

라고 규정하여 벼농사 권장지대를 따로 명확히 정하였고 현지사와 농회의
벼농사 권장의 책임을 부여하였으며 그들의 권장실적을 평가하는 제도까지
도입하여 권장의 최대효과를 꾀하였다.

각 현 정부는 벼농사 권장 분위기 속에서 開畓에 대한 행정관리를 강화하
였다. 1918년 12월 方正規과 韓泰權이 明新社 土山子 公田을 청부 임대
하여 수전으로 만들려고 물도랑을 팔 때 관춘후(管春福)가 장래 자기 땅에
수해를 끼칠까봐 반대해 나섰지만 화룡현장은 화룡현 경찰제3구분소장의 조
사를 근거로 공사를 계속 진행해 수전으로 만들라고 명령하였다.[45]

길림성의 ≪吉林省獎勸耕種水稻章程≫이 발표된 후 연길현에서는 이
에 의거해 1919년 5월 벼농사 권장을 목적으로 華人, 墾民 모두에게 적용되
는 ≪修正延吉縣播種水稻暫行規則≫을 발포하였다. 이 규칙 제2조에서
는 모든 수전 적합지는 사유지, 소작지를 불문하고 수전으로 만들어 地利를
충분히 살려야 한다고 규정하였다.[46]

1921년 11월 19일 길림성장 쑨례천(孫烈臣)은 실업청에 德惠縣 내의 송
화강 驛馬河 연안에 수전을 개간하라고 명령내렸고[47] 그 해 12월 3일 길림성
장공서는 연길현 내 기간지의 10분의 2를 점하는 布爾哈通河, 해난하유역의
서북 수백리 연안 기간지 2만상에서 1만상 정도는 근년에 이미 간민에 의해
수전으로 개간되어 수익이 좋았다고 하면서 농회에서 수전을 권장하여 농사를
진흥하라[48]는 훈령을 내렸다.

44) 吉林省檔案館資料 吉林省政府實業廳 L11 J111-02-0797
45) 延邊檔案館 和龍縣公署 39-3-585
46) 吉林省檔案館資料 吉林省政府 L14 J101-07-0287
47) 吉林省檔案館 吉林省政府實業廳 L121+L16 J111-02-0846
48) 吉林省檔案館 吉林省政府實業廳 L121+L16 J111-02-0848

1923년 吉林省淸理田賦局은 경내의 저와지를 조사하면서 제14호 훈령으로 다음과 같은 내용의 지시를 내렸다.

수도작은 자금이 별로 들지 않지만 수익이 배로 크며… 토지가 비옥하지만 (중국인은) 수전에 대해서는 본래부터 잘 몰라서 하천, 호수, 못 등 습지는 아쉽게도 개간하지 못했다. 봉천성은 稻田사업이 개시된 후 성과가 크다. 근래 길림에서도 이를 본 따서 행하는 자가 간혹 있는데 그 수익이 可觀하였다. 그러나 대부분 韓僑에게 경작을 맡기고 자신은 경작하지 않는다. … 현재 淸丈淸賦하는 참에 하천 양안이나 호수 주위에 있는 벼농사할 수 있는 와지를 비옥 정도에 따라 불하 여부와 관계없이 官에서 경영하거나 혹은 민간에서 경영하도록 한다. 韓僑는 고용하여 경작에 보조가 되도록 한다. 토지등급 매김에도 너그럽게 해 주니 … 관할 현 내의 수전면적을 확실히 조사하여 훈령 반포 후 2개월 내에 상세히 보고하라[49]

이와 같이 수전에 적합한 저습지는 불하여부에 관계없이 수전으로 경작하도록 하고 한교에 완전히 의지하지 않고 경작에 보조되도록 일부 고용만을 허용하였다. 세금 납부와 토지등급을 올리는 것에 너그러운 조치를 취하겠다며 수전의 확대와 그 파악에 힘썼다. 그 후 9개월이 지나서 유수, 동빈, 화룡, 화전, 호림, 화천 6개 현이 조사결과를 올리지 않은 상황에서도 길림성의 수전은 10,852상, 미개간 수전은 52,193.8상, 합계 63,045.8상임을 파악했다.[50]

---

49) '民食之源, 首重農業, 而水田尤爲切要. 其需資無多, 而收利較厚, 事半功倍,… 東省土地肥美, 農業甲于中邦, 獨于水田一事, 素乏講究, 以致沿江沿河沿湖之地, 水塘淤沼, 天然美利任聽抛棄, 誠爲可惜. 查奉天省興辦稻田, 已著成效. 近來吉林間有倣行, 收益亦甚可觀. 然多半招致韓僑, 未免舍主就客, 自甘放棄,… 玆就辦理淸丈淸賦之便, 于延江沿河沿湖各縣揀其大段窪田宜種水稻之區, 無論已放未放, 分別肥瘠一律割出, 或由官辦, 或飭商民自辦, 一面雇用韓僑相助爲理. 至于繳價升科, 不仿量爲寬展,…合亟令仰該縣卽便遵照, 迅將該管境內共有水田若干, 切實査勘, 繪具草圖, 註明坐落, 坰數, 限于文到兩個月內, 詳細具報' 吉林省檔案館資料 L121 J101-12-0274

50) 관헌이 수전조사와 淸丈淸賦를 함께 진행하였으므로 수전을 소유한 지주는 세금납부를 회피하려고 수전 면적을 은닉하고 제대로 보고하지 않는 경우가 많았다. 淸理田

官有荒地 내의 수전 적합지는 부금현, 보청현의 와지를 불하하는 富錦成 案과 寶淸成案에 따라 싼 가격으로 불하하였다. 보청성안은 등급을 매기지 않고 3상을 1상으로 삼아 계산해 주고 1상에 80전의 싼 가격으로, 부가등록비 2.5할를 추가하는 成案으로 싼 가격의 불하 혜택을 통해 수전의 확대를 도모 하였다.[51]

장백현 지사는 1923년 7월 2일에 관영사업, 도로건설 등 무거운 부역부담 때문에 1920년 이후 조선으로 귀환하거나 다른 현으로 이전한 조선인 이민이 4,000명을 초과했다는 지주들의 탄원을 받아들여 도로건설, 부역 및 여러 가 지 세금을 2할 내렸다. 그리하여 결빙기에도 귀환한 이주조선인이 적었다고 한다.[52]

1926년 ≪吉林縣實業局倡辦水田種稻簡章≫ 제3조에서는 수전으로 개간할 수 있는 황무지의 토지소유증을 檢驗하여 1년의 기한을 정해 개간하 도록 하고, 그래도 개간하지 않으면 실업국에서 대신 경작해 주며 임자 없는 황무지는 官荒으로 취급하고 수전경작이 旱田 경작과 충돌이 생기면 현 공서 를 거쳐 실업청에 보고해 처리하도록 규정하였다.[53] 이와 같이 지방관헌은 벼농사에 관한 조사 및 勸導의 직책을 맡고 수전의 확대와 수전경작에 대한 관리를 강화함으로써 지역농업발전을 추진하려 하였다.

羅北縣 지사 程汝霖은 1926년 12월 수전 경작자를 유치하기 위해 봉천, 길림, 하북, 산동 각 성의 교통이 편리하고 땅이 적고 인구가 많은 각 현에 백화문 布告 3000여 장를 撒布하였다. 포고의 내용을 보면 나북은 송화강,

---

賦局가 길림성장에게 올린 呈을 보면 빈강, 오상, 장령 3개 현은 수전이 없다고 되어 있다. 청말부터 수전을 개발하고 민국시기 수전면적이 일정 규모에 달한 오상현이 '報稱幷無水田'이다는 것은 사실에 부합되지 않았다.

51) 吉林省檔案館資料, 吉林省政府 L121 J101-12-0274
52) 朝鮮總督府警務局, 1930 ≪在滿鮮人ㅏ支那官憲≫ 朝鮮總督府行政學會印刷所 157-158쪽
53) 吉林省檔案館 吉林省政府實業廳 L14 J111-02-0901

흑룡강 두 강 사이에 위치하여 있는 현으로 교통이 편리하고 대자본가가 경내에서 많은 인원을 고용하여 수전경영을 한다면서 만약 벼농사 기술을 가진 자가 1927년 2~3월 전에 나북현에 오면 거주지, 식량, 여비는 지주가 제공해 주고 벼농사에 종사하면 1년에 1인당 國幣 1300여 원의 소득을 얻을 수 있어 2~3년 지나면 부자가 될 수 있다고 선전하였다.[54]

화룡현의 벼농사 권장의 一例를 보자면 1927년 3월 24일 길림성으로부터 四光社民 崔宗樺 등의 수로 開鑿을 위해 돌을 폭발시키는 炸藥 200개의 구매신청은 경찰 제5구 분소장의 엄밀한 감시를 받는다는 조건으로 허가되었다. 1930년 12월에도 화룡현 정부는 水道에 지장이 되는 돌을 폭발해 긴 둑을 쌓기 위해 四光社 간민 朴鐘律에게 八道河子 및 延吉局子街에서 銃藥 40근을 살 수 있도록 허용하였다.[55] 당시 武器類를 엄격히 단속하는 상황에서 이렇게 수전개발을 위해 炸彈구매를 허락한 것은 대단히 주목할 만한 일이다. 이 두 사건을 통해 화룡현 정부의 수전을 발전시키려는 열망을 엿볼 수 있다.

依蘭縣의 例를 보면, 吉林田賦局의 허가를 받고 수전 적합지를 할인된 가격으로 불하하는 동시에 한전보다 유리함을 설명하는 백화문 포고를 내여 일반인에게 수전경작을 권장한 결과, 1925년 경내 수전이 수십상에 불과하였던 것이 1926년에는 500여상으로 늘어났고 벼 5000여 석을 생산하여 哈爾濱까지 반출하였으며 1927년에는 수전 면적이 1000상이나 되었다. 현정부에서는 수전 농호들의 빈곤함을 참작하여 大犁公司를 설립하여 실업국장 왕운싱(王文型)을 哈爾濱에 파견하여 大犁를 구매하도록 하는 등 조치들을 취해가며 벼농사를 적극 권장하였다.[56]

54) 吉林省長公署檔案 11(7-7)-2140
55) 延邊檔案館 和龍縣公署, 39-3-661
56) 吉林省檔案館資料 吉林省政府實業廳 L16 J111-02-0905

길림성 각 현에서 벼농사 권장사업이 활발히 진행되는 상황 하에서 1929년 7월 17일 길림성 정부는 지령 제6395호로 ≪吉林省政府建設廳管理稻田水利暫行章程≫을 반포하여 전 省 범위에서 벼농사를 한층 더 권장하였다.[57] 장정 제3조에 의하면 건설청은 稻田試驗場을 부설하여 시험재배하고 각 현에서는 연습원을 선발하여 견습시키며 수전면적 등 수전 관련 상황은 수시로 조사, 파악하도록 하며 대규모 경영자에 한해서만 외국인 기사를 고용할 수 있도록 하였다.

길림성정부수석위원 짱쯔씽(張作相)은 1929년 3월 25일 수해로 중국인, 조선인 소작농민의 생활이 극도로 빈곤해짐에 대해 빈농 구호책으로 3만여 석의 구제곡을 동남 수해지방 8현에 배급하도록 하였고 흉작으로 靑田貸, 고리대를 반환하지 못한 조선인 소작농이 중국인 지주의 핍박에 못 이겨 노령 및 기타 지역으로 이전하고 있다는 보고를 듣고 농사지식이 풍부하고 농업개량에서도 독특한 능력이 있는 이주 조선인이 갑자기 이전해 가면 경내의 생산능력이 감퇴되고 경작지의 황폐화가 초래될 것이므로 벼농사 권장의 차원에서 그들을 구제하라는 내용의 훈령을 내리기도 하였다.[58]

만주당국은 국권회복의 일환으로 벼농사 기술이 있는 남방 중국인들을 만주로 이주시켜 벼농사에 종사하게 함으로써 자국의 과잉인구 문제를 해결함과 동시에 침략의 선봉으로 이용되고 있는 조선인의 만주이주에 대항하려고 하였다. 하지만 남방 稻作農民 이주를 통한 수전확대계획은 수포로 돌아갔다.[59] 1915년 중국남방출신인 육군측량대장 천휴성(陳惠生)은 봉천성 서쪽 賴花堡 부근에서 10명의 남방 농민을 이주시켜 벼농사를 개시하였다. 그러나 1년 만에 3명이 병들었고 나머지는 물이 차가워 도저히 수전에 들어갈 수 없다며

---

57) 吉林省檔案館資料 吉林省政府 L121-13 0101-20-0627
58) <支那側ノ小作鮮農救護方訓令ニ關スル件>1929년 5월 9일 日本外務省外交史料館資料 ≪滿蒙各地ニ於ケル朝鮮人ノ農業關係雜件(1)≫
59) 荻原昌彦, 1932 ≪滿洲之産業≫(稻の卷) 49쪽

무리를 하면 병에 걸려 죽는다고 어떤 조건으로도 체류하려 하지 않고 歸南해 버렸다. 1930년 요녕성, 길림성에서 벼농사를 잘 하는 절강의 벼농사 숙련농민을 招致하였지만 기온의 차이, 米食습관 및 기타 생활습관의 차이 때문에 결국 실패하였던 것이다.[60]

만주에 몰려드는 하북, 산동의 중국인 난민을 위주로 한 苦力들은 주로 水渠를 파는 수로공사의 노동력으로 많이 이용되기만 하였다. 길림성 장춘부근 만보산에서 벼농사 개시 때에 조선인은 선후 2차례나 중국 苦力 200여명을 수로 開鑿에 이용하였다. 만주에서의 벼농사는 벼농사 기술을 갖고 생존을 위해 갖은 어려움을 극복해야 했던 조선인 이민의 몫이 되었다.

(2) 稻田公司의 설립

1911년 신해혁명으로부터 만주사변까지 20여년간 만주 농업개발의 진전에 따라 정부는 官家 소유형식의 농업회사를 설립하는 외에 私營開墾公社 설립을 대대적으로 권장하였다. 私營開墾公司 중에서 稻田公司의 설립이 제일 활발하였다.

도전공사는 일반 水稻農場과 같이 賃金노동자를 고용하기보다는 조선인 이민에게 토지를 소작시키는 방식을 취하였다. 당시의 사회경제 조건하에서 소작경영형식이 고용형식보다 이득이 더 컸기 때문일 것이다.[61]

---

60) 요녕성정부는 1930년 5월 절강성 난민을 영구 50호, 심양 80호, 요중 50호, 안동 50호, 신민 20호, 무순 30호, 반산 25호, 철령 40호씩 할당하고 기타 여러 편의를 주어 벼농사하게 할 계획이었다. 그러나 백미를 常食한 절강성 농민은 적십자회에서 지급한 고량미를 먹을 수 없어 영구주재 절강성 이민 위원 李光宇에게 米食지급을 요구하였다. 요녕성은 현대양 300만원은 식비로 지급되는 것이 아니라며 종전의 계획을 취소하고 체류를 희망하는 소수에 한해서만 영구 田莊臺, 심양 등지에 보냈고 일부는 회덕현 및 북녕선으로 이송하였다. 일본외무성육해군성문서 MF 002008 <在滿鮮人壓迫事件調査報告書> 1931 130쪽; 조선총독부경무국, 1930 앞의 책 135-136쪽

도전공사의 광범위한 설립은 만주 벼농사보급과정에서 일반 농민에 대한 시범역할을 함과 아울러 농촌사회에 새 바람을 불어넣었다. 이들 도전공사는 종종 護墾隊를 조직하여 조선이민의 생산과 생활안정을 도모하고 보호해 주기도 하였다. 도전공사는 자금이 없는 조선인 이민이 소작형태로나마 어느 정도의 안정된 생활을 할 수 있는 하나의 安身處가 되기도 하였다. 어떤 도전공사는 조선인 이민에게 여비를 제공해 주기도 하였고 조선인에게 소작시 키기 위해 귀화허가증명서를62) 소지하도록 도와주기도 하였다.

도전공사는 요녕성, 길림성에서 많이 설립되었는데 20년대 말에 이르러서 는 흑룡강성에서도 설립되었다. 요녕성과 길림성의 도전공사설립상황은 <표 2-1>, <표2-2> 와 같다.

---

61) 橫山敏男, 1943 <南滿に於ける水稻の生産事情> ≪農業の滿洲≫ 제15권 제1호 42쪽
62) 그 한 예를 보면 다음과 같다.
≪歸化許可執照≫
歸化者金相憲年40歲原籍韓國咸陽道現住奉天開原縣職業農 隨同歸化者妻子李氏 子二女一 右開金相憲等依修正國籍法禀請歸化 核與法定條件相符 除由部許可注 册外 合給執照爲憑 右執照給金相憲等收執 內務部給 民國8年 12月 歸字第 6140 號執照 遼寧省檔案館資料 JC2671

<표2-1> 만주사변이전 봉천성 도전공사 설립상황

명칭	설립지역	설립년월	설립자	비고
奉天官牧場	黑山縣	1906		1912년에는 도전을 1,100여 무 개간하였고 모두 1,600여 원을 투자하였음.
新紀公司	新民縣	民國初年		48ha 수전에 벼 1,440석 수확함.
溥豊農場	奉天昭陵	1912. 4	崔洵生	청 황실 三陵衙門의 토지를 청부하여 '倡辦稻田, 種植果木' 했는데 公司 1,200여 무 중 450무에 벼를 시험 재배했음.
彰武農牧樹藝模範會社	彰武縣	1913	縣知事	1,000여 무를 구입하여 '試種水旱各田' 했음.
遼中縣試辦稻田事務所	遼中縣	1913	李文華, 王述咯, 陳和中	주식 2만원을 모아 현 경내 1500~1600日 토지에 벼를 재배했음.
圃記稻田公司	鐵嶺縣南5區亂石山附近	1914	楊春芳	1년간 시험경작하여 만약 효과가 좋으면 지방관에 허가신청을 하고 奉小洋 100원을 한 개 주식으로 하고 토지주식은 모두 2,000日, 개인 소유지나 租借地를 불문하고 토지1日(10무)을 한 개 주식으로 삼았다.
遼中縣興業稻田公司	遼中縣	1924	楊春芳, 陳錫九 등 7명	公司주식은 奉大洋 5만원, 500개 주식으로 나누었다. 토지주식은 10무를 한개 주식으로 하고 현금 주식은 100원을 한 개 주식으로 하였음.
洮安縣興業稻田公社	洮安縣海爾珍河	1924	王同光	봉천수리국장정 제8조에 의해 조직되었는데 중국인이 아니면 주식을 살 수 없다고 규정하였다. 그들은 제2구 楚倫波지방에 荒田 28方에 벼를 재배하였는데 경영성적이 좋았다.
突泉縣稻田公司	突泉縣柳樹川歸流河兩岸	1924	德養源	황지 100여 方을 맡아 조선인 농민을 고용하여 수전을 시험 경작하였음.
營田株式有限公司	營口縣平安河地方	1925. 4	徐棟臣, 馬西山 등 32명	海退淤地 76,600무를 신청해 遼河까지 2리 되는 水渠를 파서 그 해에 수전 850무를 개간했음.
鐵法稻田公司	鐵嶺縣第7區	1926. 4	李陽春 등 7명	雙樹子 小靑堆子와 法庫縣 高家窩堡 등 촌에서 遼河를 이용하여 벼농사를 하고 부근의 민호가 이 물도랑을 빌려 관개하려면 수리비를 내야 하

명칭	설립지역	설립년월	설립자	비고
				거니와 해마다 수확량에서 1할을 회사에 내야 한다.
義和水田公司	賓圖王旗	1920 봄	高玉山 등	賓王府의 황지 1,000여 무, 숙지 1,000여 무를 빌려 조선인 농민을 초치해 추후 반반 나누기로 약속하고 수전 경영에 착수함.

출전; 奉天官牧場; 遼寧省檔案館資料 JC10-7031

　　　新紀公司; ≪東三省農林墾務調查書≫ 124-129쪽

　　　溥豊農場; ≪農林公報≫ 제2년 第14期

　　　彰武農牧樹藝模範會社; ≪農林公報≫ 제2년 제20期

　　　遼中縣試辦稻田事務所, 遼中縣興業稻田公司; 遼寧省檔案館資料 JC10-7563

　　　圃記稻田公司; 遼寧省檔案館資料 JC10-4539

　　　洮安縣興業稻田公社; ≪奉天通志≫ 三 108권 田畝 下 水利 29쪽; 遼寧省檔案館資料 JC10-7563

　　　突泉縣稻田公司; 遼寧省檔案館資料 JC10-4540

　　　營田株式有限公司; 遼寧省檔案館資料 JC10-4537

　　　鐵法稻田公司; 遼寧省檔案館資料 JC10-4532

　　　義和水田公司; 遼寧省檔案館資料 JC10-4543

명칭	설립지역	설립년월	설립자	비고
益興泉會社	德惠縣 三道溝, 二道溝, 樺甸縣	1919. 4	楊國棟, 姜哲, 裵亮	吉洋 2만원으로 德惠縣 숙지 180여상, 樺甸縣의 숙지 80여상을 빌려 봉천 등지의 조선인 朴英超, 朴聖三, 申南玉 등을 고용하여 경작했음.
興楡稻田公司	楡樹縣佧岔河兩岸	1920		荒地 1,000상에서 207상 3무를 수전으로 개발. 경영성적이 좋아 1927년 길림성 실업청의 표창을 받았음.
吉林慰農水田公司		1920. 4		吉林官帖 100만吊를 모집하여 '租地開荒 引水種稻爲其經營業務'로 수전 300상을 경작함.
華豊水田株式公司	饒河縣	1921. 12	趙世保 등 12명	조선인 이민에 대한 상당한 보호가 없으면 자본이 있어도 실효를 얻기 힘들 것이라고 판단하여 회사측에서 출자하여 조선인을 보호하기 위한 護墾隊를 두어 지방의 경찰보위단과 협력했음.
裕寧屯墾有限公司	小綏芬河	1922	張宗昌	원래 북경 葛福華의 소유였던 것을 4년 전 綏寧鎭守使陸軍中將 張宗昌이 매수하여 조선인과 중국인에게 소작시켰음.
興利稻田有限公司	樺甸縣	1922	陳聯芳 등	境內의 저와지를 대여 받아 벼농사를 함.
光開水利公會	和龍縣 제5구	1922	조선인 張子郁	'專事開築水道, 改種稻田'한다며 조선인 농민 200~300명을 모집하여 1년 간 수전 약 200여상을 조성했음.
東北墾牧公社	寧安縣	1923	奉天中央政廳管理	동경성부근 干家屯의 郭松齡 소유지를 몰수하여 자본 3만원으로 벼농사를 개시. 1927년 수전개간지 200여상에 조선인 40여호가 경작했음.
敦化縣稻田開發	敦化縣城 場溝黃密 河一帶		萬茂森 등	자금을 모아 稻田 100여 垧을 개간. 성적이 좋아 大靑川에서 다시 수전을 많이 개간하여 이익을 얻어 부근 民戶의 본보기가 되었음.
虎林縣稻田公司	虎林縣	1926	解金榮	阿碼琴河의 수전 적합지에 주식 大洋 6,000원을 모집하여 馬芳靑을 지배인으로 추대해 농기구를 구매하고 조선인 이민을 招致해 1927년에 20여상의 수전에 벼농사를 개시. 이곳의 수전 적합지는 400여상이나 됨.
惠濱稻田公司	濱江縣 2區界	1927	曾子固 王理堂	宋家甸子 劉家油房에 설립
吉寧水田農	海林附近	1927	吉林省長	본 農社의 소유지는 지주부터 강제로 매수하거

명칭	설립지역	설립년월	설립자	비고
社			,哈爾濱 楊海元, 寧安縣 財政處長	나 지세 3개년간 체납한 자의 토지를 몰수한 것임. 해림부근 50상, 팔리강부근 600상에서 수전경작을 했음.
靠山屯稻田公司	農安縣 靠山屯	1928		길림방면의 약 35호, 120명의 조선인이 이통하 양안의 저습지에 중국인 지주 곽씨와 계약을 맺고 약 300상 수전에 벼농사 착수.
沖河稻田公司	楡樹縣高子橋農場	1929	前東北軍師長	귀화하지 않은 자에 대해 조선인 대표 3인이 보증을 서서 稻田公司에 신고하였고 회사는 현 당국과 교섭하여 잠정적인 귀화수속을 갖도록 하였고 공사가 직접 모집한 조선인 농민의 귀화수속은 회사가 직접 책임졌음.
惠濟稻田公司	濱江縣	1929		稻田 210상을 경작하였으나 큰 수해로 조선인 소작농은 '星散潛逃'하여 단 31상에서만 수확 가능.
珠河農場	珠河縣	1931	段祺瑞	길림 珠河에 6000천지의 수전을 경영.

출전; 益興泉會社; 吉林省檔案館資料 吉林省政府實業廳 L11 J111-02-0797

興楡稻田公司;吉林省公署民政廳土地科,《鮮農小作問題に就て》 1935 136-137쪽

吉林慰農水田公司;吉林省檔案館資料吉林省政府實業廳L16-13 J111-02-0824

華豊水田株式公司;吉林省檔案館資料吉林省政府實業廳L16-3 J111-02-0868

裕寧屯墾有限公司; 在外鮮人調査報告, 1927《滿蒙の米作と移住鮮農問題》 174쪽

興利稻田有限公司; 吉林省長公署檔案 11(7-7)-2074 및 2138호; 衣保中, 《朝鮮移民與東北地區水田開發》 50쪽

光開水利公會; 吉林省長公署檔案 11(7-7)-2074 및 2138호; 衣保中, 《朝鮮移民與東北地區水田開發》 50쪽

東北墾牧公社: 在外鮮人調査報告, 1927 《滿蒙の米作と移住鮮農問題》 175쪽

敦化縣稻田開發;吉林省檔案館資料 吉林省政府 L121 J101-16-0371

虎林縣稻田公司;吉林省檔案館資料吉林省政府實業廳 L16 J111-02-0905

惠濱稻田公司;吉林省檔案館資料吉林省政府實業廳 L16-34 J111-03-0745

吉寧水田農社; 在外鮮人調査報告, 1927 《滿蒙の米作と移住鮮農問題》 174쪽

靠山屯稻田公司; 《在滿朝鮮人槪況》 55쪽

沖河稻田公司; 《北滿鮮人農村槪況》《パンフレット》 제142호 1930 15-16쪽

惠濟稻田公司; 吉林省長公署檔案 11(7-7)-2074 및 2138호; 衣保中, 《朝鮮移民與東北地區水田開發》 50쪽

珠河農場; 滿日新聞 1931년 3월 14일

요녕성당안관과 길림성당안관 檔案문건을 주요 참고자료로 하여 작성한 위 두 표를 살펴보면, 만주사변전 봉천성과 길림성에는 중국인 도전공사가 많이 설립되었음을 알 수 있다. 여기에 열거한 도전공사는 봉천성, 길림성의 주요 도전공사이지 모든 도전공사는 아니었다. 1931년 조사에 의하면 額穆縣만 하여도 水稻를 경영하는 기업이 林業公司, 金華公司, 松江林業局, 美孚洋行, 義和公司 등 5개가 있었다고 한다.[63]

흑룡강성의 도전공사로 齋齋哈爾 지방을 살펴보면, 1925년 要多羅지방에서 평안북도사람 沈兩秋가 廣信公司의 명의로 미개간지를 10년 계약으로 수전을 경영하였고[64] 慰麓稻田社는 1926년 북위 46도 8분의 흑룡강성 泰來縣 鳥利河桿崗兒에서 벼를 재배하였다[65]

도전공사 설립열풍은 만주당국이 紳商들에게 도전공사 설립을 권장한 정책의 하나의 결실이라 볼 수 있다. 봉천성의≪提唱華民耕種水稻方法≫, 길림성의≪吉林省獎勸耕種水稻章程≫에서는 모두 도전공사 설립을 권장하였다. 1927년 9월 길림성 실업청은 水稻公司를 조직하도록 명령을 내리기도 하였다.[66] 도전공사는 수전을 위주로 하는 전문적인 회사로 설립시 회사설립조례와 등록조례에 따라 지방관헌의 허가를 받아야 하였고 公司簡章을 갖추어야 하였다. 公司는 주식을 모집하는 형식을 취하였는데 주식으로는 현금주식 뿐만 아니라 소유지와 조차지를 포괄한 토지주식도 있었다. 보통 영업기간은 5~30년이었다. 會社簡章에서는 중국인이 아니면 도전공사의

---

63) 吉林省政府檔案, 11(7-7)-2205; 衣保中, 2000 ≪朝鮮移民與東北地區水田開發≫ 長春出版社 50쪽

64) 伊藤榮之祐, 1931 ≪滿洲二於ケル水稻栽培≫ 325쪽; 1925년에는 180상(1상은 2880평)에 조선인 농민 30명을 고용해 50상을 개간하였다.

65) 黑澤謙吾, 1927 <滿洲稻作界の槪況>, ≪農業の滿洲≫제1권 창간호 59쪽; 1937년에 이르러서는 북위 49도의 鳥雲, 愛琿지방까지 벼가 재배되었다. 이는 세계 벼재배의 最北限地였다. 小島淸重郎, 1937 <滿洲に於ける稻作の現在と將來> ≪農業の滿洲≫ 제9권 제3호 13쪽

66) 吉林省檔案館資料 吉林省政府實業廳 L16 J111-02-0905

黑龍江省

吉林省

朝鮮省

奉天省

關東州

繞河
⑪華豊水田株式公司

虎林
㉒虎林縣稻田公司

齊齊哈爾　㉑廣信公司
泰來
⑯慰龍稻田社

⑰洮安興業稻田公司
洮安

⑱突泉縣稻田公司
突泉

濱江　㉓惠濱稻田公司
⑳惠濟稻田公司　㉘珠河農場
珠河　　寧安
榆樹　⑧興楡稻田公司　　　小綏芬河
德惠　⑨冲河稻田公司　　　⑭裕寧屯墾有限公司
⑦盆興泉會社

長春　㉗長興稻田公司
昇山屯稻田公司　　⑬光開水利公會
崖甸　　和龍
㉑圍記稻田公司　　㉖鐵法稻田公司
㉑興利稻田有限公司

⑩義和水田公司
賓武王族　㉔
彰武
④彰武農牧樹藝模範會社　奉天　①奉天官牧場
新民　②新紀公司
⑤達中試辦稻田事務所
⑥興業稻田公司
營口　⑲營田株式有限公司

※ 번호는 설립시간 순차를 표시함

<도 2-1> 滿洲事變 직전 中國 稻田公司 分布圖

비고 : 遼寧省檔案館檔案文件, 吉林省檔案館檔案文件을 위주로 하여 작성.

도전공사 설립자를 보자면 발기인과 주식을 가진 자는 거의 중국인으로 성장, 현 지사, 북양군벌 단기서, 동북군벌과 장교들, 신사, 상인, 실업가들이었다. 이들은 회사설립 허가신청시, 한결같이 지방 농업을 진흥하고 국가수입을 늘이고 폐기된 저습지를 이용하여 수리를 제창하기 위함이라고 하였다. 그들 중 도전공사 설립을 통해 대규모 황무지를 불하받으려는 투기업자도 없지는 않았다.

시기적으로 보면, 봉천성은 일찍이 청말부터 도전공사를 설립하기 시작해 1925년까지 지속되었음을 볼 수 있다. 1925년부터 도전공사가 위축된 원인은 三矢協定을 빌미로 봉천성 정부가 조선인의 소작을 불허하고 고용을 제한하고 驅逐하는 정책을 실행함에 따라 주로 조선인 소작농에게 소작시키는 방식으로 수전 경영하는 도전공사도 사라졌기 때문이다. 길림성은 봉천성보다 늦게 1920년대에 들어서서 도전공사가 설립되기 시작하였고 흑룡강성에서는 더 늦은 20년대 중 후반에 이르러서야 설립되었다. 이와 같은 각지 도전공사 설립시기의 변화는 조선인 이민이 처음 기후가 따뜻한 남부 봉천성에서 수전 경작을 하다가 小田代, 北海稻 등 북만지역에 적합한 벼 품종의 도입으로 말미암아 북만에서의 벼농사가 가능해지고 20년대 중후기 봉천성에서의 조선인에 대한 규제강화로 인해 상대적으로 규제가 약한 북만으로 이동해 가는 벼농사 보급추세와 일치하였다.

도전공사 분포특징을 보면, 대부분 봉천성, 길림성의 벼농사가 발달한 현에 집중되었다. 봉천성에서는 봉천부근의 신민, 요중, 철령에 집중되었다. 그리고 도전공사의 수전은 종전의 조선인 이민이 구릉지대의 작은 면적의 수전개발에 집중되었던 것과 달리 대부분 하천양안의 넓은 면적의 저습지대에 분포된 것이 특징적이었다. 그러나 처음 시작할 때에는 보통 1년간의 기간을 두고 시험 경작하다가 성적이 좋으면 확충하는 경우가 많았다.

다음에는 위의 중국인이 설립한 도전공사와 조선인 소작인간의 고용조건,

소작상황을 살펴보겠다. 고용계약의 한 例로 1924년 5월 洮安縣 興業稻田 公司와 조선인간의 고용계약을 보면 稻田 100상에 30명을 고용하며 고용기간은 1년이고 2월에서 8월까지 경작기간에 마음대로 경작지를 떠나지 못하게 되어 있고 1인당 매월 임금은 100원이었다.[67]

소작조건은 대체로 일반 중국인 지주와 조선인 농민간의 소작계약과 별다름 없이 정액물납소작, 분익소작이 포괄되었는데 旅費를 책임지는 유치조치와 함께 내방청과 유사한 소작관계가 많았다. 一例로, 1931년 북양군벌 段祺瑞의 길림 珠河水田公司의 경우, 처음에 절강성 수전농민을 이주시켰지만 실패하자 조선인 이민만을 모집하였다. 회사측은 여비로 1명에 40원을 지급하였고 1호에 3天地씩, 수확물 분배율은 첫해는 4 : 6, 둘째 해는 4.5 : 5.5, 셋째 해에는 5 : 5로 정하였다.[68] 吉寧水田農社의 소작조건을 살펴보면, 소작인 1호에 3상의 토지를 소작케 하고 속 1석, 대두 1두, 염 30근, 엽연초 5근을 미리 지급하고 봄에 大洋 30원을 무이자로 대부해 주었다. 소작인은 가을 1垧에 把頭에게 糧 4斗를 납부하고 지주측과 벼를 반반씩 나누는 것이었다.[69] 지주는 소작인에게 토지, 가옥, 농업경영상 필요한 일체 생산수단에서 생활수단까지 대여하고 소작인은 다만 노동을 제공할 뿐이었으므로 내방청에 가까운 소작계약이었다.

---

67) 遼寧省檔案館資料 JC10-7563
68) ≪滿日新聞≫ 1931년 3월 14일
69) 在外鮮人調查報告, 1927 ≪滿蒙の米作と移住鮮農問題≫ 174쪽; 1922년 소수분하에 있는 裕寧屯墾有限公司는 우선 개간 희망자가 회사에 1상지에 은 40전의 수수료를 납부하여야 황무지개간 권리를 주었고 그 후 3년간은 무료경작을 하고 4년째부터 소작료를 수전 1상지에 쌀 四布度(약 4두 4승), 田은 銀 3원 25전을 납부하도록 하였다. 개간 완료 후 墾民은 회사로부터 1상지에 은 15圓을 지불 받고, 회사와 새롭게 소작계약을 맺어야 했는데 소작료는 토지 등급에 따라 작물의 절반, 혹은 3분의 1이었다. 개간 후 소작권을 타인에게 양도할 경우, 소작권은 1상지에 은 15圓~20圓이었고 회사에 1상지에 40전의 수수료를 납부해야 하였다. 吉林省政府實業廳 L16-J111-02-0905; L16-34 J111-03-0745

도전공사의 설립은 벼농사기술을 갖춘 조선인 농민에 대한 수요를 증대시켜 더욱 많은 조선인 농민의 만주이주를 부추기기도 하였다. 도전공사에서도 중국 入籍者가 아니면 소작지를 얻을 수 없었으므로 입적하지 않는 조선인에 대해 회사에서 입적사무를 도와주었으며 일부 이주 조선인은 입적자의 명의를 빌려 소작권을 취득하여 수전을 경작하기도 하였다.

만주당국은 벼농사를 권장하는 차원에서 중국인의 도전공사설립을 권장하였지만 허가는 매우 신중하였다. 관헌에서는 조사원을 파견하여 반복적인 조사를 하고 특히 일본자본이 들어있는지 여부에 신경을 썼다. 외국인 자본이 들어있으면 절대로 설립을 허가해 주지 않았다. 허가받지 못한 도전공사가 허다하였다.

봉천성 정부는 1926년 4월 상인 리양춘(李陽春) 등이 자본을 모아 鐵法稻田公司를 설립하고 雙樹子 小靑堆子의 각 촌과 法庫縣 高家窩堡 등 촌에서 遼河의 물을 끌어들이어 관개하려는 뜻에 대해 신중하게 재차 조사를 요청하였고 철령현 지사가 올린 철령현 농회 부회장과 법고현 농회 회장의 조사보고에서 확실히 다른 곳에 방해 없음을 확증한 후에야 그 설립을 허가하였던 것이다.[70]

1927년 6월 21일 敦化, 額穆 두 현의 싸위싼(沙毓山) 등 10명이 제출한 中日合辦厚生水田墾地股份有限公司 설립신청에 대해서는 외국인과 合資하여 개간하는 것은 국토에 관계되는 문제라며 허가해 주지 않았다.[71] 도전공사설립 후에도 일본자본이 들어있는 것이 발견되면 뒤늦게라도 즉시 해당 회사를 해산시켰다. 통요현지사 후위찌(富維驥)는 華興公司農場이 국토침해와 하천하류에 있는 수전을 방해한다는 이유로 1923년 이 공사를 해산시켰고 그곳에 있는 조선인 고용인들을 모두 구축하였다.[72] 길림성 정부는 1931년

---

70) 遼寧省檔案館資料 JC10-4532
71) 吉林省檔案館 吉林省政府 L14 J101-16-0261

8월 13일 長農稻田公司가 만보산사건 처리과정에서 그 불법적 내막이 이미 드러났으므로 회사를 해체한다는 명령을 내렸다.[73]

3) 수리관리 강화

벼농사 발달과정은 수리문제의 극복 과정이기도 하였다. 만주당국이 수리 장정과 규칙을 제정하여 수리 조절과 관리를 강화한 것은 조선인 이민이 수전을 개발할 수 있는 중요한 보장이 되기도 하였다. 그러나 관헌이 수리 관리와 조절기능을 충분히 이행하지 않았기 때문에 벼농사 발전과정에서의 어려움은 대단히 컸다.

일찍이 1912년 11월 중국 북양정부는 짱빙린(章炳麟)을 東三省籌邊使로 임명해 三省都督과 함께 수리개발사무를 처리하도록 하였지만[74] 별 성과가 없었다. 봉천성에 수리관리기구인 수리국, 수리분국이 설치된 후에야 수전면적이 급격히 확대되었고 수전 개발붐이 일어났다.

우선 봉천지역의 수전 발달과 관련해 수리기구의 설립상황을 살펴보자. 1906년에 심양 경내에 벼농사가 개시되고 신민부는 1910년에 蒲河연안수전개발을 추진하기 위해 신민포하수리국을 설립하였다. 이 수리국은 수리관리뿐만 아니라 보통 수리사무도 함께 처리하는 최초의 수리통제 관리기구였다.[75] 1911년 청정부는 蒲河유역에서 42華里의 용수로(지금의 新開河)를 파서 습지를 비옥한 수전으로 만들었다.[76]

---

72) 韓國國會圖書館 MF 001936 SP. 84 ≪外務省警察史≫ 滿洲(1936) 滿洲鄭家屯領事館
73) '玆聞該公司與萬寶山肇事案有關, 其內幕已可槪見, 應由廳筋縣將該公司立予取消' 遼寧省檔案館, 吉林省檔案館, 中共吉林省黨史硏究室, 1991 ≪萬寶山事件≫ 97쪽
74) ≪吉林省大事記≫ 22쪽
75) 東北物資調節委員會, 1947 東北經濟小叢書 ≪農田水利≫ 3쪽; ≪滿洲經濟硏究年報≫ 1941 212쪽
76) ≪奉天通志≫ 三 113권 田畝 下 수리 16쪽

1913년에는 奉天 福勝關火神廟胡同에 수리국이 설치되어 심양현 내 수전사무는 봉천수리국이 직접 관리하였다. 신민포하수리국은 신민제1수리분국(1924년 제1수리분국을 新遼河水利局로 개칭)으로 개칭되었다. 봉천수리국은 설립 후 혼하의 물을 포하에 끌어들이는 관개공사를 추진하였다. 이 공사는 1913년 10월에 착공해 1914년 5월 21일에 완공되었는데 관개노선은 沈陽城 동쪽 木廠村의 혼하북안에서 八里堡, 石橋子, 八家子를 거쳐 小北邊門에서 남만철도를 통과해 북릉 앞을 지나 丁香屯 북쪽의 蓮花泡에 이른 다음 서행해 蒲河로 들어갔는데 그 주간선은 新開河이었다.

이 수리공사의 개착으로 말미암아 공태보, 오가황, 탑만, 북릉, 사하자, 下坎子, 下甸子 지역의 1만여 무 수전이 개척되어[77] 심양 서북郊外의 수전개발이 추진되었고 봉천 부근 조선인 인구가 급증하였다. 서공태보를 중심으로 부근 열 몇 개 촌의 부락에 1917년에는 229명, 1918년에는 595명, 1919년에는 775명, 1920년에는 1,500명으로 조선인 인구가 급증되었고 혼하 연안에 조선인 集居村이 형성되었으며 부근 10개 촌에도 많은 조선인이 산재하였다.[78] 봉천부근의 수전은 주로 북릉부근, 탑만, 오가황, 대방신, 진가황, 사령보, 공태보 및 孫家套부근, 즉 혼하에서 끌어들인 수리국 用水路와 蒲河연안 저습지에 집중적으로 분포되었다.

그 후 1916년에 신개하와 포하를 疎浚하였고 1921년에는 主幹水路를 위로 연장하는 동시에 성 서쪽에 英守臺에서 孤家子에 이르고, 大芳士屯에서 劉家窩堡에 이르는 남북 2개 分干渠를 증설하였고[79] 東陵, 小北門, 後塔灣 劉家窩鋪, 大房身, 後邊臺, 沙崗子, 沙嶺堡 8곳에 수리파출소를

---

77) 沈陽市民委民族誌編纂辦公室, 1989 ≪沈陽朝鮮族志≫ 52쪽
78) ≪奉天通志≫ 卷108; 1931년 11월 일본동아권업주식회사는 32,000圓의 공사비를 내어 東陵제방을 補强하고 護岸工程 水閘 및 조절장치 등을 改修하였다. 東北物資調節委員會, 1947 東北經濟小叢書 ≪農田水利≫ 12쪽
79) 遼寧省檔案館資料 JC10-2227

설립하였다.[80] 이 공사는 瀋陽, 新民, 遼中 3개 현에 걸친 연안 약 5천 町步 水田의 用水를 공급하였다.

봉천성에서는 수리공사를 포함한 수리사업비용은 수익자 자신이 부담한다는 원칙이었다. 1914년 제정한 ≪奉天水利局辦法章程≫에서는 수전업주 스스로가 수리공사비를 해결하도록 하였다. 그러나 정부는 수전공사 시행여부에 관계없이 봉천 수리국, 수리분국을 통해 업주로부터 수리세를 징수하였다.

1922년 1월 19일 淸丈局總辦兼管水利局事 왕찡환(王鏡寰), 淸丈局坐辦兼管水利局事 린청쉬(林成秀)가 봉천성장에게 올린 ≪奉天淸丈局兼管水利局徵收水利章程≫의 제1절 通則에 따르면, 매년 10월 1일부터 12월 말까지 수리세 납부기간에 수전 숙지에서는 1무에 소양 80전, 새로 개간한 수전에서는 소양 60전을 납부해야 하였고 수리미납기간을 1달 넘기면 1원에 10전씩, 2개월 넘기면 1원에 20전씩, 3개월 넘기면 30전씩 벌금으로 부과한다고 하였다.[81] 1923년 봉천성의 ≪管理用水規則≫에서는 수전 1무에 現洋 60전, 심양에서는 70전, 변방에서는 적당히 낮추고 매년 11월에서 12월말을 수리세 납부기간으로 정하였다.[82]

봉천성 각지 수리분국[83]은 수리세를 수납한 후 일부 豫算만 남기고 모두 省局[84]에 받쳐야 하였다. 수리세는 봉천당국의 중요한 수입원천의 하나였다. 1922년 2월 9일 청장국총판겸관수리국사 왕찡환(王鏡寰)과 청장국좌판겸관수리국사 린청쉬(林成秀)가 봉천성장에게 올린 보고에 따르면 경작한 수전은

---

80) 沈陽市人民政府地方志辦公室, 앞의 책 396쪽
81) 遼寧省檔案館資料 JC10-2227
82) 吉林省政府實業廳 L16 J111-02-0905
83) 봉천수리국분국사무규칙에는 수전면적에 따라 수리분국을 5등급으로 나누었다. 1등국은 수전 10만 무 이상, 2등국은 수전 6만 무 이상, 3등국은 수전 3만 무 이상, 4등국은 수전 1만 무 이상, 5등국은 수전 5000무 이상이었다.
84) 1929년은 省農鑛廳 제1과 제3股에서 수전의 보호, 감독과 장려, 개량확충, 河流疏通, 수리쟁의, 稻作實驗 수리세징수 등 업무를 관장하였다.

38만여 무에 달하여 수전은 30여 만원의 수입이 나온다고[85] 하였다.

각지의 수리세 징수에 대한 불평과 비판에 대해 奉天實業廳水利股股長 쏘치빈(邵啓斌)은 수리세는 순수한 의미에서의 수익세가 아니고 수전에 대한 보호비라 하였으며[86] 1922년 11월 2일 省 議會의 수리세 不納請願의 咨에 대해 봉천성장은 수리국의 수리세 징수는 공사시행여부와 관계없이 稻田業主에게 청구한 국유 하천 이용에 대한 비용이라[87]고 하면서 수리시설의 수축여부와 관계없이 수리세 징수를 의무화시켰다.

봉천수리국은 세금징수를 위해 여러 조치를 취해 가며 철저한 조사측량을 하였고 奉天票[88]의 하락을 구실로 수리세를 대폭 올리기도 하였다. 해성현에서 수리세로 1天地에 봉표 13元 징수하였던 것이 봉표 하락을 이유로 1927년에는 60원이나 징수하였다.[89] 그 당시 수리세를 내지 않거나 적게 내기 위해 수전 면적 신고를 도피하거나 은닉하는 현상이 많았으며 심지어 수전을 밭으로 바꾸는 현상도 일어났다.

1929년 발표한 ≪遼寧農鑛廳科罰隱匿稻田暫行章程≫ 제2조에서는

---

85) 遼寧省檔案館資料 JC10-2227
86) 野間淸, 1932 <奉天省租稅制度> ≪滿鐵調査月報≫ 제12권 제9호 19쪽
87) 遼寧省檔案館資料 JC10-2227
88) 1905년 11월 奉天官銀號 설치 전후, 大淸銀行奉天分行, 交通銀行奉天分行 등 은행이 설립되었고 각자 지폐를 발행하였는데 이것들을 봉천성표라 통칭하였다. 장작림이 1916년 4월 봉천에서 권력을 잡기전 지배적인 화폐는 소양표였다. 소양표는 지방은행들이 발행하였고 小洋銀으로 兌換되었다. 그후 1917년 12월에 동삼성은행은 봉천표와 다른 종류의 새로운 貨幣匯兌券를 발행하였다. 1919년 봉계군벌의 만주통치지배 확립과 경제호황에 힘입어 匯兌票는 만철부속지와 관동주를 제외한 남만주에서의 지배적인 通貨가 되었다. 1925년 후반부터 화폐가치가 크게 떨어지기 시작하였는데 1928년 장작림이 관동군에 의해 암살된 후 장학량은 1929년 5월 現大洋票를 발행하여 이를 교체하였다. 1920년에는 100元 奉天票에 日本金票 100圓을 바꾸었지만 1921년에는 71.9圓, 1926년에는 27.8원, 1929년에는 1.76원 밖에 바꿀 수 없었다. ≪滿蒙資源要覽≫ 193쪽
89) 오세창, 1970 <재만한인의 사회적 실태-중국의 대한인정책을 중심으로> ≪백산학보≫ 9 154쪽

稻田을 은닉한 자에 대해서는 은닉면적에 따라 수리세를 완납하게 할 뿐만 아니라 납부한 수리세의 2배 이상, 10배 이하의 벌금을 징수케 하고 벌금의 6할을 公家의 것으로, 4할을 장려에 쓰도록 하였다. 만약 타인의 고발에 의해 발각되면 고발자에게 장려금을 절반 준다[90]고 규정하였다. 이와 같은 은닉방지조치에도 불구하고 수전 은닉현상은 여전하였다.

수리세 징수과정에서 각 수리국, 분국의 폐단은 엄중하였다. 이와 같은 부패현상을 방지하기 위해 1929년 ≪遼寧農鑛廳科罰隱匿稻田暫行章程≫을[91] 발표하였지만 그 폐단은 줄어들지 않았다. 수리세는 지주만 납부하도록 되어 있지만 실제로 조선인 소작농민에게 전가하는 경우가 많았고 수리국, 수리분국의 관원이 춘계에 수전면적을 조사할 때 갖은 행패를 부렸으므로 이민들은 그들을 범처럼 두려워하였다.[92] 이는 수전사업의 진일보 발전을 저해하는 장해요인이었다.

만주 벼농사에서 가장 어려운 문제는 수리시설의 不備와 수리에 대한 無統制이었다. 여기에 일제의 沮害까지 가해져 관리통제하기가 더욱 어려웠다. 봉천성 소재지 봉천 小北邊門 밖의 남만철로 대교 이북, 수리국 河道서쪽에 있는 일본인 榊原農場은 수리국 河道에 둑을 쌓았고, 北陵 앞 木橋 서쪽의

90) 遼寧省檔案館資料 JC10-7584
91) 1929년에 발포한 ≪遼寧農鑛廳科罰隱匿稻田暫行章程≫ 제3조에 의하면 벌금을 부과할 때는 벌금영수증을 주어야 하고 벌금 받은 자와 그 촌의 正副 등은 結押을 내어 이를 확증해야 한다. 제5조에 의하면 도전업주에 대한 처벌은 공평해야 하고 뇌물을 받거나 기타 위법행위가 있어서는 안된다. 위법행위가 탄로되거나 피고에 의해 신고되면 법에 의해 엄중히 다스린다고 규정하였다. 1929년 10월 동북정무위원회는 훈령을 반포하여 각 현의 수리국을 실업국으로 만들고 성 농광청에서 수리세를 정돈하고 부정부패문제를 처리하도록 하였다.
92) 1929년 봉천성 안동현 제4구 구장 郝昌德의 보고에 '屆納捐完稅之期, 則動其官僚手段, 百般苛索。尤其每當春耕之期, 派員赴村調査稻田畝數, 大肆敲詐, 盡力削剝, 視爲發財之捷徑, … 局員, 河巡等一到鄕村, 食必酒肉, 乘必馬車, 非云甲地之多, 卽曰乙地有余, 威嚇重丈, 治以偸漏水利之罪。移民畏之如虎。… 近來水田改旱田者正多, 雖因天旱所致, 而畏水利局之害者, 亦居大牛'이라 하였다.

일본인 萩原농장은 수리국 河道에 나무판의 水閘을 설치하여 1년 내내 열지 않았다. 다만 물량이 매우 많을 때만 둑 위의 草袋을 한층 혹은 2층을 철거하거나 水閘의 나무판자 4~5개를 철거하는 정도라서 하류에 있는 수전의 用水를 더욱 어렵게 만들었다.[93]

봉천 서쪽 陳家南荒에 있던 일본인 西宮農場, 진가황의 일본인 小寺農場은 방수하기 전에 미리 하천을 막아 그들 두 농장에 벼를 다 심지 않으면 하류에서 물을 댈 수 없었다. 이에 대해 수리국은 派員하여 여러 차례 교섭했지만 시종 둑을 철거하지 않았다. 또한 이들 일본인 4개 농장은 모두 수리세를 내지 않았다. 1921년 5월 15일 일본영사관은 심지어 수리국에 직접 임원을 파견하여 감시하며 수리사업을 직접 간섭하기까지 하여 중국주권을 크게 손상시켰다. 이 사건 발생 후 봉천성은 수리국을 철거하고 ≪奉天淸丈局兼管水利局暫行章程≫에 따라 청장국이 수리행정기관으로 農田水利事業을 관장하도록 하고(수리는 1925년 8월에 실업청에 소속됨) 省公署에 직속시켰다.[94]

길림성은 봉천성보다 늦게 수전이 개발되었고 오랜 기간 전문적인 수리관리기구 없이 수리비도 징수하지 않았다. 초기에는 吉林省 淸理田賦局에서 수전 적합지의 조사, 불하 및 田賦徵收事務, 수리사무를 책임졌고 省 실업청에서 수리권장과 수전개발사무를 책임졌다. 1928년부터 길림성의 수리사무는 따로 成案이 있는 것만 종전과 같이 淸理田賦局에서 처리하였고 그 밖의 것은 모두 실업청에서 책임지고 처리하였다.[95] 1929년에 이르러서야 건설청에서 수전에 대해 '수리보호비'를 징수하였다.

길림성 정부는 1929년 7월 17일 지령 제6395호로 ≪吉林省政府建設廳

---

93) 遼寧省檔案館, JC10-2227
94) 위와 같음
95) 吉林省檔案館資料 吉林省政府實業廳 L16 J111-02-0905; 延邊檔案館 和龍縣公署 39-3-671

管理稻田水利暫行章程≫을 발포하였는데 여기에서 수리보호비납부에 관해 다음과 같이 규정하였다. 해마다 3월에서 5월까지의 납부기간에 각 현정부가 대신 징수하며 각 현의 수리관리비는 잠시 수리보호비 수입의 100분의 10으로써 충당하고 수전 1무에 吉大洋 10전씩 징수한다는 것이었다. 그리고 만약 납부기한을 1달 연체하면 벌금으로 1할, 두 달 연체하면 2할, 3개월은 3할의 벌금을 추가 납부하도록 하였다.[96] 이와 같이 길림성은 봉천성과 달리 수리기구를 따로 설치하지 않고 현정부가 수리세를 징수하도록 하였다. 길림성도 봉천성과 같이 수리세 징수실적이 역시 좋지 않았다. 길림성 건설청이 1930년 6월에 내린 명령에서는 1930년도의 수리보호비 징수 마지막 기한 넘어서도 납부자가 적었고 永吉, 楡樹, 寧安, 琿春, 敦化, 富錦, 和龍, 濛江 등 현은 1929년도의 보호비를 8월, 9월, 10월로 미루어 징수하여도 납부 상황이 좋지 않으므로 1930년도의 보호비는 납부기간을 6월 1일에서 7월말까지 2개월 연장해 납부하도록 하였다.[97]

중국인 각 마을에서는 조선인 이민을 침략에 이용하려는 일제에 대처해야 한다는 의식 못지 않게, 조선인의 入村을 그들의 평온한 생활을 깨뜨리는 '위협'요소로 간주해 조선인 이민의 입주에 대해 거부감이 있었다. 거기에다 조선인 이민은 대부분 벼농사에 종사하기 위해 수로를 내어 물까지 끌어들이기 때문에 그들의 생존기반인 밭농사를 망칠 우려가 많았으므로 벼농사 과정에서 양국인민간의 분쟁도 적지 않게 발생하였다. 만주당국이 용수와 水渠 占用地에 대해 명확한 기준을 정해 관리하고 개입한 것은 벼농사하는 조선이민의 수리에 대해 규제를 가한 측면이 있긴 하지만, 한편으로는 중국인과의 분쟁을 완화시켜 결과적으로 만주 벼농사 발달에 유리한 요소로 작용하기도

---

96) 吉林省檔案館資料 ≪吉林省政府建設廳管理稻田水利暫行章程≫ 吉林省政府 L12 1-13 0101-20-0627
97) 延邊檔案館 和龍縣公署 39-3-671

하였다.

봉천성정부는 1923년 ≪管理用水規則≫[98]을 반포하여 용수에 대해 자세한 관리규칙을 정하여 시행의 준칙으로 삼았다. 그 내용을 보자면,

> 제1조, 제6조: 벼농사에 종사하는 자는 春季에 수리국에 신고, 등록하여 用水허가신청을 받아야 하고 새로 수전을 조성하는데 引水溝를 따로 내야 할 경우 방수기 3개월 전에 국에 보고하여 허가를 받아야 한다.
> 제2조: 용수는 반드시 자연적인 흐름에 맡기고 하천을 橫領하여 수위를 높이거나 제방을 쌓아 水流를 막고 공익을 방해해서는 안 된다.
> 제3조: 만약 수전 지세가 비교적 높아 물이 자연스럽게 유입되지 않을 경우에는 본 국에 신청하여 심사를 거쳐 임시 水閘을 설치하여 이익의 均霑을 도모할 수 있다.
> 제4~5조: 방수는 지방관습에 따라 매년 舊曆 3월로 하고 수전 농호는 방수 전에 溝渠정리를 끝내야 한다.
> 제7조: 만약 본 규칙 제2조를 위반한 경우 둑을 허물고 지주에게 상당한 처분을 내린다.

라고 규정함으로써 수전관개용수에 대한 정부의 관리를 강화하였다.

그리고 지주들이 水渠占用地를 奇貨로 여기고 그곳 用地에 대해 마음대로 임대료와 대금을 청구하며 수전발전을 저해하는 현상을 방지하기 위하여 봉천성에서는 1923년에 溝渠가 타인 소유의 토지를 경과할 경우 반드시 준수해야 할 규칙인 ≪河道用地規則≫을 반포하였다.[99] 그 주요 내용을 살펴보면,

> 제2조, 제3조: 水渠用地 지가를 5등급으로 나눈다. 상등 園地에 대해서는

---

98) 吉林省檔案館資料 吉林省政府實業廳 L16 J111-02-0905
99) 吉林省檔案館資料 吉林省政府實業廳 L16 J111-02-0905; 1922년 3월 31일 開原縣 지사 文光은 개원현 경내의 ≪河道用地規則≫을 開原縣公署布告로 발포하였다. 開原縣公署 3390

1무에 小洋 80원, 上等地는 1무에 소양 60원, 中等地는 1무에 소양 30원, 下等地는 1무에 소양 25원, 民荒은 1무에 小洋 10원으로 劃定하여 수매하도록 한다. 그리고 토지의 비옥정도에 따라 시가로 계산할 수도 있으며 무덤을 移葬해야 할 경우 移葬費로 小洋 15원을 내야 한다.

라고 규정하였다. 이렇게 수거점용지에 대한 수매기준을 정해 통제함으로써 이주 조선인에 의한 수전 개발에서 제일 큰 걸림돌인 河道用地를 둘러싼 분쟁을 줄여 수전면적의 확대를 추진하였다.

봉천성장은 1922년 6월 10일에 懷德縣에서 李善果, 張祖堯 등이 旱田 경작방해 등을 이유로 수리공사진행을 저지한다는 呈에 대해 소수 旱田을 희생시켜 큰 규모의 수전을 개척할 수 있다면 수리공사를 계속 행하라고 명령을 내렸다.[100] 여기에서 봉천성장의 벼농사 권장에 대한 확고한 의지를 엿볼 수 있다.

길림성은 1929년의 《吉林省政府建設廳管理稻田水利暫行章程》이 제정되기 전까지 수전에 관해 특별한 규정이 없었기 때문에 벼농사가 발달한 현들에서 자체로 수리규칙을 정해 성공서의 허가를 받고 수리에 대한 관리를 강화하였던 것이다. 이들 현에서는 旱田지주가 溝渠 점용지를 奇貨로 고의로 高價의 租借料를 요구하거나 혹은 임대를 약속한 후 그 다음해에 해약하거나, 먼저 낮은 임대료로 대여한 후 임의로 증액해 분규를 일으키는 등 수전 경작에서 자주 일어나는 水渠占用地 분쟁 해결에 중점을 두었다.

아래에서 우선 延吉縣, 楡樹縣의 수리규칙을 살펴본 후 《吉林省政府建設廳管理稻田水利暫行章程》의 규정을 살피면서 길림성당국의 수리정책의 진행과정을 알아보도록 하겠다.

연길현에서는 1919년 《修正延吉縣播種水稻暫行規則》[101]을 제정하

---

100) 遼寧省檔案館資料 JC10-2227
101) 延邊檔案館 汪淸縣公署 32-7-542

였다. 이 규칙에서는 水渠占用地의 임대, 賣價에 대해 자세히 규정하여 실제 집행에서 따를 수 있도록 함으로서 지주의 자의적 가격 매김을 制止하였다. 그 주요 내용은 다음과 같다.

제3~5조, 제13조: 만약 벼농사하기 위해 물도랑을 낼 경우, 그 경과지가 官地라면 신청하여 조차할 수 있고 임대료를 내지 않아도 된다. 그러나 이것을 구실로 토지를 侵占하거나 왕래 통행의 도로를 파괴해서는 안 된다.

만약 물도랑 점용지가 民有地라면 稻戶가 지주와 상의해 그 토지를 借用할 수 있는데 지가는 上等地 수입을 기준으로 각 稻作농호가 면적크기에 따라 환산해 지불하도록 하고 임대료에 해당된 양곡은 시가로 계산하여 현금으로 지불한다.

만약 지주가 고의적으로 이 규정을 어겨 稻戶가 현 공서에 신고하면 지주는 처벌 받는다. 처벌 받은 후에도 계속 저해할 경우, 그 지주는 이로 인해 발생된 모든 손해를 배상하여야 하며 형사범위에 들어가면 법에 따라 처벌된다.

만약 水渠점용지를 임대해준 지주가 벼농사를 하게 되면 각 稻作농호의 동의를 거쳐 그들과 똑같이 임대료를 부담해야 한다. 하지만 溝渠 파는 비용은 납부하지 않아도 된다.

이와 같은 계약을 맺은 후 3일 내에 계약서를 반드시 현 공서에 제출하여 備案하여야 한다.

제11~12조: 지주가 만약 수거점용지를 매각할 의사가 있으면 상등 토지의 시가로 계산해 각 농호가 수전면적에 따라 부담하며 公共用水地로 취급하도록 한다. 매매계약서 한 부는 현 공서에 제출해 둔다.

제15조: 水渠占用地가 만약 學田[102]이라면 대체로 民有地와 같은 기준으로 임대료를 내거나 매수할 수 있다.

연길현은 위와 같은 水渠占用地에 대한 자세한 규정을 통해 현 정부의 수리에 대한 관리를 강화함으로써 수전경작으로 인한 분쟁의 발생을 예방하고

---

102) 學田이란 그 토지에서 징수되는 소작료를 官學, 公學, 史學 등의 비용으로 충당되는 公有地를 칭한다. 학전은 省 소유의 것, 현 소유의 것으로 나누기도 하지만 대부분은 현 소유이었다. 각 현은 현 내의 교육을 장려하기 위해 대부분 학전을 경영하였다. 滿洲事情案內所, 《滿洲の土地事情》 1940 25쪽

수전 면적의 확대를 도모하였다.

楡樹縣지사 리위청(厲維城)은 1927년 4월 15일 ≪楡樹縣實業局倡辦水田簡章≫을 제정하였는데 이 簡章에서는 水渠가 타인의 토지를 지날 경우에는 대가를 지불해야 하고 지주도 과다한 요구를 제기하여 벼농사에 지장 주는 일이 없도록 하며 상류에서 물을 독점하여 하류 벼농사에 지장을 주어서는 안되며 봉천수리국장정에서 정한 里數에 따라 水道를 開鑿하고 먼저 시작한 수전업주에게 우선권을 주어 보호한다는 원칙을 정하였다.[103]

길림성 정부는 길림성 각 현의 수리정책과 그 시행효과 및 봉천성 수리정책을 참작해, 뒤늦게 1929년 7월 17일 지령 제6395호로 ≪吉林省政府建設廳管理稻田水利暫行章程≫[104]을 제정하였다. 그 주요 내용을 살펴본다면 다음과 같다.

제12~13조: 새로 수전을 만들어 水渠를 파야 할 경우, 用水期 3개월 전에 현정부에 보고한다. 溝渠占用地 買受는 반드시 현정부의 매수 확인을 거쳐 기타에 방해가 없음이 확인된 후에야 開鑿할 수 있다.
제14조: 각지의 하천유역이나 우물로 경작하는 수전은 먼저 현에 신고한 자가 우선권을 갖는다. 만약 동시에 신청했으면 먼저 경작한 자에게 우선권을 부여하고 만약 동시에 파종했으면 상류에 있는 도전업자에게 우선권을 준다.
제15조: 반드시 公家가 해야 할 수리공사는 현정부가 건설청에 呈을 올려 허락을 받은 후 실행한다.

이 장정에서는 벼농사를 먼저 시작한 자에게 우선권을 부여하는 등 수리에 관한 규칙을 확정함으로써 길림성정부의 수리관리강도를 높여 전 省 범위 내에서의 수전면적의 확대를 지향하였다.

---

103) 吉林省檔案館資料 吉林省政府實業廳 L16 J111-02-0904
104) 吉林省檔案館資料 ≪吉林省政府建設廳管理稻田水利暫行章程≫ 吉林省政府 L121 -13 0101-20-0627

위 장정이 반포된 후 이듬해 1930년에는 수리에 대한 통제를 한층 더 강화하기 위해 길림성 행정회의는 건설청에서 제기한 ≪整理稻田現有溝渠案≫을 통과시켰다. 이 案의 내용을 보자면 도전수리장정 제13조의 규정에 따라 물도랑이 반드시 民有地를 지나야 할 경우 관할 현정부에 신청해 收買하며 그 가격은 각 현 상황에 따라 촌장부가 공정한 가격을 정하며 보통 旱田 최고 지가의 1배를 넘어서는 안 된다고 규정하였다. 그리고 부주의로 다른 한전에 손실을 끼칠 때에는 상당한 배상을 해야 하며 水渠占用地에 대해 도전업자와 지주 쌍방이 계약을 맺은 후에 지주는 구실을 대어 가격을 올리지 못한다고 하였다. 분쟁이 발생하면 廳에 보고해 조사하도록 하고 새로 稻田을 개간하기 위해 占用되는 水渠用地 요청에 대해 한전지주는 거부하지 못한다고[105] 규정하였다. 水渠占有地에 대해 최고지가를 정해 놓고 지주가 수거점용요구를 거부하지 못한다는 규정은 정부의 수리관리를 한층 더 강화함으로써 開畓을 위해 원활한 길을 열어놓았다.

이 ≪整理稻田現有溝渠案≫은 만주사변을 1년 앞두고 제정하여 그대로 관철 집행할 수 있는 시간적 여유가 별로 없어 실제 효과는 크게 기대할 수 없었다. 그러나 그 당시 길림성 정부의 수전발전을 촉진하려는 강한 의지를 충분히 엿볼 수 있다.

五常縣 小山子 수전농장의 예를 들자면, 1930년 조선인 朴義永이 10명의 중국인 지주 중 趙씨 한 명의 반대로 水渠작업을 하지 못하고 있다고 오상현 현장에게 고소하였더니 현장 한칭윈(韓慶雲)은 이런 유망사업에 지장주어서는 안 된다며 만약 계속 반대하면 처벌하겠다고 훈시를 내려 마침내 공사를 추진할 수가 있었다.[106] 이와 같은 만주관헌의 수리관리 강화를 통한 벼농사 권장정책에 힘입어 조선인 이민에 의한 수전 개발은 급속히 발전할

---

105) 延邊檔案館 敦化縣政府 51-3-543
106) ≪北滿鮮人農村槪況≫ ≪パンフレット≫ 제142호 1930 10쪽

수 있었다.

앞서 서술한 것과 같이 만주당국은 수리관리기구를 정립해 수리세를 징수하였고 水渠占用地에 관한 규정을 정하는 등 수리권장과 관리를 강화하는 동시에 재해가 잦은 수전에 대해 수리세를 면제해 주는 조치를 취하기도 하였다. 1928년 봉천성의 ≪勘報稻田災歉辦法≫에 따르면 각 현 수전의 피해 면적에 따라 수리세를 면제해 주는데 減收가 9분 이상이면 수리세 10분의 8을 면제해 주고 7분 이상이면 수리세 10분의 4, 피해가 5분 이상이면 10분의 2를 면제해 준다고 규정하였다. 그러나 허위 피해신고에 대해서는 3배의 벌금을 징수하고 관할 국장에게도 은닉의 과오를 추궁한다고 하였다. 수리세가 면제된 수전은 이듬해에는 원래 면적대로 파종해야 하고 구실을 대어 다른 작물을 심어서는 안되며 이를 위반하면 수리세를 추가 납부케 하고 엄하게 처벌한다고 규정하였다.107) 이와 같은 조치를 통해 봉천정부는 어느 정도 수전면적을 확보하고 늘리려 하였다. 하지만 재해로 인한 면제 폭이 워낙 적고 수전 은닉자가 많았기 때문에 이 방법은 별로 큰 효력이 없었다.

1929년에 봉천성 정부는 ≪興辦水利防禦水災獎勵條例≫를 公布하여 수리공사사업에 대해 직접적 보조와 장려시책까지 강구하였다. 이 조례에 따르면 수리사업으로 인한 이해관계가 2현 이상에 걸치고 공사비가 5萬元을 초과하면 公定金額의 10분의 3을 보조금으로 지불하고, 수리공사사업이 한 개 현에 限하지만 그 利害관계가 2개 현 이상에 달하고 공사비가 만원을 초과하면 수리공사비 10분의 2를 보조해 주며, 수리사업이 그 지역에 대한 영향이 크고 공사비가 5000원을 초과하면 공사비 10분의 1을 보조해 준다고 규정하였다. 이 조례에서는 또 수리공사비 부족자금을 대여해 준다고도 규정하였는데 관개면적이 50平方里 이상이 되고 공사비가 만원을 초과하면 수리공사비 부족자금 대여액은 총 소요비용의 절반을 초과하지 않으며 면적이

---

107) 遼寧省檔案館資料 JC10-7585

30평방리 이상이 되고 공사비가 5000원을 초과하면 대여금은 10분의 3을 초과하지 않으며 면적이 10평방리 이상 공사비가 3000원을 초과하면 대여금은 10분의 2를 초과하지 않는다고 규정하였다.[108] 이상의 직접적인 수리공사 사업에 대한 장려는 2년 후 만주사변이 일어남으로써 큰 효과를 얻지는 못하였지만 만주당국의 수리장려에 대한 강한 의지를 볼 수 있다.

2. '만몽조약(1915) 후 조선인 이민의 벼농사여건 악화와 그 실태

1) 일제의 만주침략과 조선인 이용

일제는 만주지역을 중국대륙 침략의 교두보이자 핵심으로 간주하였다. 1927년 7월 25일 내각총리대신 田中義一이 천황에게 제출한 '上奏文'에서는 '지나를 정복하려면 먼저 만몽을 정복해야 하고 세계를 정복하려면 반드시 지나를 먼저 정복해야 한다'고 하면서 '조선이민의 장려 및 보호정책'조목에서는 '조선인 이민은 일본인 이민을 위해 만몽 처녀지를 개척하여 일본인 이민의 진출에 편리를 도모할 수 있으므로 각지의 신용합작사, 은행, 동척회사, 만철공사 등은 중국국적을 가진 조선인들에게 자금을 융자해 주어야 하고 그들에 대한 '보호' 및 통제를 강화함으로써 빈곤한 조선인 이민의 공산주의 운동으로의 전환을 방지하고 그들이 개간한 만몽의 수전을 收買하여 경제침입의 사령탑으로 만들고 식량을 증산하여 일제침략전쟁의 경제기초를 마련해야 한다'는 내용을 강조하였다.[109]

러일전쟁 승리한 후 2년 간 일본 국내에서는 滿韓을 한데 묶어 '滿韓經營'

---

108) 沈陽市人民政府地方志辦公室, ≪沈陽市志≫ 제8권 農業 1998 393쪽
109) <田中義一'上奏文'> 1927년 7월 25일 역사연구회, ≪太平洋戰爭史≫(1) 1953년 250-251쪽

이란 4자가 신문 잡지나 연설, 담화 어디에서나 보이는 유행어[110]가 되어 만주와 조선에 대한 침략야심을 그대로 드러냈다. 제1차 세계대전이 발발한 1914년 일본은 산동에 출병하였고 1915년 황제가 되고자 하는 원세개에게 '二十一個條'를 강요하여 5월 25일에 ≪남만주 및 동부내몽고에 관한 조약과 교환공문≫(이하 '만몽조약'으로 줄임)을 체결하였다. 그 내용의 일부를 보면 다음과 같다.

　　제2조: 일본국 신민은 남만주에서 각종 상공업을 하기 위해 건물을 건축하거나 또는 농업경영을 하기 위해 필요한 토지를 商租할 수 있다.
　　제4조: 일본국 신민은 동부 내몽고에서 중국 국민과 합작하여 농업과 공업을 경영할 때 중국정부는 이를 승인한다[111]

이 조약을 통해 일본은 남만주에서 토지를 상조하고 동부내몽고[112]에서 중국인과 합작하여 농업에 종사할 수 있는 권리를 얻어냈다. 그러나 만주지역에 거주한 일본인은 1910년에는 76,333명, 1920년 160,062명, 1927년은 185,199명으로 1920년대 중반을 넘어서서도 20만명에 미달하였다.[113] 게다가 그들 중 50% 이상이 관동주 조차지에 거주하였고 약 43.6%가 남만주철도 부속지대에 한정되어 거주하고 있었다.[114] 그리하여 일본인의 생명재산을 보

---

110) 권태억, 1994 <통감부 설치기 일제의 조선 근대화론> ≪국사관논총≫ 제53집 226-227쪽
111) 제3조: 일본국 신민은 남만주에서 자유로이 거주 왕래하며 각종 상공업 및 기타 업무에 종사할 수 있다. 일본외무성편, 1965 ≪日本外務年表並主要文書≫ 상 原書房 406-407쪽
112) 동부 내몽고의 범위는 중국 동북의 서남지역을 가리키는데 서북쪽은 대사막으로 외몽고에 접하고 남쪽은 長城을 사이에 두고 중국관내와 잇닿았고 서쪽은 내몽고 東四盟에 이르렀다. 그 면적은 약 3만여方里에 달하였다. 秋憲樹, 1975 ≪資料 韓國獨立運動≫4(上) 연세대학출판사 1144쪽
113) 이 후 만주에 거주하였던 일본인은 1928년 192,833명, 1929년 203,002명, 1931년은 233,320명이 되었다. ≪滿蒙年鑑≫ 1931 22-23쪽
114) 李動求, 앞의 책 86쪽

호한다는 명목을 내세워 만주에 침략세력을 확장하는데 큰 한계가 있었다.

만주에 거주하는 일본인의 수가 적고 거주 지역 또한 제한되어 있는데에 반해 조선인 이민은 만주 전역에 널리 분포되었다. 일제는 만주 각지에 널리 분포된 조선인을 침략세력 확장에 이용하려는 의도를 갖고 조선인도 일본제국의 '신민'이라며 그들을 '보호'한다는 명목을 내세워 영사재판권을 주장하였다.

일본영사관의[115] 활동범위는 원칙적으로 상부지에 국한되어 있었지만 조선인이 부락을 형성하면 일제는 신민을 '보호'한다는 구실 하에 만철부속지 밖에도 일본영사관, 영사관경찰, 관동군을[116] 파견하였다. 중국당국은 조선인 이민들의 중국국적 입적을 추진하기도 하였지만 일제는 일본인의 국적이탈을[117] 허용하는 일본국적법은 조선인에게 적용되지 않는다며 중국 국적취득 여부와 관계없이 일본신민으로 취급하였다.

일제는 만주침략에 조선인을 이용하기 위해 조선인의 만주이주를 부추겼다. 조선총독부의 시책을 대변하는 한글 신문인 ≪매일신보≫에서는 1915년 6월 초부터 7월까지 제1면에 <동몽의 진상>, <경제적으로 본 동몽고>라는 칼럼을 시리즈로 연속 게재하면서, 동몽고의 풍부한 자연자원을 포괄한 여러

---

115) 만주사변전후 일본총영사관은 哈爾濱, 길림, 간도, 봉천 4곳에 있었고 영사관은 齊齊哈爾, 장춘, 안동, 철령, 정가둔, 遼陽, 牛庄, 만주리 8곳에 있었고 그 외 영사관 분관은 신민부(봉천영사관관내), 통화, 해룡, 拘鹿(철령영사관관내), 琿春, 백초구, 국자가, 두도구(간도총영사관관내)에 있었다. ≪滿洲移民關係資料集成≫ 제13권 제2부문 312쪽

116) 일제의 만주통제는 관동청, 관동군사령부, 만철, 그리고 영사관 이른바 4두 정치이었다. 1906년 여순에 관동도독부가 설치되었고 군정과 민정 2개 부로 나뉘었다. 1919년에 관동청으로 개칭되었고 관동군사령부를 따로 설치하였다. 大藏省管理局, 1985 ≪日本人の海外活動に關する歷史的調査≫ 通卷 제22책 滿洲編 제1분책(영인본, 고려서점) 50-52쪽

117) 일본국적법은 1899년 3월 공포된 후 1916년 3월, 1924년 7월의 2차례 수정을 거쳐 1924년 12월 1일에 시행되었는데 외국국적을 취득한 자는 일본국적을 상실한다고 규정하였다.

측면을 자세히 소개하였다. ≪만몽조약≫ 체결 후에는 1915년 11월 27일자, 28일자, 30일자, 12월 1일자, 2일자로 <남만의 조선인>이란 제목으로 연속 보도하면서 조선인의 만주 이주를 부채질하였다. 또한 일본영사관 영사, 총영 사에 '총독부사무관'을 兼務시켰고 총독부 파견원을 상주시켜 정보를 수집하 는 등 간접통치방식을 적극적으로 추진하였다.

1923년 7월 9일 안동현 지사가 봉천성장에게 올린 呈에 의하면, 1915년 '만몽조약' 체결 후 조선인이 안동에서 수전을 개간하는 자가 더 많아졌는데 중국인은 이익을 탐내 상조 절차에 따르지 않고 사사로이 이주 조선인에게 토지를 대여하여 수전을 경작시킨다. 일본은 이들 이주 조선인을 보호한다는 명목으로 안동현만 하여도 상부지 밖에 일본경찰분소를 3곳이나 설치하였다. 이에 대해 현정부가 여러 차례 교섭하였지만 철회하지 않는다고[118] 보고하였 다. 이렇게 중국측에서 보면 조선인은 일본과의 외교마찰을 불러 일으켜 일본 에게 간섭의 구실을 주는 존재로까지 인식되었다.

일제는 만몽에서 토지소유권을 획득하여 침략기지로 확장하기 위해 일찍이 1896년 7월 청과 ≪日淸通商航海條約≫을 체결하여 얻은 商埠地[119]내에 서 임차권을 남용하였고 상부지 밖에서는 중국인 명의를 빌려 편법으로 토지 를 구입하여 토지소유권 확보에 전력을 기울였다. 러일전쟁 직후 성립한 일제 의 국책회사인 만철은[120] 원칙상 직접 조선인 이민사업에 참여하지 않았지만

---

118) 遼寧省檔案館資料 JC10-7576
119) 商埠地는 租界地와 달리 중국지방당국이 상부지 내의 치안과 관리를 책임졌다.
120) 만철은(全稱은 남만주철도주식회사이다.) 1906년 11월에 兒玉源太郎, 後藤新平 등 80여명의 일본 군벌, 관료, 재벌 등이 일본정부의 지령에 따라 대련에서 성 립한 것인데 명목상 남만철로를 경영한다고 하였지만 사실상 일본의 침략국책 을 집행하는 특수기관이었고 중국을 침략하는 대본영이었다. 만철은 일본정부 외무성 산하에 속했고 만철총재는 관동도독부의 고문을 겸하였으며 관동도독부 의 민정장관은 만철의 부총재를 겸하였다. 만철은 만주의 정치, 경제, 문화 각 영역에 모두 침투하였다. 만철 '부속지'는 '식민제국'이나 다름없어 일제는 그 곳에서 행정, 사법, 징세, 경찰권까지 행사하였다.

조선인 이민을 고용하여 수전경영하는 일본농장주의 수전구매를 지지하였다. 1912년 3월 30일 만철이사회에서는 수전의 유망성을 감안해 부속지 내 수전을 경영하는 일본농호에 대해 금융상의 원조를 주고 관개용 우물을 파거나 正金銀行의 대부금액의 절반에 대해 보증을 서 주기도 하였다. 만철은 1913년 4월 23일 봉천의 勝弘正次郞에게 이자 1년에 8리, 5년 후 본금과 이자를 납부하는 조건으로 수전 典契자본으로 5만 日圓을 대부해 주었다. 勝弘正次郞은 이 자금으로 蘇秀峰, 信友堂, 三多堂의 명의로 토지를 10,808무 구매하여 勝弘農場을 설립했다. 10월 9일에는 봉천 西宮房次郞에게 이자 8리로, 1922년 12월에 본금과 이자를 완납해야 한다는 조건으로 수전구매자금 102,972.12日元을 대부해 주었는데 西宮는 왕보팅(王寶亭), 왕잉뚸(王英多), 후씨껑(胡錫庚), 짱쯔잉(張之英) 등의 이름으로 대석교, 영구 등지의 1097天地를 收買하거나 典權[121]을 가졌다. 그 중 수전은 심양현 오가황, 南陳家荒에 있었다.[122] 그리고 津久居平吉에게는 1만 9923日元, 原口新吉에게는 5만 4860日元, 旱間正志에게는 18만 1487日元을 각각 대부해 각자 신민현 孫家套, 신민현 서공태보자, 동몽고 通遼鎭 哈拉火燒에서 한전, 수전, 황무지를 사들이게 하였다.[123]

---

121) 典이라는 것은 중국특유의 物權으로 토지소유자가 타인부터 일정한 金錢을 融通받은 대가로 자기소유의 토지를 상대방에게 제공하여 사용하도록 하는 것이다. 융통받은 금액을 환금하지 않는 한, 기한이 만료되었다 할지라도 계속 경작할 수 있었다. 典主는 토지소유주에 대해 典價의 반환을 영구히 청구할 수 없으며 典地는 보통 10년을 기한으로 하였다. 그리고 보통 30년이란 기한이 지나면 典主는 소유주로 更名할 수 있으며 원래 소유주가 토지를 다시는 되돌려 받을 수 없는 경우가 있었다. 典主가 만약 돈이 필요하다면 轉典에 의해 금전을 융통할 수밖에 없었다. 소유주가 아닌 典主가 그 지세 및 일체 公費를 부담해야 하였다. <奉天省の土地制度と地稅制度> 1932 ≪滿鐵調査月報≫ 제12권 제6호 95쪽
122) 만철문서: 乙, 1927년 흥업 농무 대부자금 제27책 2 제4호; 蘇崇民, ≪滿鐵史≫ 1990 中華書局 307-308쪽
123) 위의 책, 308쪽

일본인들은 정책회사의 자금지원을 받아가며 사실상의 토지소유권을 인정받기 위해 각종 편법, 비합법적 수단을 동원하여 토지약탈을 자행하였다. 그 중 가장 흔한 방법은 신용 있는 중국인 혹은 귀화 조선인의 명의를 빌려 상조 혹은 합판계약을 맺고 토지증서는 출자자인 일본인이 소지하고 출자자와 소유권 명의인 사이에 담보권 계약을 맺는 것이었다. 이를 더 확실히 하기 위해 일본영사관의 상조권 인정을 받아 토지경영의 실권을 갖고 투자자금을 회수하였다. 早間農場의 경우, 早間正志는 1915년 8월 중국인과 합판계약을 체결하였는데 중국인은 단지 명의인 뿐이었다. 早間은 그곳이 남만주지역인지 동부내몽고지역인지가 명확치 않았기 때문에 1920년 명의인과 다시 기한 30개년의 상조계약을 체결하여 이중계약서를 확보하기까지 하였다.[124]

그 외에 일본인들은 상조권 형식이 아닌 還退할 수 없을 정도의 과다한 금액을 기입한 저당문기작성, 저당문기와 방매문기의 이중작성, 토지소유주와 명의인이 임차권 또는 永小作權[125], 典權 같은 것을 통해 토지소유권을 획득하려 하였다.

1917년부터 만주에 진출해 봉천, 대련, 하얼빈, 용정(간도구제회[126]) 등 여러 곳에 分公司를 설립한 동양척식회사는 토지획득에 목적을 두고 부동산금융을 경영하였다. 회사는 중국인 지주나 귀화한 조선인 이민에게 저리의 영농자금을 대부해 부채를 갚지 못할 때 담보물인 토지를 몰수하였다.

동양척식회사의 토지금융대부는 중국인보다 조선인을 우선시하였고 나중

124) 淺田喬二, 1968 ≪日本帝國主義と舊植民地地主制≫ 동경 龍溪書舍 221쪽
125) 소작인이 해마다 일정량의 소작료를 지주에게 납부하는 조건으로 영구히 토지를 사용할 수 있으므로 거의 소유권과 다름이 없었다. 이 소작형태는 官有地, 公有地, 王公莊田 및 蒙地에서 많이 이용하였다.
126) 龍井村의 화재복구를 위해 통감부로부터 2만 5000원이 하부되어 용정촌구제회가 조직되었는데 1918년부터 그 업무가 동양척식회사에 위탁되었고 간도구제회로 개칭되었다. 구제회 회칙 제8조에 구제회의 주요업무는 '부동산의 매수, 회원에 대한 부동산의 양도 및 대부'라고 명확히 규정하였다. 亞細亞局 제2과 1931 ≪間島關係(開放及調査)≫1 고려서림 영인본 1990 174-177쪽

에는 중국인 지주에게 융자하는 것을 제한하였다. 그것은 중국인 지주에게 대부한 자금이 만일 제때에 반환되지 않을 경우 담보로 한 토지는 중국관헌이 관리하면서 가을에 채무자로부터 수확량의 일부를 징수해 해마다 채권자에게 현물로 지불하게 되어 있어 토지소유권을 획득할 수 없었기 때문이었다. 그렇지만 조선인 이민들에게 융자했을 경우, 차용증서와 함께 상조권양도계약서 및 기타 토지소유권증빙서류 등을 채권자가 소지할 수 있을 뿐만 아니라 영사관의 인정까지 받을 수 있었다. 그러기에 채무를 상환하지 못한 조선인의 담보물인 토지는 일본에 인도된 셈이 되었다. 토지소유권획득에 있어서도 전작에 비교해 수익이 큰 수전과 수전 적합지 획득에 중점을 두고 그것을 다시 조선인 이민에게 소작을 주어 큰 이익을 추구하였다.

간도에서는 각 조선인민회 금융부가 금리 일보 5전으로 1인에 최고 100원 한도의 대부를 주었다.[127] 이것은 중국 지주, 고리대업자가 부과한 월 4~5분의 고율이자에 비교하면 매우 낮은 것이었다. 민회는 적자경영을 감수하고 이와 같은 대출자금 사후 관리를 명목으로 조선인에 대한 감시와 통제를 강화하였고 조선인 사회에서의 영향력을 확대하려고 하였다.

남만, 동만에서는 동아권업주식회사가 자금대부사업을 추진하였다. 동아권업주식회사는 1922년 1월 일본외무성과 척무성의 주최 하에 만철, 동양척식회사, 大倉組 등이 자본 2000만 엔을 투자하여 설립한 半國家機關으로 그 취지는 만몽의 토지를 경영하고 만몽지역에 거주하는 조선인을 '보호'하여 수전을 개간한다는 것이었다.[128] 회사 정관 제2조, 제4조에 회사는 영농자금

---

127) 滿鐵庶務部調査課, 1927 ≪在滿朝鮮人の現況≫ 1923 14쪽; 在外鮮人調査報告, ≪滿蒙の米作と移住鮮農問題≫ 東洋協會 151-152쪽

128) 1920년 10월 간도에서의 '庚申年大討伐'에서 일제의 비인간적인 三光政策으로 말미암아 조선인들은 엄청난 피해를 입고 생활기반을 상실하였다. 그 후 외무성, 조선총독부와 일본육군성은 '救恤金' 10만원을 내놓아 민회에 금융부를 설치하였다.

대부를 업무로 하고 社有地 소작인에 대한 대부와 금융기관에 대한 대부, 사업자금의 대부사업을 행한다고 규정하였다.

그리하여 회사는 사유지 소작인에 대해 자금을 대부하였을 뿐만 아니라 안동, 무순, 철령, 장춘, 해룡에 있는 각 금융회와 協濟公司 등 금융기관에 대해 2전 8리의 이자로 대부해 주었다. 이 대부자금을 개간, 관개, 배수 등 토지개량과 농업자재의 구입, 경작기간의 식량, 자작용 토지구입, 기타 부업 등 영농에 필요한 자금 등에 사용하도록 규정하였다. 사업자금의 대부는 주로 수전경영에 필요한 자금지출을 목적으로 이 부분의 대출에 대해서는 회사가 실지 답사하여 각종 여건이 좋다고 인정된 후 대부해 주었다.[129]

동아권업회사는 중국에서 상조권문제를 중심으로 하는 排日抗日 운동이 격화되자 1922~1923년에 걸쳐 일본인들이 편법으로 취득한 소유지를 모두 매수하였다. 그리고 滿鐵, 東洋拓植會社, 大倉組가 만주에서 탈취한 토지 도 이어받아 社有地면적을 늘렸는데 1927년 10월말에는 2,629,859무에 이 르렀다.[130] 동아권업회사 토지 중, 상조, 합판권으로 취득한 것이 76.4%로 절대다수를 차지하였고 기타 永代使用租權, 典權으로는 23.6%이었다.[131]

동아권업주식회사는 명실상부 일본정부의 침략정책을 관철하는 국책회사 로서 수전의 획득과 경영을 중점사업으로 하여 조선인에 대한 통제를 강화하 였다. 조선총독부와 관동청의 회사에 대한 보조금 사용에 첨부한 조건들은 이 점을 확증해 준다. 1922년에서 1931까지 조선총독부가 동아권업주식회사 에 대한 보조금은 총계 2,062,743圓에 달하였고, 관동청의 그것은 1,436,000 원이었다. 1923년도에 조선총독 齋藤實이 보조금 30만원을 하부 할 때의 運用指令書에서는 장래 조선인을 이식해야 할 근거지를 얻기 위해 조선인

---

129) 東亞勸業株式會社, 1933 앞의 책 170쪽
130) ≪滿洲に於ける邦人の土地利用狀況≫ 2-3쪽
131) 東亞勸業株式會社, 1933 앞의 책 64-66쪽

이주 적합지에 많은 토지를 취득하고, 특히 조선인이 이주하려는 북만주 수전 적합지 획득에 특별한 고려를 기울임과 더불어 이 지방 조선인 농민에 대한 자금을 융통해 주라는 조건을 붙였다.[132] 1923년 관동청의 보조금 20만원의 사용에서도 수전의 반당수확량, 조선인의 호수, 이동상황, 금융상황 등 통계를 꼭 첨부하도록 요구하였다.[133] 1921년 5월의 봉천 赤塚領事의 ≪在滿朝鮮人問題≫라는 보고서에서도[134] 수전사업을 진흥하는 것은 한편으로는 조선인에 대한 통제강화로 직결되고 다른 한편으로는 만주가 米産地로 되어 일단 유사시 일본을 위해 큰 '공헌'을 할 수 있다고 명시하였다.

상술한 바와 같이 일제는 만철, 동양척식회사, 동아권업주식회사 등 정책회사를 통한 직접, 간접적인 자금대부를 통해 이주 조선인들에 대한 통제를 강화하였고 토지침탈을 행하였다. 따라서 중국당국은 조선인의 만주이주, 수전경작에 따른 일본세력 확대를 최대 골칫거리로 여겼다. 만주당국은 경제적으로 벼농사에 유능한 조선인이 필요하였지만 일제의 침략을 막기 위해 중국인에 의한 수전경작을 권장하였고 조선인들에 대한 制裁와 단속을 강화하는 방향으로 정책을 추진해 갔다. 일제의 대륙침략정책이 근본적으로 중지, 포기되지 않는 한 이주 조선인의 수전경영 조건은 더욱 불리해지기만 하였다. 그 정도는 지역적 차이가 있겠지만 조선인의 주요 생업인 수전개발과정이 그만큼 더 고통스러웠고 어려웠던 것이었다.

2) 중국당국의 이주 조선인 토지소유권의 금지

앞서 서술한 바와 같이 일제는 1915년에 원세개 정부에, 남만에서의 토지상

---

132) 위의 책, 23-24쪽
133) 위의 책, 25-27쪽
134) 朝鮮總督府, <在外鮮人關係> ≪朝鮮統治史料≫ 제10권 244쪽

조권과 동부 내몽고에서의 토지공동경영권 획득의 내용을 포함한 21개조약을 강요하였다. 중국당국은 일제의 대륙침략을 저지한다는 의미에서 일본인의 토지취득의 주요 형식인 상조권을 무용지물로 만들었고 후에는 정식 폐지를 선포하였다. 중국당국은 조선인의 토지상조권에 대한 적용을 처음부터 엄금하였으며 종전의 典, 押 등 형식을 통한 기한부 토지사용권 획득도 금지하였으며 귀화를 제한하고 귀화한 조선인의 토지소유권에 대해서도 규제를 강화하였다. 귀화하면 토지소유권을 얻을 수 있는 간도에서는 종전에 묵인되어 왔던 귀화조선인의 명의를 빌려 간접적으로 토지를 구입하는 佃民制가 단속대상이 되었다.

1915년 '만몽조약' 체결 후 土地商租權의 성격에 대해 일본은 토지상조권은 토지소유권이라 주장한데 반해, 중국은 상조는 다만 타인의 토지를 이용하는 법적 관계라 주장하며 맞섰다. 토지상조권의 적용범위가 남만지역으로 정해진 것에 대해 일본은 남만은 행정지역으로 보야 한다며 상조권 적용범위를 길림성, 봉천성 심지어 간도, 동부 내몽고지역까지 확대 해석하였다. 중국측은 남만지역은 봉천성의 일부분이라 주장했다. 1923년 7월 봉천성장이 管轄내의 각 현지사들에게 내린 ≪商租禁止命令≫이란 훈령의 내용을 보면 중국 정부가 주장하는 남만주의 범위는 동변도에 속한 19개 현과 遼瀋道에 속한 요하 동쪽에 자리잡고 있는 11개 현, 모두 30개 현, 즉 개원, 심양, 해성, 개평, 본계, 요중, 봉성, 장백, 撫松, 철령, 요양, 영구, 복현, 무순, 안동, 서안, 안도, 흥경, 통화, 림강, 관전, 수엄, 류하, 동풍, 환인, 집안, 장하, 해룡, 휘남, 서풍 30현을 가리켰다.[135] 국제연합조사위원회 중국대표 꾸원쥔(顧維鈞)은 1932년 6월 8일 北平(北京)에 올린 글에서 1915년 '만몽조약'의 제8조에 현행 각 조약에 별도로 규정한 것 외에는 일체 종전과 같이 실행한다고 규정하고 있는데 '만몽조약'에서 간도에 관해 어떠한 예외 규정도 없기 때문에 간도

---

135) 東亞勸業株式會社, ≪南滿洲に於ける土地商租問題≫ 17-18쪽

에서는 오직 간도협약만 적용된다면서 상조권·적용범위를 간도에까지 확대 해석하는 일본주장에 대해 반박하였다.[136]

상조권은 '만몽조약'과 함께 중국측이 대체로 부인하였고 제한법령이 속출하였기 때문에 만주사변전의 상조권은 거의 유명무실하였다. 1915년 6월 22일 ≪懲辦國賊條例≫에서는 중국인이 일본인과 상조계약을 맺으면 賣國罪로 사형에 처한다고 하였다. 이 조례는 비록 이듬해 폐지되기는 하였지만 그 영향은 컸다. 중국당국은 상조권에 대한 제한대책으로 1916년 봉천성, 길림성에 ≪商租地畝須知≫라는 명령을 내려 상조토지의 보증금은 매년 임대금액의 5배를 넘어서는 안되며 상조할 때 가까운 사무소나 分所에 신청하여 허락을 받아야 하며 사사로이 체결한 상조계약은 무효하다고[137] 하였다. 1917년 4월 16일에 農商總長은 봉천성장, 길림성장에게 旅滿 조선인회가 '만몽조약'의 상조규정에 따라 수전을 收買 하려고 한다며 지방관청이 부동산등기 규칙에 따라 엄밀히 감시하도록 하였다.[138]

중국정부는 1919년 1월부터 개최된 파리강화회의와 1920년 11월부터 개최된 워싱톤회의에서 토지상조권을 포함한 21개조조약은 일제의 무력협박하에 체결된 것이기 때문에 폐기시켜 줄 것을 요구하였다. 1923년에는 북경국회의 결의에 따라 일본정부에 '21개조조약'의 전면 폐기를 정식 통고하였다. 이와 같은 중국정부의 상조권에 대한 엄격한 규제 및 폐기정책에 따라 만주당국도 이에 상응한 조치를 취하였다.

1917년 12월에 봉천성장 짱쪼린(張作霖)은 1918년 1월 1일부터 토지를

---

136) 1909년 ≪中日圖們江滿韓定界條約(間島條約)≫ 제4관에서는 '도문강이북지방 잡거지역 내에 거주하는 韓民은 중국법권에 복종한다'고 규정하였다. '關於東三省中日現行各條約 除本條約另有規定外, 一概仍照舊實行' 顧維鈞, 1932 6 8 ≪關于朝鮮人在東北各省之地位之說帖≫
137) 遼寧省檔案館資料 JC10-2668
138) 吉林省檔案館資料 吉林省政府 L121 J101-06-0286

사사로이 외국인에게 租借하거나 토지소유증서를 담보로 외국인으로부터 자금을 대부 받는 것을 엄금하며 만약 발각되면 國土賣買罪와 外債借入罪로 처벌한다[139]는 훈령을 반포하였다. 1918년에는 ≪提唱華民耕種水稻方法≫을 발표하여 봉천성 각 현에서 水田冊子를 작성하도록 하고 만약 典賣, 대여, 소작할 경우, 百什家長이 연명한 結을 내고 당사자가 현에 보고해 허락을 얻어야 효력이 있다고 규정하였다. 특히 이미 입적한 조선인에 대한 부동산 양도를 특별히 등기시켜 외국인에게 이전되지 않도록 방지하였다.[140] 이에 대해 봉천총영사 赤塚正助는 1918년 9월 27일에 봉천성장에게 이 장정은 '만몽조약'과 어긋난다고 장정의 폐지를 요구하였으나 10월 2일 봉천성장은 '조선인 상조금지통령을 내리지 않았고 이 장정은 순수한 內政문제로 '만몽조약'과 아무 연관이 없다'고 답신하였다.[141]

1923년 7월 14일 봉천성 성장이 남만지역에 속한 각 현에 내린 상조금지명령에서는 토지와 가옥을 사사로이 조차할 수 없으며 이를 위반하면 엄중히 단속한다고 하였다. 그 밖의 남만지역이외의 新民 臺安, 錦西, 興城, 義縣, 昌圖, 梨樹, 通遼, 懷德, 黑山, 錦縣, 北鎮, 綏中, 盤山, 法庫, 康平, 遼源, 洮安, 鎮東, 洮南, 安廣, 雙山, 開通, 突泉, 瞻楡 등 25개 현 지사에게는 이들 현은 남만지역에 속하지 않으므로 일본인, 조선인의 토지 및 가옥임대를 거절하도록 하였다.[142]

이에 따라 1927년 심양현 지사는 5월에 ≪土地擔保借款禁止訓令≫을 발표하였고 11월에는 상조취체에 관한 명령을 내렸다. 개원현 경찰소도 이해

---

139) '本省長依奉天省議會之決意, 訓令管內各縣知事, 幷轉令各地人民商賈, 自民國七年一月一日起, 嚴禁將土地私租與外人或以地契爲據向外人借款, 一經發覺, 當以盜賣國土及私借外債罪論處, 嚴懲不貸' 高橋岭泉, 1927 ≪滿鐵地方行政史≫ 205쪽
140) 吉林省檔案館資料 吉林省政府實業廳 L11 J111-02-0797 J101-07-1407
141) 遼寧省檔案館資料 JC10-2668
142) 滿鐵太平洋問題調査準備會, 1931 ≪東北官憲所發排日法令輯≫ 2-3쪽

11월에 관할 각 구에 외국인 거주 취체에 관한 통령을 내렸으며 돈화현에서는 그 다음해 4월에 외국인 거주 취체에 관한 포고를 내려 외국인의 토지상조를 통한 소유권 획득은 엄두도 내지 못하게 하였으며 거주조차 단속하였다.

1923년 11월 20일 안동현지사 꽌딩보(關定保)는 浪頭村의 주민 왕쯔원(王治文) 등이 상조수속과 토지조차규정을 어기고 사사로이 韓僑를 불러들여 수전을 경영한 것에 대해 뤼쉐우(呂學武)에게는 토지를 빌려준 죄로 벌금 대양 60원, 리쩐산(李振山), 리쩐더(李振德)은 韓僑를 불러들이어 벼농사를 했다는 처벌로, 각자 벌금 대양 75원을 내도록 하였고 그 외의 양벙이(楊鳳儀)에게는 50원, 왕쯔원(王治文), 쑹부(宋福), 우쩐퀴(吳占魁)에게는 각자 公益捐金으로 대양 900원, 300원, 600원을 납부케 하여 합계 대양 4885원의 벌금을 징수하는 처벌을 내렸다.[143]

1929년 2월에는 국민정부의 土地盜賣嚴禁條例에 따라 1929년 3월 遼寧交涉署는 외국인 土地購買拒絶令을 반포하였고, 1930년 9월 11일에 동북정무위원회에서는 국토매매금지령을 반포하였고 1931년 1월은 일본인과 중국인간의 상조취소통령을 반포하였다. 만주사변직전 일본이 주장한 토지상조권은 거의 유명무실하였다.

1915년 '만몽조약'의 토지상조권문제를 계기로 일제의 토지침탈을 막기 위해 일체 다른 형식의 외국인의 토지소유권 취득도 금지되었다. 1910년대와 그 이전에 일본인이 만주에서 농업경영의 목적으로 중국인 지주부터 토지를 典으로 이용할 수 없었지만 남만지방 주로 동변도, 遼瀋道의 조선인 이민은 만주 고유의 典權, 또는 押權에 의해 토지사용권을 취득해 벼농사를 해왔다. 장기 혹은 무기한의 典계약은 老典이라고도 불렸는데 이것은 매매라는 문자를 피했을 따름이었지 사실상 토지소유권취득과 같았다.

典價는 보통 토지매매가격의 5~7할이었다. 만약 지가가 1天地 300원이

---

143) 遼寧省檔案館資料 JC10-7563

라면 典價는 150～200원이 되었다. 조세는 동산지방에서는 지주가 지불하므로 典權者가 지주에게 해마다 1天地에 벼 4～7두를 납부하는 관습이 있었다. 봉천부근의 典계약은 보통 3년에서 6～7년이었고 10년을 초과하지 않았다. 그리고 매매와 같은 典은 동산지방에서는 1方地(45天地) 4000～6000元의 가격으로 지주는 典權者에게 地券을 교부하고 토지에 대한 사용수익권, 처분권리를 양도하기도 하였다.[144]

그러나 1915년 '만몽조약' 이후에는 외국인과 典계약을 맺는 것을 금지하였다. 그러나 관헌의 눈을 속여 몰래 典계약을 체결하는 자가 없지는 않았다. 혼춘 제1구 興仁鄕 향장 마보원(馬步雲)은 조선에 거주하고 있는 丁光賢에게 1917년 음력 정월 10일 자기의 숙지 11상을 典賣 하였고 德惠鄕 주민 랑쑤청(郞壽成)은 1916년 가을 입적하지 않은 李文勝에게 典賣 하였다.[145] 이에 대해 길림성정부는 典賣금액을 돌려주고 계약서를 받아내 무효로 하였으며 각 구 및 鄕長佐 들에게 이와 유사한 안건을 엄격히 단속하도록 명령을 내렸다.[146]

봉천성에서는 조선인의 귀화를 제한하고 구축하는 방식으로 수전을 주업으로 하는 조선인 인구를 줄였고 길림성에서는 귀화하면 중국인과 동등한 대우를 준다고 하였지만 귀화조선인의 토지매매에 대해 엄격하게 단속했다. 길림성은 1929년 1월 ≪歸化鮮人土地賣買取締≫ 라는 훈령을 내려 귀화조선인이 토지를 구입할 때 우선 관할 警團에 보고해야 하고 관할경단은 경관을 보내 계약서 작성에 참석하게 하였다. 그리고 구입한 토지는 확실히 자기가 경작하며 장래 외국인 또는 미입적자에게 팔지 않겠다는 서약서와 함께 보증인을 세워야 했다. 이미 토지를 소유한 귀화조선인에 대해서도 외국인 혹은

---

144) 黃越川, 1930 ≪東三省水田誌≫ 40쪽
145) 吉林省檔案館 吉林省政府 C435 J101-06-1241
146) 吉林省檔案館 吉林省政府 C24 J101-06-1273

입적하지 않은 조선인에게 典賣하지 않도록 그들에 대한 감시를 강화하였다.[47] 그리하여 비귀화인은 토지소유권을 획득하지 못하였고 귀화조선인의 토지소유권도 감시받았다.

간도지역은 1909년 간도협약에서 중국정부가 이주 조선인의 토지취득권을 인정하였기 때문에 1910~1920년대 조선인이 귀화 조선인의 명의를 빌려 토지를 구입하는 佃民制가 일반화되었다. 佃民制라는 것은 몇 명, 혹은 수십 명의 비귀화조선인들이 자금을 모아 귀화인의 명의로 토지를 구입한 후 금액에 따라 地權을 나누어 가지는 제도였다. 그들은 토지소유관계를 확증하기 위하여 이른바 馬上草라 불리우는 토지대장을 만들었고 그 지분도 자유롭게 처리할 수 있었다. 중국지방관청은 비귀화인들의 토지소유권을 인정하지 않았으나 1910년대 초까지만 하여도 이와 같은 佃民制를 통한 간접적인 토지소유를 묵인하였다.

그러나 1915년의 '만몽조약' 체결 이후, 佃民制 토지소유방식은 중국지방당국의 주요한 取締대상이 되었다. 국제연합회조사위원인 중국대표 꾸원쥰(顧維鈞)은 '동북에서의 한인의 지위'란 조사보고서에서 전민제가 일본인들이 조선인을 이용하여 경제침략을 감행하는 도구로 이용되기 때문에 이에 대해 중국당국은 부득이 制裁를 가하지 않으면 안되었다고 하였다.[148] 특히 1926년 5월 연길도윤이 반포한 ≪귀화와 토지소유권에 관한 규정≫을 계기로 佃民制 방식으로 토지를 구입하였던 비귀화인들은 할 수 없이 귀화입적의 길을 선택하거나 토지를 잃고 중국인 지주나 귀화 韓人지주의 소작농으로 전락될 수밖에 없었다.[149]

---

147) 滿鐵太平洋問題調查準備會, 1931 앞의 책 31-32쪽; 朝鮮總督府警務局, 1930 ≪在滿鮮人ト支那官憲≫ 朝鮮總督府行政學會印刷所 286쪽
148) 秋憲樹, 1975 ≪資料 韓國獨立運動≫ 4(하) 1516-1517쪽
149) 김춘선, 1998 <'북간도'지역 한인사회의 형성 연구> 국민대학교박사학위논문 237쪽

1931년 5월 길림성 정부는 ≪管理延邊中韓人民盜賣國土及盜賣耕牛單行章程≫을 발표하여 부동산증명서에 '외국인에게 저당할 경우 무효로 된다'고 명백히 표시하였고 외국인이 토지소유증빙서류를 소지해도 그 소유권을 인정하지 않으며, 耕牛를 간민이 아닌 자에게 매각하면 매각자를 처벌하고 耕牛를 무상 회수하며 간민이 중국의 법령에 복종하지 않으면 엄하게 징벌하거나 퇴출시킨다[150]고 하였다. 일제의 세력이 팽창할수록 조선인의 사회적 지위 및 경제적 토대는 위축되어 갔다.

3) 만주당국의 소작조건 규제시책

중국측은 1915년을 계기로 각종 이권회수와 함께 조선인의 토지소유를 금지하였을 뿐만 아니라 중국농민이 小利를 貪하여 조선인에게 토지를 租借하는 것도 국제교섭의 분규를 초래케 한다며 소작권에 대해서도 엄격히 단속하기 시작하였다. 20년대 후반기에 이르러 심지어 소작권을 인정하지 않고 제한된 고용만 하게 하거나, 심지어 구축까지 일삼는 규제정책을 폈다. 이는 가뜩이나 어려운 이주 조선인들의 경작조건을 더 어렵게 만들었고 그들의 생활을 위협하였으며 수전면적의 증가를 저지시켰다.

본래부터 이민은 先住民부터 강한 배척을 받는 것이 상례라 하겠지만 특히 조선인 이민을 대륙침략에 이용하려는 일제가 개입함으로써 중국당국은 조선인의 이주증가를 경계하고 이에 대해 엄격한 규제를 가하였다.

조선인 이주를 초래하는 벼농사과정에 대한 엄격한 규제는 재만 조선인의 법적 지위에 의해 규정되었다. 이주 조선인은 만주에 들어온 후(간도지방은 제외) 토지소유권을 가지지 못하였고 중국인 지주의 토지를 소작하거나 그들

---

150) 滿鐵太平洋問題調査準備會, 1931 앞의 책, 52-53쪽

의 고용인이었다. 만주당국의 조선인에 대한 태도는 지역에 따라 차이를 나타 내기도 하였는데 아래에서는 봉천성, 길림성, 흑룡강성 정부의 조선인 귀화문 제에 대한 부동한 태도를 다루면서 지역적 규제의 특징을 살펴보기로 하겠다.

봉천성 정부는 봉천성 경내에 조선인 이민이 너무 많고 현실적으로 조선인 이 이르는 곳마다 일본세력이 확장되어 갔지만 그들에 대해 통제할 수 없었 다.[151] 그리고 중일간에 교섭사건이 발생하면 어느 하나도 쉽게 해결할 수 없었으므로 조선인의 이주를 특별히 제한한다는 의미에서 귀화하려면 우선 일본출적증서를 제출하여야 하고 거주 허가증을 해마다 한번씩 바꾸어야 하며 그때마다 22원의 수속비를 내도록 규정하였다. 봉천성은 일본출적증서 제출 을 요구하는 방법으로 조선인들의 귀화입적을 어렵게 만들어 귀화하지 못하게 하거나 다시 들어오는 것을 방지하여 조선인 인구를 줄이고 일본침략의 확대 를 막으려고 하였다.

봉천성은 雜居하거나 通商遊歷하는 조선인을 일본인으로 취급하고, 벼농 사에 종사하는 韓僑는 雇傭韓人章程에 따라 취급하고, 지방안전을 방해하 는 조선인 '匪賊'에 대해서는 중일 삼시협정의 韓人取締방법에 따라 처리한 다는 對조선인정책을 실시하였다.

길림성 정부가 요녕성 정부에 보낸 咨에 따르면 새로 반포된 국적법 제3조 의 규정에 외국인 혹은 무국적인은 內政部 허가를 얻어 귀화할 수 있고 제2항 국적법시행조례에 귀화할 때 귀화인이 본국 탈적증서를 제시하도록 요구하지 않았으며 귀화증서를 1년에 한번씩 바꾸며 그때마다 비용을 내야 한다는 규정 이 없으며 또 일본 탈적증서를 요구한 것은 조선인이 일본인이라는 것을 정식 공인하는 셈이 되며, 조선인은 일본탈적증서를 받아 낼 수 없어 入籍을 못 하고 일본인과 힘을 합치면 중국에 불리하게 되기 마련이기 때문에 제한 속에

---

151) 遼寧省檔案館, 1990년 8월 ≪奉系軍閥檔案史料匯編≫ 9 江蘇古籍出版社 香港地 平線出版社 310-311쪽

서 入籍의 길을 열어주는 것이 마땅하다고 하였다. 이에 대해 요녕성 정부는 국적법에 비록 그와 같은 규정이 없지만 실제상 필요할 때 보충할 수 있는 것이며 대외정책이 획일하지 않는 것은 국제상 전례가 있는 것으로 문제되지 않는다고 답신하였다.[152]

봉천성 정부는 귀화여부의 구분없이 무조건 퇴출시키고 다시 이주 못하게 하고 조선인이 없는 곳은 다시 雜居하는 일이 없도록 하였다. 심지어 각지의 지방관이 한인구축을 소홀히 할까봐 이것을 관리들의 업무실적평가의 한 조목으로 정하기도 하였다.[153] 1924년 11월 19일 안동현지사 관띵보(關定保)는 1923년 7월부터 1924년 6월말까지 韓僑에게 빌러준 가옥 23間을 되돌려 받고 479日 1무의 토지를 몰수하고 55호를 구축함에 있어서 공로를 세운 區官 왕루명(王儒明), 리웬티(李雲梯)에게 省 5등 경찰상장을 수여하였고 6구 구장 둥후신(董福新)에게 大功을 주어 격려하였다.[154]

길림성 정부는 봉천성과 달리 입적하여 귀화증서을 받았다면 중국인과 같은 대우를 주고 중국법률에 복종하도록 하였다. 길림성에는 이미 수십만의 조선인이 거주하고 있어 그들을 모두 일본신민으로 본다면 그 危害가 너무 컸다. 길림성에서 조선인 귀화인이 위법할 경우에는 중국법률에 따라 처리하였고, 귀화하지 않은 자가 위법할 경우에는 일본영사관에 보내 처리하는 관례가 형성되었다. 그리고 일본이 조선인을 이용해 토지를 수매하는 流弊를 줄이기 위해 귀화조선인의 토지소유권획득에 대해서는 따로 장정을 채택하여 제한하였다.

즉 길림성은 귀화하지 않은 조선인은 구축해도 귀화한 조선인에 대해서는 본국인과 같은 대우를 주려 하였고 조선인 이민을 무조건 구축하는 것을 制止

---

152) 위의 책, 309-310쪽
153) 위의 책, 564쪽
154) 遼寧省檔案館資料 JC10-7563

하기도 하였다. 그 例를 들자면 長春縣 지사 린쓰한(林世瀚)은 장춘현 1구에 1920년 2~3월에 조선인 이민 尹大興 등 22호와 귀화 조선인 金致仲 등 14호 모두 36호가 大泉眼 賈家屯 등에서 쿵조윤(孔昭文), 왕뗀칭(王殿卿), 짱뗀칭(張殿卿)의 토지 150상을 임대한데 대해 귀화하지 않은 조선인은 경찰를 파견하여 구축하도록 하였지만 이미 귀화한 자에 대해서는 신분증을 검사한 다음 벼농사하며 거주하도록 하였다.[155] 1921년 11월 5일자의 길림성장공서가 실업청에 내린 훈령을 보자면 이 해 2월 扶餘縣 현장이 扶餘縣에 속한 陶賴부근에 입적한 한인 孫晉龍, 尹永兆, 李善基 3호, 합계 30명 한인들의 수전경작에 대해 수확이 끝난 후에 즉시 떠나도록 명령내린 것은 '殊屬非是' 즉 매우 잘못된 것이라고 하면서 만약 귀화민이 入境하면 즉시 관할 현지사가 경찰에 명령해 執照를 검사하도록 하고 安分良民이라면 일반 국민과 같은 대우를 주어야 한다고 하였다.[156]

만주당국은 일제 대륙침략에 대한 저지책의 일환으로서 이주 조선인들이 중국인 지주들과 맺은 소작조건에 대해서도 엄격한 규제조치를 취하였다. 아래에 봉천성을 실례로 벼농사에 종사하는 조선인 이민에 대한 소작기간의 단축, 소작불허, 구축, 제한된 고용 등 엄격한 규제조치를 살펴보겠다.

1915년 '만몽조약' 체결된 후 짱쪼린(張作霖)은 각 현에 指令을 내려 21개조 문제는 국제쟁의가 있으므로 잠시 21개조 중 상조문제를 언급하지 않고 타협으로 남만지역 내에서 현 공서의 심사허가를 거쳐 한교가 벼농사하기 위해 단기 소작계약을 맺을 수 있도록 하고 남만주 이외 지역에서는 한교의 수전 경작과 入住를 절대로 허용하지 않는다고 하였다.[157] 이렇게 봉천성 당국은 남만주 이외 지역에 대한 조선인의 입주를 불허하였고 남만주에서의

---

155) 吉林省檔案館 吉林省政府 H931 J101-09-1726
156) 吉林省檔案館資料 吉林省政府實業廳 H931 J111-01-1753
157) 遼寧省檔案館資料 JC10-7563

장기소작계약도 불허하였다.

1923년 봉천성장공서는 遼瀋道 각 현에 명령을 내려 안동현의 이주 조선인 수전 경작에 관한 규제방법에 따라 규제하도록 하였다. 안동성의 규제방법은 소작계약은 반드시 관할 순경국에 신고해 허가를 받아야 유효하고 반드시 관청 소정용지를 사용해야 하였다. 그리고 소작기간은 1개년을 넘지 않으며 단지 벼농사에서만 조선인의 소작경작이 가능하였고 旱田에서는 불허하였다. 이에 준해 1924년 봉천성 沈陽縣은 4월 이후 외국인에게 빌린 토지와 가옥은 모두 1년의 短期租借로 변경하라고 명령을 내렸다.[158]

1925년 6월 11일 奉天全省警務處處長 위쩐(于珍)과 조선총독부경무국장 三矢宮松이 체결한 ≪雙方商定取締韓人辦法綱要≫ 즉 ≪三矢協定≫에서는 봉천성 동변도 관할지역내의 한인에 대해 중국관부는 淸鄕章程에 따라 良民에게만 교거증서를 발급하고 牌를 만들어 互保하고 감시하며 이동할 때는 遷移證을 지참하여 검사 받도록 하였다.[159]

봉천성을 중심으로 실행되었던 이 삼시협정의 체결을 계기로 중국관헌의 이주 조선인에 대한 단속은 1927년 중국 내의 국권회복운동과 더불어 배일운동의 일환으로 확대되면서 만주 모든 지역에서 조선인 구축조치가 취해졌다.

조선인들은 봉천성에서 1927년부터 1년의 단기소작계약마저도 확보하기 어려웠다. 1927년 3월 해룡현 지사는 제7구 구장에게 조선인 소작계약을 고용계약으로 고치고 소작계약체결에 대해 엄벌한다고 하였다. 9월 관전현에서는 조선인의 소작지를 전부 회수하라는 명령을 내렸고 휘남현에서도 10월에 토

---

158) 遼寧省檔案館資料 JC10-7563
159) 그 외에 중국관헌은 한인이 무기를 지참하여 조선에 진입하는 것을 엄금하고 이를 어긴 자는 체포하여 조선관헌에 인도하며 不逞團體와 그 무장를 해산시키고 中·日 관헌은 불령한인취체 상황을 수시로 서로 통보하고 中日경찰은 함부로 월경할 수 없고 필요할 경우는 대신 처리하도록 요청할 수 있다. 日本外務省編, 1966 ≪日本外交年表竝主要文書≫ 下 原書房 75쪽

지소작계약을 파기하라고 엄명하였으며 11월 영구현은 전장대부근의 지주들에게 조선인에게 토지와 자금을 대여하는 자를 엄벌하고 조선인 농민을 퇴거시키라고 하였다. 11월에 신민현, 무순현, 법고현, 안도현 등에서도 조선인 소작농민에 대해 퇴거명령을 내렸다. 봉천성 정부는 조선인 수를 점차 감소시켜 침략의 후환을 방지하고 일본과의 교섭을 감소함으로써 그 침략세력의 확대를 저지하려 하였다.160)

일제 침략을 저지한다는 차원에서 이주 조선인에 대해 구축을 실행한 전형적인 예로 임강현 帽兒山에 일본영사관 분관을 설치하려던 사건을 들 수 있다. 1927년 5월 일제는 조선인을 '보호'한다는 미명을 걸고 임강현 영사관을 설치하려다가 현지 주민들과 관헌의 반대로 무산되었다. 이 사건이 터지자 5월 5일 臨江縣 六道溝 순경국은 관할내의 이주 조선인 약 110호, 450여명에 대해 퇴거명령을 내렸다. 이에 대해 六道口의 유력지주 양쩬쑨(陽健順) 등 10여명이 퇴거 완화를 요구했지만 받아들여지지 않았다.161) 이 사건이 발생한 후 그 부근의 관전현과 집안현에서도 조치가 취해졌는데 9월 13일 관전현 지사는 縣내 산재한 이주 조선인을 금후 3개년간 전부 추방한다는 목표를 세우고 1928년 추수가 끝난 후부터 그들의 소작을 금지하고 추방하라는 훈령을 내렸다.162) 집안현에서도 조선인의 새로운 이주를 단연히 거부하였다.163)

봉천성 정부는 벼농사하는 이주 조선인에 대해 1928년 반포한 ≪奉天省管理韓僑章程總則≫에 따라 단속하였다. 이 장정 내용을 보자면 각 현에서 장정 시행 일부터 1개월 이내에 조선인의 호구를 조사하여야 하며, 해마다 4월, 10월 2차례 그 상황을 보고해야 하며 각지 경찰보갑주재소나 분소는 조선인 왕래자에 대해 수시로 검사하고 등록증을 교부하며 소행이 나쁘거나

---

160) 朝鮮總督府警務局, 1930 앞의 책 305-321쪽
161) 위의 책, 167쪽
162) 위의 책, 14쪽
163) 위의 책, 8-9쪽

유랑자는 감금하거나 구축한다고 하였다.[164]

이렇게 일제침략을 저지한다는 차원에서 실시한 봉천당국의 엄격한 소작규제와 구축정책으로 말미암아 조선인은 더 큰 수난을 겪어야 하였고 이로 인해 수전면적이 크게 줄어들기도 하였다. 1928년 심양현, 신민현의 수전면적은 합계 53,131.6무가 되었는데 이것은 1923년 127,067무의 58%밖에 되지 않는 규모였다.[165]

그러나 봉천성 省內에서도 지역에 따라 소작기간에 대한 규제가 꼭 같지는 않았다. 1928년 8월 21일 봉천성 東邊道尹 邴克莊이 관할하의 각 현 지사에 하달한 ≪修正東邊各縣鮮人小作章程≫의 주요내용을 살펴보면, 다음과 같다.

제2조: 매년 春耕 시작 전에 관할 경찰소에 가서 신식소작계약서로 바꾸어야 하고 만기된 소작계약을 연장하거나 아직 기한만료 되지 않아도 규칙 시행 후 6개월 이내에 관할경찰소에 신식소작계약서를 제출해야 한다. 이 신식소작계약서는 縣公署, 소작인, 지주가 각각 한 부씩 소지한다.

제10조: 지주가 조선인에게 소작시켜 황무지를 개간할 경우, 개간기한은 그곳 관습에 따라 결정하지만 5년을 초과할 수 없고 熟地 소작은 3년에 한한다. 계약마감 후에는 다시 새로 소작계약서를 작성해야 한다.[166]

---

164) 위의 책, 178-179쪽
165) 沈陽市民委民族誌編纂辦公室, 1989 ≪沈陽朝鮮族志≫ 56쪽
166) ≪修正東邊各縣鮮人小作章程≫ 1928년 8월 30일 日本外務省外交史料館資料 ≪滿蒙各地ニ於ケル朝鮮人ノ農業關係雜件(1)≫; 제2조에는 지주로부터 소작계약서 한 장에 小洋 10전을 징수하여 경찰의 사무비로 충당하며 지주와 소작인은 각자 계약서에 인지로 80전을 붙여야 하며 제14조에는 중국인 지주가 조선인에게 소작시킬 경우, 이 조선인은 압록강서안에 6개월 이상 거주하고 보증인이 있는 자이어야 하고 새로 入境한 망명자에게는 소작시켜서는 안된다. 이를 어기면 縣公署에서 강제로 소작계약을 해제시키고 荒地와 관계되면 縣公署에서 貸下를 취소하고 熟地는 100원 이하의 벌금을 내도록 하고 보증인에게도 상당한 처분을 가한다고 규정하였다.

즉 봉천성에 있어서도 동변도 지역의 소작기간은 3~5년으로 되어 있어 다른 지역의 소작기간 1년 제한과 구별되었다.

이주 조선인 소작에 대한 엄한 규제 외에 봉천성장은 남경정부의 지령에 따라 1929년 2월 각 현 지사에 수전을 모두 회수할 예정으로 ≪韓僑租地回收令≫을 하달하였다. 한교소작지에 대한 회수의 주요 방법은 2월 이전에 조선인에게 이미 대여한 수전은 할 수 없이 그대로 두지만 그 후 조선인에게 대여한 수전은 전부 해약하고 봉천성 60개 현 중 수전이 있는 37개 현에 대해 그 손실배상금으로 정부에서 봉천양 500만원을 준비하였으니 훈령 받은 후 즉시 수전을 회수하라고 하였다.[167]

봉천성 정부가 하달한 이와 같은 명령에 의거해 개원현 정부는 1929년 개원지방의 청하 및 개원하의 범람으로 조선인 농민의 생계가 어렵게 되자 다른 곳으로 이주 간 조선인을 절대 다시 귀농시키지 말며 1930년부터 조선인에게 경작지를 대여하지 말라는 비밀명령을 내렸다.[168] 말하자면 개원현 당국은 이 수해로 인해 북만 및 기타 지방으로 이주하려 하는 조선인의 움직임을 계기로 지주를 압박해 조선인을 구축하려 하였다. 지주는 현 정부로부터 엄한 명령이 있기 때문에 조선인에게 토지를 대여할 수 없다고 하였다. 조선인 농민은 수전 외에 다른 생활방도가 없었으므로 불이익을 감수하며 중국인 명의로 土地借入계약을 맺어 수전 경작을 하였다.[169]

---

167) '査韓僑之入境耕作, 系日人之植民政策, 爲供給日之民食爲目的, 今南北統一, 擧國一致斷行排斥日貨之際, 本政府奉南京政府之命令, 決定今後將韓僑耕作之水田悉皆收回, 自2月至3月限期回收。凡2-3月間租借之水田全部解約。由此產生之損失, 由各縣支出賠償金。本省有水田之37縣, 本政府將支付有關縣以奉票五百萬元, 以供其着手回收事務' 楊昭全, 李鐵環, 1992 ≪東北地區朝鮮人革命鬪爭資料匯編≫ 遼寧民族出版社 1042쪽; 봉천성의 수전회수령에 이어 1930년 5월 길림성 농광청에서는 각 현장더러 관할 각 鄕長 및 농회장에게 조선인이 경작하는 수전을 점차 몰수하라고 명령 내렸다. 朝鮮總督府警務局, 1930 앞의 책 269-270쪽
168) 滿鐵庶務部調査課, 1929 9 ≪調査時報≫ 제9권 제9호 48-49쪽, 91-92쪽
169) 滿鐵庶務部調査課, 1929 ≪支那官憲の在滿鮮人壓迫問題≫ 12쪽

만주당국이 벼농사 전개와 보급에 따라 각지 조선인 이민이 증가하고 이를 이용해 일본세력이 각지로 확장해 가는 상태를 저지해 장래의 화근을 두절하려고 조선인 구축정책을 폈지만 벼농사는 조선인 없이 중국인만으로는 불가능하였기 때문에 완전한 구축은 불가능하였다. 그리하여 제한된 고용정책을 실시하였는데 遼寧省은 韓僑雇傭錢으로 조선인 농민 1명에 지주로부터 現大洋 6원씩 징수하였다. 이것은 결국 조선인의 부담으로 전가되었다.[170]

중국 본토인이 이주 조선인의 벼농사기술을 배워 벼농사에 종사하기는 하였지만 수로의 개착, 벼 종자의 선택 등에서는 완전히 조선인을 떠나 경작할수가 없었다. 그들은 조선인들이 개간한 수전을 회수하여 조선인을 고용하여 직영하는 방법을 많이 택하였다. 중국인의 수전소작지 회수로 말미암아 조선인은 점점 수전을 안정적으로 경작할 수 없게 되었다.

만주사변 직전, 당국은 漢人의 수전개발에 대해 대대적으로 권장하였지만 조선인 이민의 벼농사에 대해서는 고용까지 제한하였다. 1929년 4월 1일 요녕 농광청의 ≪整頓水田計劃8个條≫에서는 조선인 이민에 대한 고용을 제한한다고 하였다.[171] 봉천성 정부가 이주 조선인들을 구축하거나 제한된 고용을 실시한 결과, 그들은 규제가 적고 개발을 기다리는 황지가 많은 북만으로 재이주하였다. 봉황성 東大堡부근에 종래 조선인 400명이 400天地의 수전을 경작하였는데 1931년에는 200명으로 격감하였다. 단기고용은 보통 4~5개월로 급료는 奉票 150~160元이었고 年雇는 급료 250~300원이었다.[172]

---

170) <韓僑雇傭錢徵收ニ關スル件> 1931년 3월 13일 日本外務省外交史料館資料 ≪滿蒙各地ニ於ケル朝鮮人ノ農業關係雜件(2)≫
171) 遼寧省檔案館資料 JC10-4525
172) 荻原昌彦, 1932 ≪滿洲之産業≫(稻の卷) 6-7쪽

4) 만주당국의 규제실상과 소작실태

(1) 소작규제 실상

1915년 만몽조약이 체결 된 후부터 만주사변발발 때까지 만주당국은 조선인의 벼농사와 관련해 규제 훈령을 계속 반복적으로 내렸다. 이와 같은 규제훈령이 많은 것은 한편으로는 그 훈령들이 잘 지켜지지 않은 실정을 설명하기도 하였다. 비록 만주당국이 빈번하게 조선 소작농에 대한 규제 훈령을 내렸고, 특히 1931년 만주사변발발직전의 몇 년간 구축과 제한된 고용 등 더 엄격한 단속령을 내렸지만 만주사변직전에 발포된 것이기 때문에 광대한 향촌사회에 일반화되어 구체적인 시행에 들어가 효과를 거둘 시간적 여유는 없었다.

만몽조약이 체결된 후 정부가 조선인 이주에 대해 제한하기 시작했지만 당시 조선인 이민에 의해 주로 담당되는 유망한 벼농사의 발전을 막을 수는 없었기 때문에 그나마 시행된 조치들도 당초의 목표를 실현하지 못했다. 정부의 규제명령에도 불구하고 민간에서는 벼농사를 하면 습지가 개척되고, 지가가 오르고, 소작료를 인상시킬 수 있고, 높은 소득으로 말미암아 경제적 이익이 컸으므로 조선인의 수전 경작을 계속 환영하였다.

제1차 세계대전 이후 미가가 폭등한 결과 수전 지가도 급등하였다. 간도와 혼춘의 接壤지대인 敦化, 額穆 두 현에서는 1926년에 밭이 상등 70원, 하등 50원, 미개간 可耕地가 1정보에 10원 이하인데 비해, 수전 지가는 대체로 1정보당 120圓이나 되었다.[173]

지가의 상승은 소작료 상승을 초래하였고 1915년을 계기로 조선인 이주자가 밀려들기 시작하여 소작인간의 소작경쟁도 치열해져 소작료는 계속 올라가

---

173) 在間島 末松警視 <朝鮮人ノ間島・琿春同接壤地方移住ニ關スル調査> 1926년 3월 金正柱, 1971 ≪朝鮮統治史料≫ 10 358쪽

기만 하였다. 봉천부근 수전에서의 종래 분배율이 지주 4, 소작인 6이었는데 1925년은 절반씩, 1926년은 지주 6, 소작인 4로, 소작료가 높아졌다.[174] 그리고 지주는 열악한 정치, 경제적 지위와 소작권경쟁이 치열해짐에 따라 형식상 지주가 부담해야 할 고용증과 같은 납부금도 조선인 소작농에게 전가시키거나 공동 부담하도록 하였다.

이와 같이 지주는 지가와 소작료 상승의 이중이익을 얻을 수 있었고 벼농사 하는 조선인에게 소작시키는 것이 경제적으로 훨씬 유리하였기 때문에 관헌의 규제에도 불구하고 조선인에게 소작을 주려 하였다. 따라서 만주관헌이 내린 외국인 토지소유권금지와 소작관계 제한훈령은 사실상 그대로 잘 준수될 리 없었다. 봉천성정부의 수전 경작에 한해서만 단지 1년의 단기소작을 허가한다는 명령이 반포된 후에도 1923년 6월에 蓋平縣 톈커껑(田可耕) 등은 황지 수천무를 한꺼번에 조선인에게 빌려주었고 수전 뿐만 아니라 한전도 경작하게 하였고 소작기간도 30여년이나 되었다.[175] 이런 장기계약은 실제상 토지매매와 같았다. 안동현에서만 하여도 관헌의 허가를 받지 않고 사사로이 토지를 조선인에게 임대 혹은 소작시킴으로써 처벌받은 자가 1923년 1월 7일에서 9월까지 52명이나 되었던 것은[176] 훈령이 그대로 잘 집행되지 않은 실정을 잘 설명해 준다.

또한 관헌의 규제에 마지못하여 형식상 고용이라는 형태를 취하기는 하였지만 실제상 종전과 같은 분익소작제의 소작관계로 지속된 경우가 많았다. 지방관헌도 별 방법 없이 기성사실을 승인해 등기시켜 주기도 하였다. 영구 전장대에서 지주는 관헌의 압력에도 불구하고 조선인과 장기계약을 맺었다. 그것은 高粱의 소출이 4～5석에 불과하였지만 벼는 1天地 10석이나 되는

---

174) 尾池禹一郎, 1927 ≪滿蒙の米作と移住鮮農問題≫ 103-107쪽
175) 遼寧省檔案館資料 JC10-7563
176) 朝鮮總督府警務局, 1930 앞의 책 242-243쪽

데다가 그 가격도 倍로 높아 수익이 많기 때문에 지주는 자연히 수전경작을 희망하였던 것이다.[177]

위에서 설명한 바와 같이 지주들이 규제훈령들을 잘 준수하지 않았거니와 지방관헌도 조선인을 구축하면 수전이 금방 황폐해지기 때문에 지방경제발전을 진흥한다는 이유로 일련의 규제 훈령을 제대로 잘 집행하지 않았다. 그들은 중국인 지주와 조선인 농민간의 소작계약에 대해 당사자간의 합의에 맡기고 간섭하지 않는 경우가 많았으며[178] 뇌물을 받고 이주 조선인의 거주를 묵인하는 경우도 적지 않았다.[179]

봉천성 懷德縣 지사 왕쨔딩(王家鼎)이 1922년 3월 8일 봉천성장에게 올린 呈에 의하면 1월에 李道尹이 현을 순시하면서 각 향촌의 이주 조선인을 구축하여 후환을 없애라고 하였는데 만약 道의 명령대로 조선인을 전부 구축하면 수전 경작은 금방 정지될 것이 뻔하다. 수전개발이 아직 초기단계에 있고 중국토착민이 벼농사 경작요령을 습득하지 못한 상태에서 조선인 노동자에 의지해야 하니 구축하기 어렵다고 하였다.[180]

1929년 왕청현에서 작성한 水田概況表를 보더라도 수전 841.6상에서 韓戶에 의한 경작은 5분의 4를 점하였고 중국인에 의한 경작은 5분의 1뿐이었다.[181] 화룡현에서는 수전경작 호수 508호가 수전 903상을 경작하고 있었는데 그중 한인이 504호나 되었고 華人은 단지 4호 밖에 안되었다.[182] 따라서

---

177) <營口及附近在住朝鮮人と遼河沿岸水田發達の現狀> ≪南滿及東蒙朝鮮人事情附, 水田事業の現狀≫ 1922 105-111쪽
178) 위의 책, 349쪽
179) 1927년 1월 本溪縣 上寺柵에 거주한 12호 조선인에 대해 순경 3명이 퇴거할 것을 명령하였지만 소양 40元을 받고는 그들의 거주를 묵인하였다. 청원현 정부는 조선인 100여 호에 대해 퇴거할 것을 명령하였지만 지사는 1,000여 원을 받고 그들의 거주를 묵인했다. 위의 책, 307쪽
180) 遼寧省檔案館資料 JC10-7563
181) 延邊檔案館 汪淸縣政府實業科 32-7-755
182) 延邊檔案館 和龍縣公署 39-3-672

이주 조선인을 구축하면 벼농사는 금방 정지되기 때문에 지방관헌은 지역 경제발전을 위해 省의 명령을 그대로 엄격하게 집행하지 않기 마련이었다.

이와 같은 현상은 1929년 2월 28일 요녕성 정부 주석 자운쉰(翟文選)의 '여러 차례 嚴訓에도 불구하고 각 현 관청이 잘 집행하지 않았으므로 이주 조선인은 경작기간 만료 후에도 퇴거하지 않고 중국인 지주를 籠絡하여 소작권을 계속 갖고 있다'는 퇴거훈령에서도 확증할 수 있다.[183] 1929년 4월 遼寧農礦廳이 작성한《整頓水田計劃8个條》중 제8조에 조선인 소작에 대해 단속하고 있지만 그 효과가 크지 않다고[184] 밝히고 있어 당국의 엄격한 규제가 제대로 집행되지 않는 실상을 공개적으로 시인한 셈이었다.

(2) 萬寶山事件을 통해서 본 규제실상

1931년 7월 길림성 장춘현 만보산지역에서 벼농사를 하기 위한 水渠개통을 둘러싸고 밭농사하는 중국인과 벼농사하는 조선인간 분쟁사건인 만보산사건이[185] 발생하였다. 이 사건은 그전에 韓中농민들사이에 종종 발생한 보통 분쟁사건과 별 다름이 없었다. 그러나 만주사변 직전 만주침략의 여론준비로 이용하려는 일본이 개입함으로써 식민지 조선에서의 화교학살사건으로 번져져 중일간의 엄중한 교섭사건이 되었다. 국제연맹 리턴조사단도[186] 이 사건에

---

183) <遼寧省政府ノ移住鮮人退去命令>1929년 3월 11일 日本外務省外交史料館資料 《滿蒙各地ニ於ケル朝鮮人ノ農業關係雜件(1)》
184) 遼寧省檔案館資料 JC10-4525
185) 1931년 7월 1일 길림성 장춘현 만보산지역에서 조선인 농민의 開畓에 필요한 이통하의 물을 끌어들이는 수로공사를 둘러싸고 조선인 농민과 중국인 농민사이에 빚어진 충돌사건이었다. 일본은 만주침략의 여론 준비로 이 사건을 이용하려고 조선일보 장춘지국장 김이삼에게 허위과장 정보를 제공하였고 조선에서의 화교학살사건의 발생을 사전에 막으려 하지 않았다. 이 사건에 대해 박영석 교수의 《만보산사건 연구》를 참조할 수 있다.
186) 1931년 만주사변발발 후 국제연맹 약조 제11조에 근거하여 9월 30일 행정원은 만장일치로 일본군대가 속히 철로지역 이내로 철퇴하라는 결의안을 통과시켰고

대해 상세히 조사하였다.

만보산사건은 만주관헌이 수전에 종사하는 조선인 이민의 소작관계에 대한 단속과 규제의 강도가 극치에 달했던 시점에서 발생한 사건으로, 이 사건의 발단이 된 소작관계 성립과정의 진상은 그 당시 속속 내려졌던 엄격한 규정이 그대로 집행되지 않았던 실태를 극명하게 보여준다. 그리고 한 걸음 더 나아가 우리는 이 사건을 통해 그 이전의 상대적으로 규제강도가 덜할 때의 훈령도 당연히 더 잘 지켜지지 않았을 것이라는 사실도 충분히 추정할 수 있겠다. 아래에 1927년 12월 길림성장이 각 도윤, 현 지사에 내린 훈령인≪朝鮮人土地租借規定≫과[187] 1929년 7월에 내린 길림성정부지령 제6395호 ≪吉林省政府建設廳管理稻田水利暫行章程≫의[188] 내용을 대조해 가며 훈령이 잘 지켜지지 않았던 당시의 규제실태를 살펴보겠다.

만보산지역 중국인 지주의 토지를 조선인 농민에게 수전경작하도록 알선해 준 중개인 호윙덕(郝永德)은 長農稻田公司를 운영하였다. 그는 1931년 4월 16일 長農稻田公司의 명의로 길림성 장춘현 제3구의 쏘한린(蕭翰林), 쩡훙빈(張鴻賓) 멍조흐(孟昭和), 딩휘(丁會), 루조싼(盧昭善), 쩡원훙(姜元亨), 런후(任富), 왕쭝후(王中富), 멍센운(孟憲文), 멍센은(孟憲恩), 쩡성의(姜聖義), 류쩐꿔(劉振國) 등 12명의 지주와 이통하 동쪽 황무지, 숙지 약 500상의 토지에 수전경작을 한다는 전제로 소작계약을 맺고[189] 이것을 장춘현 정부의

<hr>

조사단을 파견해 실지 조사하기로 했다. 조사단의 보고서는 조사단 단장의 이름을 붙혀 리턴보고서라 칭하기도 하였는데 주로 만주사변의 경과 및 그전의 糾紛상황을 조사, 보고했다. 조사단은 만주사변의 발생은 일본의 예정계획으로 합법적인 자위라 인정할 수 없으며 '만주국'도 일본의 唆囑과 조종을 받는 조직이고 그곳 주민의 자결에 의한 것이 아니라는 결론을 내렸다. ≪國聯調査團報告書評議≫ 67-69쪽 年度不詳

187) 한국국회도서관 MF 002000 Ree 148, SP267 1927년 12월 조사 ≪最近支那關係諸題摘要≫ 51-54쪽

188) 吉林省檔案館資料 <吉林省政府建設廳管理稻田水利暫行章程> 吉林省政府 L121 -13 0101-20-0627

허가를 받지 않은 채, 조선인 농민 李升薰, 李造和, 朴魯星, 李錫昶, 徐龍浩, 金東光, 沈亨澤 9명에게 轉租하였다.

지주와 長農稻田公司 호윙덕(郝永德)간의 소작계약서 제7항, 제8항을 보면 계약기한이 10년이었고 지주는 토지를 호윙덕(郝永德)의 장농도전공사에 조차한 후 그가 어떻게 경작하든지, 그들과 상관없으며, 계약만기가 되지 않으면 주권문제가 발생하더라도 계약을 취소할 수 없다고 규정하였다. 이것은 1927년 12월 길림성장 훈령 ≪朝鮮人土地租借規定≫ 제10조에 중국인 지주가 만약 토지를 사사로이 조선인에게 소작시키거나 몰래 조선인에게 담보 또는 매각할 경우 국토매매죄로 처벌한다. 제11조에 지주가 토지를 조선인에게 빌려준 후 감시의 책임, 불합당한 행동이 있을 경우 수시로 官署, 경찰에 보고해야 하는 의무가 있으며 이것을 어기면 토지 1상에 10원 이상 백원이하의 벌금을 내도록 한다는 규정을 크게 위반하였던 것이다. 이 지역 지주들은 토지를 수전으로 만들어 조선인에게 벼농사로 소작시키고 싶었지만 관헌의 威力을 두려워 토지사용권을 10년 기한으로 세력 있는 稻田公社에게 일괄 맡겨 위법으로 인한 징벌을 모면하려 하였다.

지주와 長農稻田公司의 계약 제9항과 제10항에서는 이통하를 끌어들여 관개하는 수리와 관계되는 것들도 도전공사에 떠맡겼다. 물도랑 용지 租借는 長農稻田公司가 책임지고 1상에 해마다 벼 3석씩 각 지주에게 납부하며 放水 때 타인의 농지를 방해하지 않는 것을 원칙으로 하고 분규가 일어나면 도전공사가 책임진다고 하였다.

지주와 長農稻田公司의 계약 제11항에는 각자 보증인을 두기로 하고 당사자가 계약을 위반할 경우, 보증인이 계약을 이행해야 한다고 명백히 규정해 놓았다. 여기에서 주목되는 것은 지주측의 보증인으로 초엔텐(曹彦田), 왕청린(王成林) 2인이 등장하였는데 왕청린(王成林)의 인적사항은 잘 모르겠지

---

189) 遼寧省檔案館, 吉林省檔案館, 中共吉林省委黨史研究室, 1990 ≪萬寶山事件≫ 10-11쪽

만 초엔톈(曹彦田)은 바로 그 구의 구장 초엔쓰(曹彦士)의 일가였다. 이 구를 관장하는 구장의 일가까지 이런 불법계약서 작성에 加參하여 보증인으로 나섰던 것을 보아도 그때 당시 수전과 관련해 당국이 반복해서 내린 엄격한 제한이 제대로 집행되지 않고 허술하였음을 충분히 짐작할 수 있다.

지주와 長農稻田公司간의 계약서 마지막 제13항에는 현정부가 허가하는 날짜부터 효력이 발생하며 만약 현정부의 허가를 받아내지 못하면 무효라고 명백히 밝혔다.[190] 1927년 12월 길림성에서의 ≪朝鮮人土地租借規定≫에 조선인이 벼농사를 하려면 반드시 지주가 관할경찰에 보고해 허가받아야 하고 교통과 타인의 밭을 방해하지 않도록 명령하였다.[191] 관부의 허가를 받아야 한다는 것은 이때에 와서 새롭게 제정한 규정이 아니었다. 일찍이 1919년 4월부터 길림성장공서는 지령 제2169호로 韓人과 토지조차계약을 맺을 때는 (입적한 귀화한인은 제외) 반드시 縣公署의 허가를 받아야 효력이 있다고 규정하였다.[192]

그러나 호윙덕(郝永德)은 장춘현 정부의 허가를 받아내지 못하고 사사로이 조선인 농민과 轉租 계약을 맺었다. 轉租 계약서 내용을 보자면 소작면적 500晌을 소작기한 10년으로, 소작료는 해마다 황무지는 1상에 벼 2석, 숙지는 해마다 1상에 벼 2석 3두로 하고, 水道용지의 소작료는 1상에 매년 벼 3석으로 하고 가옥용지 및 기타 공용지는 소작료를 내지 않으며 조세, 경찰비, 학비, 수리비 등은 쌍방이 함께 부담하고 소작인이 떠날 경우 가옥은 마음대로 처리할 수 있지만 水道와 논은 경영주에게 돌려준다고 규정하였다.[193] 이 소작계약은 ≪朝鮮人土地租借規定≫ 제2조에서 토지조차는 1년을 한도로 하며

---

190) <此契於縣政府批准日發生效力如縣政府不準仍作無效> 遼寧省檔案館, 吉林省檔案館, 中共吉林省委黨史研究室, 앞의 책 11-12쪽
191) 앞의 책,≪最近支那關係諸問題摘要≫ 51-54쪽
192) 吉林省檔案館資料 吉林省政府實業廳 L11 J111-02-0797
193) 遼寧省檔案館, 吉林省檔案館, 中共吉林省委黨史研究室, 앞의 책 11-12쪽

借主는 반드시 중국인 商鋪, 지방주민 혹은 중국에 입적한 지 3년 이상이 되는 조선인을 보증인으로 세워야 한다는 규정을 완전히 어겼다.

중개역할을 한 도전공사는 지주에게 황무지에서는 1상에 소작료로 1석 2두, 숙지에서는 2석을 내기로 계약하였으므로 중개 대가로 매년 황무지에서는 1상에 8두, 숙지에는 1상에 3두를 받을 수 있었다.

당시 조선인에게 소작시키거나 고용할 것을 관청에 신청할 경우 보통 '자체로 경작할 수 없다'는 이유를 대는데 관청에서는 조선인을 기술고문으로 고용해야 한다고 규정하였다. 이 사건이 일어나기 2년 전에 반포한 ≪吉林省政府建設廳管理稻田水利暫行章程≫ 제8조에서는 벼농사에 종사하는 자는 중국 本國人에 한하고 만약 대규모 경영으로 외국인을 기술자로 고용할 경우에는 반드시 현 정부를 거쳐 건설청에 공문을 제출해 허가를 받아야 한다고 규정하였다. 그러나 사실상 집행과정에서 지주는 이주 조선인을 기술이 있는 노동력으로 취급하였기 때문에 고용人數가 많기 마련이었다. 학영덕은 벼농사 기술을 가진 조선인 노동자 118명을 모집하였던 것이다.

아래에서는 장농도전공사의 수전경작 허가 신청경위를 살펴보겠다. 만보산지역 거주자 짱엔탕(張延堂) 등은 이통하 부근에 소유하고 있는 와지 약 200여상이 이미 토지등급을 올렸지만 별 소출 없이 매년 조세만 내고 있다며 이곳을 도전공사에 맡겨 이익을 얻으려고 하였지만 황무지 200여상을 수전으로 개간하는데는 많은 조선인 노동자를 불러들여야 되므로 관청에서 불허할까 봐 함께 연명하여 허가요청의 呈을 구장 초엔쓰(曺彦士)에게 올렸다.

구장 초엔쓰(曺彦士)는 짱엔탕(張延堂) 등이 올린 呈의 내용이 사실이고 그곳이 稻作하기 적합하다고 판정한 후 1931년 3월 장춘현장에게 可否의 呈을 올렸다. 장춘현장은 와지를 도전으로 만드는 것은 좋지만 東省人이 수전 경험이 없기 때문에 수전경작허가를 내 주면 많은 韓僑를 고용하기 마련이기 때문에 신중히 처리해야 한다며 구장에게 고용한인의 수와 계약내용

을 정확히 조사하도록 하였다.[194)

그 후 구장은 호윙덕(郝永德)의 長農稻田公司가 고용한 한교 노동자는 남 130명, 여 58명, 모두 188명이고 이들 한교가 이미 대왕가둔 삼가자 등 촌에 거주하면서 공사에 착수할 준비를 하고 있으며 계약내용, 한교 인적조사 등을 첨부해 장춘현 마현장에게 보고하였다. 이에 대해 마현장은 그곳에서 벼농사는 행할 수 있지만 고용한 한인은 20명을 초과해서는 안된다고 하면서 공안분국장에게 그들을 구축하라고 명령내렸다.[195) 편벽한 곳이 아닌 길림성 중심지에 있는 장춘현에서 거의 200명에 가까운 많은 이주 조선인을 한꺼번에 불러들이는 사건이 발생한다는 것은 그 당시 수전경작과 관련한 훈령과 규정 이 엄격하게 집행되지 않은 사회현실을 반증하기도 하였다.

한편, 도전공사와 계약을 맺은 이승훈 등 조선인은 4월 13일 馬家哨口부 터 姜家窩堡까지 길이 20여 리의 물도랑을 파기 시작했고 중국농민의 여러 차례 저지에도 불구하고 5월 하순에 대부분 공사를 끝냈다.[196)

200여명의 중국 농민들은 5월 27일 長春市政籌備處에 고소하며 정부의 해결을 촉구하였다. 이에 성정부는 즉시 조선인들을 구축하라고 명령내렸 다.[197) 5월 31일 성정부의 명령을 집행하기 위해 장춘현 공안국장 魯綺는 경찰을 데리고 마가초구에서 그 날로 조선인 100여명을 이사가게 하였고 申 永均 등 6명을 대표로 한 나머지 80여명으로부터는 공사를 행하지 않고 2일 내에 떠나가겠다는 具結을 받아냈다.[198)

---

194) 遼寧省檔案館, 吉林省檔案館, 中共吉林省委黨史研究室, 앞의 책 43쪽
195) <長春縣長馬仲援呈報韓人繼續挖溝并已派員勸逐情形> 위의 책, 12-13쪽
196) <萬寶山屯韓人强挖民田經過情形> 위의 책, 5쪽
197) '朝僑未經我當局允許, 擅入該地農村, 有背公約, 令縣公署派員會同公安警察前往 勸止, 并令朝僑出境' <吉林省政府第1273號指令> 위의 책, 5쪽
198) 이 具結의 내용은 '今蒙貴局長忠告勸導, 始知被郝永德欺蒙, 大衆情愿停工, 于2 日內全體回長, 決無遲延, 倘至期如不走者, 代表等甘愿領咎, 空口無凭, 立此甘結是 實' <韓人代表申永均等6人甘結> 위의 책 5쪽

조선인이 모두 떠나가려고 할 때 침략전쟁을 도발시킬 구실과 여론 준비를 찾고 있는 일제는 이 사건을 이용하기로 하였다. 일본 주재 장춘영사 田代重德는 일본경찰을 만보산에 파견하여 조선인을 '보호'한다며 조선인더러 물도랑을 계속 파고 죽어도 그곳을 떠나지 말라고 하면서 사단을 확대시켰다. 만보산 일대가 만철부속지도 아니고 日本租界地도 아닌데 일본영사가 공공연히 경찰을 파견한 것은 중국내정을 간섭하고 중국주권을 침범한 불법행위였다.

장춘현 2구, 3구 각 촌의 농민들은 그들의 농지가 잘리어 농사와 교통에 큰 불편이 생겼으며 이통하연안 양쪽 저지 약 2,000상의 토지가 침수의 피해를 입을 우려가 생겼다며 촌정을 수령으로 추대해 7월 1일 아침에 매호에 장정 1명을 보내 물도랑을 메우기 시작하였다. 그 날 수십 촌의 농민 약 400여 명이 2리의 물도랑을 메우고 둑을 무너뜨렸다. 7월 2일 일본 경찰서 주임 中川義治는 아침 일찍 마가초구에 30명의 무장 일본경찰을 물도랑 양측에 배치해 두고 메우지 못하게 하였다. 실제 만보산사건에서는 종래 만주지방에서 종종 일어났던 한·중 농민간에 발생한 충돌과 같이 큰 인명피해는 없었다.

그러나 일본영사관이 이 사건을 만주침략의 구실로 이용하고 중국, 조선 두 민족 간의 민족적 반감에 불을 붙이려 했기 때문에 조선일보 장춘국 지국장인 金利三에게 허위정보를 제공하였다. 김이삼은 만보산사건이 일어난 현지에 가보지도 않은 채 일본 영사관측의 정보를 그대로 본사로 전송하였다. 조선에서 7월 1일, 7월 2일 이틀 간의 충돌사건에 대한 과다한 보도와[199]

---

199) 《조선일보》는 7월 2일 심야에 <장춘김특파원전보>로 '三姓堡同胞受難益甚/二百餘名又復被襲/완성된 수로공사를 전부파괴/중국농민대거폭행'이라는 제목의 호외를 발간하였다. 7월 3일의 제2면에 4段으로 재록된 이 호외기사의 표제중 <二百餘名又復被襲>은 초호활자의 커다란 字体로 되어 있었고 7월 3일 다시 두 번째로 발간한 호외 중 <二百同胞衝突負傷> 역시 커다란 활자로 되어 있다. 崔埈, 1997 《新補版 韓國新聞史》 257쪽; 폭동진정을 일찍부터 강조해 온 《동아일보》의 7월 7일자 사설에서는 폭동에 某種의 '검은 손'이 있을 가능성이 있다고 지적하면서 한국인들에게 폭동에 가담함으로써 그 '검은 손'의 노리개가 되지 말라고 경고하였다. 閔斗基, 1999 <萬寶山事件(1931)과 韓國言論의

조선총독부의 사태수습보다는 조장함으로 말미암아 끝내 큰 외교사건인 중국화교참안으로 번져갔다.[200] 그러나 사건 발생 후 韓·中 유지인사들의 공동노력으로 일제가 이 사건을 만주침략에 이용하려는 책략이 국내외에 폭로되었고 韓·中 공동항일의 유대를 불러일으켰다.

위의 萬寶山事件 발생 경위를 보면 길림성장의 조선인 벼농사에 대한 규제 훈령들이 전혀 지켜지지 않았음을 알 수 있다. 이 사건은 당시의 이런 보편적인 분위기를 가장 극명하게 잘 보여주었다.

(3) 조선인의 소작실태

1915년 '만몽조약' 체결 후 일제가 상조권을 내세우며 조선인까지 이용하여 침략을 강화하자 만주당국은 조선인의 토지소유권을 금지하였을 뿐만 아니라 엄격한 소작규제를 정하였고 심지어 소작마저 불허하고 제한된 고용만을 허용하거나 구축까지 하였다. 그러나 지방관헌이나 지주는 규제훈령 그대로 집행하지는 않았다. 이하에서는 당시 보편화된 소작실태를 살펴보겠다.

당시의 소작방식으로는 定額小作法, 分益小作法이 있었다. 定額小作法은 경작기술이 낮고 생산시설이 불완전한 상태에서 수재, 한재가 빈번하게 발생하여 수확량이 안정치 않은 수전 경작에서는 보통 사용하지 않았다. 단지 조선인 농가가 중국인 지주와 토지조차계약을 맺은 다음 다시 이것을 다른 조선인 농가에게 소작시키는 경우에만 이 소작법을 이용하였다. 상대적으로

對應> ≪東洋史學研究≫ 제65집 165쪽

200) 중국측이 국제연맹에 제출한 각서에는 중국인 142명이 살해되었고 546명이 부상, 91명이 행방불명, 재산손실이 4,163,102.07엔에 달하였다고 하였다. 顧維鈞, <參與國際聯合會調査委員會中國代表處說帖> 中國國民黨中央委員會黨史料編纂委員會, ≪革命文獻≫33호 1970 116쪽; 리턴보고서에는 사망 127명, 부상 393명, 물적 손해 250만엔이라고 하였다. 그 후 일본영사관 경찰은 만보산에서 철수하고 조선인 소작인은 그곳에 남아서 계속 벼농사를 하였다.

<표 2-3> 1920년대 조선인 수전 소작상황1) (단위; %, 石, 圓)

지방	항목	분익소작			정액소작		
		최고	최저	평균	최고	최저	평균
만철연선지방	撫順	-	-	50%	45圓	35圓	40圓
	遼陽	-	-	50%	-	-	30圓
	田庄臺	50%	30%	-	30圓	20圓	25圓
	本溪湖	-	-	50%	40圓	25圓	32圓
남만북부지방	淸原	-	-	50%	-	-	-
	東豊	-	-	40%	-	-	-
	金川	-	-	40%	-	-	-
	海龍	60%	50%	-	17圓	15圓	-
	西安	-	-	50%	年租로 現洋250圓		
동변도지방	通化	60%	40%	50%	25圓	17圓	20圓
	興京	-	-	50%	40	30	-
	寬甸	60%	40%	50%	50圓	30圓	40圓
	東邊道	50%	40%	-	3石	2石	-
만주중부지방	吉林	30%	20%		-	-	-
	陶賴昭				2.5石	1石	20圓
	新京	40%	30%				30圓
만주북부지방	哈爾賓	-	-	-	4石	1石	2石
	齊齊哈爾	30%	20%		2.5石	1石	-
	賓縣	-	-	30%	7.5石	5石	6.3石
	海林	-	-		1.3석	1石	-
	寧安			50%	1.5石	0.5石	-
	穆稜	-	-	50%	3石	1.5石	-

출전: 民政部總務司調査科, 1932 ≪在滿朝鮮人事情≫; 현규환, 1967≪한국유이민사≫ 237-238쪽; 廣瀨進, 1936 <在滿鮮農の社會的諸條件> ≪滿鐵調査月報≫ 제16권 제8호 119-120쪽 참조

벼농사 역사가 오래고 자연조건이 좋으며 경작기술수준이 높은 간도성, 안동성, 모단강성 지역에서는 정액소작법을 채택하는 편이었다.201)

정액소작료 납부방식에는 곡물납부와 금전납부 2종류가 있었으나 곡물납

---

201) 奧田享, 工藤要, 1941 <滿洲水稻作の社會的諸條件> ≪滿鐵調査月報≫ 제21권 제12호 122쪽

부방식이 지배적이었다. 수확 전과 후 심한 가격변동이 있었기 때문에 지주는 소작료를 곡물로 받는 편이 현금보다 더 유리하였다. 1925년 4월 農安縣 위지쩐(于吉禎)이 靠山屯街南에 있는 황무지 500상을 입적한 조선인 全應斗에게 빌려주어 수전으로 개간하게 한 계약서 제3조를 보면 墾戶는 첫해에는 소작료를 내지 않고, 2년째는 1상에 벼 7두, 3년째는 1상에 1석, 4년째 이후는 1상에 1석 5두를 납부해야 한다고 규정했다.[202]

벼농사의 소작방법에서는 대부분 분익소작법을 채택하였는데, 이를 分種 혹은 伙種이라고도 칭하였다. 이것은 수확 후 지주 혹은 그 관리인이 입회해 계약에 따라 수확물을 束 그대로 분할하는 束分과 탈곡한 곡식을 분할하는 穀分으로 나눌 수 있다. 조선에서 행해졌던 지分과 畦分은 없었다.

만주사변직전 이주 조선인의 소작계약기간은 보통 1개년으로 매우 짧았다. 이훈구의 조사에 의하면 201호 중 177호(88%)는 1개년 계약이었고 2~3년인 것도 있었다. 새로운 개간지에서는 보통 3년 이상이었다.

<표 2-3>을 보면 수전 역사가 비교적 오랜 지역인 만철연선지방, 남만지역은 평균 분익소작율이 40~50%로 만주 중부나 북부(흥안지방의 동부지방을 제외)보다 높았다. 남만지역에서도 동변도 지방은 60%에 달한 곳도 있어 높은 편이었다. 만철연선 지방에서는 소작료를 절반, 혹은 전액을 금전으로 납부하는 경우가 많았지만 기타 지역에서는 금전납부가 그다지 행하지 않았던 것이다.

신개간지에서는 소작인의 부담을 경감한다는 의미에서 개간비를 소작인이 부담할 경우에는 첫해에 수확물을 지주 3분, 소작인 7분, 2년째는 지주 4분, 소작인 6분, 3년째는 반반 나누는 것이 많았다. 지주가 개간비를 부담할 경우에는 첫해부터 지주 4분, 소작인 6분, 또는 반반씩 나누는 것이 통례였다.[203] 서풍현 지방에서는 수확물을 지주 4분, 소작인 6분, 개간지에서는

---

202) 吉林省檔案館 吉林省政府實業廳 L14 J111-02-0888

2～3년 간 완전히 소작료를 내지 않거나 첫해에 지주 2분, 둘째 해에 지주 3분, 셋째 해에 지주 4분으로 나누었다. 소작기간은 1년, 또는 6～7년이었다.[204]

분익곡물 납부계약은 생산에 직접 소요되는 종자, 비료 등을 반반씩 나누는 동시에 생산물은 벼뿐만 아니라 부산물인 짚도 반반씩 나누는 것이 보통이었다.

그리고 보통 조세와 같은 국세는 1무에 大銀元 10전에다가 부가세 1할을 추가해 지주가 부담하고 학교비, 순경비, 보위단비와 같은 지방세는 소작인이 부담하며 수리세는 지주와 소작인이 반반씩 부담하며 제방, 수로의 수선비 및 종자는 소작인이 책임졌다.[205] 황무지를 수전으로 개간할 경우에는 대규모 공사나 제언과 수로수축에 필요한 특수재료 외의 일반적인 제방, 수로수축비는 소작인의 몫이었다.

봉천성 환인현에서는 조선인이 중국인의 토지를 소작하면 지주의 가옥에 살면서 집세를 내지 않고 소작료를 절반씩 나누는 관습이 있었다. 새로 개간한 황무지라면 상호 협상하여 지주가 단지 1～2할, 혹은 2～3할만을 가지는 것이 보통이었다. 그러나 조선인이 典을 통해 토지를 구매하거나 황무지를 획득하는 것은 금지되었다.[206]

분익소작은 경제적 기반이 어느 정도 확립된 조선인 이민만이 행할 수 있는 소작방식이었다. 赤手空拳으로 만주에 들어온 조선인은 처음에는 보통 榜靑 형식을 취할 수밖에 없었다. 방청은 지주와 소작인이 부담하는 정도에 따라

---

203) ≪奉天附近に於ける朝鮮人農家の小作慣習に就て≫ 1924 11쪽

204) 滿鐵興業部農務課, 1926 ≪滿洲ノ水田≫ 67쪽

205) 橫山敏男, 1942 <南滿に於ける水稻の生産事情> ≪農業の滿洲≫ 제14권 제11호 25쪽

206) '懷仁居留韓民並無置買及占墾房地向係租種華民地畝卽住地主之房房蕪租錢僅交地租糧石其租額大率每年照收入糧數與地主各分其半如係新墾民荒亦有地主僅分一二成或二三成者彼此自行商定其他不拘年限隨時均可退換 … 列表呈報致韓民典買佔墾官荒民地一律永遠禁止' 徐世昌, ≪東三省政略≫ 民政 奉天省 53쪽

內薪靑과 外薪靑이 있었다.

내방청은 지주가 토지와 가옥은 물론, 농업에 필요한 역축, 농기구, 종자, 비료 등 생산수단과 일용품, 의복, 식료품 등 생활필수품까지 소작인에게 대여해 주고 수확 후 반환하는 방식인데 보통 수확물은 지주 6~7분, 소작농 3~4분의 비율로 분배되었다.

외방청은 지주가 토지와 가옥만 제공하고 기타 생산수단과 생활필수품은 소작인 스스로가 해결하는 방식인데 지주 4~5분, 소작농 6~5분으로 거의 일반 소작농과 비슷하였다.[207]

위 방청형식은 중국인 지주들에게는 벼농사 기술이 뛰어난 조선인들을 이용하여 높은 수익을 얻을 수 있었고 새로 이주한 조선인들에게는 중국인 지주에 기탁하여 생활안정을 찾을 수 있었기 때문에 널리 유행했다. 洮安縣 지사 완위청(萬維成)은 1923년 5월에 ≪洮安縣韓僑種稻簡章≫을 제정하여 조선인 농민이 현에서 방청형식으로 벼농사하는 것을 허락했다.[208]

봉천성 영구 전장대부근의 조선인들은 대체로 중국인 소유지를 다음과 같은 방법으로 소작하며 벼농사에 종사하였다.[209]

1. 지주가 수전 부근에 조선인 소작농들이 거주할 수 있는 가옥을 무상 대여해 주고 소작농은 농작기간동안 보통 그곳에 거주하는 것이 관습이었다.
2. 소작계약을 보면 밭을 수전으로 開畓하거나 새롭게 황무지를 개간할 경우, 지주는 우마 및 그 사용인을 구해 밭갈이를 책임지고 소작인은 물을 끌어들여 수전을 만들어 耕種하는데 수전 주위의 제방 및 물도랑은 지주가 책임지고 축조 수리하였다.
3. 소작료는 분익으로 종래는 지주 4분, 소작인 6분, 혹은 반반 나누는 것이었

207) 淺田喬二, 1968 앞의 책 174쪽
208) 奉天省長公署檔案 권 4541
209) <營口及附近在住朝鮮人と遼河沿岸水田發達の現狀> ≪南滿及東蒙朝鮮人事情附, 水田事業の現狀≫ 1922 105-111쪽

지만 후기에 가서는 지주가 제방, 물도랑 등의 축조 관리를 책임지는 대가로, 게다가 조선인간 소작경쟁이 격화되어 지주가 해마다 소작계약을 변경할 수 있어 결국 소작 조선인에게 불리했다. 소작료는 上地에서는 지주 6분, 소작인 4분, 중지에서는 지주 5분~5분 5리, 소작인 5분~4분 5리로 되어 있으며 또한 소작인은 1년에 봉천표 36원~40원을 소작료로 선불해야 하였다.

1920년대 營口지역 소작기간은 신개간지의 경우 개간비를 소작인이 부담하면 보통 최저 3~10년에 이르는 多年 소작계약을 맺었지만, 熟田의 경우 1년 기한의 소작계약이 대부분이었고 3년, 5년은 드물었다.

1920년대 중반에 들어서서 지주는 관헌의 조선인에 대한 규제명령을 빙자로 가옥임대료, 소작료, 영농비 대부이자를 높이거나 조선인 소작농들이 많은 비용과 노동력을 들여 만든 수전을 몰수하여 직접 수전경작하거나 자신에게 더욱 유리한 소작조건을 제시하는 경우가 많아졌으며 형식상 지주가 부담해야 할 것도 조선인 소작인에게 轉嫁하거나 공동 부담하게 하는 경우도 적지 않았다. 조선인의 소작조건은 불안해지기만 했다.

소작인이 부담하는 지방세(畝捐이라고도 칭함)인 學校費, 巡警費, 保衛團費 등은[210] 지역에 따라 다르지만 대체로 1무에 年額은 小洋 10~30전이었다.[211] 그 외에 촌비로 1상지에 奉小洋 은화 4~12元까지 차등을 붙여 납부하여야 하였다.[212] 그리고 조선인은 거주세, 등록비 등도 내야 하였다. 奉票 하락은 소작계약 등에 규정한 각종 과세를 증대시켜 이주 조선인의 경작조건을 더욱 열악하게 만들었다. 해성현에서는 수리세로 1天地에 봉표

---

210) 天野元之助, <滿洲に於ける小作樣式と其の性質> ≪滿鐵調査月報≫ 제12권 제11호 81-82쪽; 滿鐵興業部農務課, 1926 ≪滿洲ノ水田≫ 68-69쪽; 黃越川, 1930 ≪東北水田誌≫ 42쪽

211) 滿鐵庶務部調査課, 1926 ≪滿洲水田の話≫ 14쪽

212) <奉天省の土地制度と地稅制度> 滿鐵經濟調査會, 1932 ≪滿鐵調査月報≫ 제12권 제9호 198-199쪽, 226-228쪽

13元을 받던 것이 봉표하락을 이유로 1927년에는 60원을 징수하였던 것이다.[213]

지주의 소작농에 대한 가혹한 압박착취로 1930년 간도지역에서는 '붉은 5월투쟁', 吉敦 '8.1폭동', 9월 이후 '추수투쟁'이 일어났다. 이 일련의 사건은 비록 중국공산당의 좌경노선 하에 일어났지만 이로써 친일단체였던 조선인민회의 기능이 상실되었고 중국당국에 대한 충격도 컸다. 지주는 조선인 이민이 빌린 양곡에 대해 7~8分의 이자를 받고 곡가의 변동에 의한 차액을 자신에게 유리한 쪽으로 강제 징수한 결과 1석 빌리면 다음해에는 3석 반제해도 부족하였다. 1931년 3월 29일의 연길현 정부는 악화된 지주·소작인간의 소작관계를 완화하고 간민들의 부담을 경감시켜 그들을 구제하기 위해 길림성정부의 동의를 거쳐 ≪墾民租地納糧及墊補食糧辦法≫(租佃地辦法이라 略稱하기도 함)을 반포하였다. 주요 내용은 다음과 같다.

제3~4조: 수확물 분배율은 지주 4할, 소작인 6할로 하고 穀草類는 전부 소작인의 소유로 한다.
제5조: 봄에 지주가 소작인에게 대여 한 식량은 가을 회수 때 1석에 3분의 이자를 부과해 징수할 수 있으나 금액으로 환산하여 불법이득을 취할 수는 없다.[214]

그리고 이를 강경하게 추진하기 위해 이 규정을 반대하는 자에 대해서는 제8조에[215] 따라 처벌하겠다고 하였다.

---

213) 오세창, 1970 <재만한인의 사회적 실태-중국의 대한인정책을 중심으로> ≪백산학보≫ 9 154쪽
214) <中國側ノ鮮農ニ對スル小作法制定ニ關スル件> 1931년 10월 5일 일본외무성외교사료관자료 ≪滿蒙各地ニ於ケル朝鮮人ノ農業關係雜件(2)≫; 中谷忠治, <間島に於ける農業機構の概要> ≪滿鐵調査月報≫ 제15권 제12호 65쪽
215) 제8조의 내용은 지주가 본 규정을 위반하여 소작인으로부터 현정부에 고소되면 행정처분으로 그 지주가 받을 1개년간의 소작료, 소작인에게 미리 대여해 준 식량과 자금이 몰수되며, 엄중하면 土豪劣紳治懲條例에 의해 처단된다고 하였다.

그러나 ≪墾民租地納糧及墊補食糧辦法≫은 지주의 강력한 반대에 부 딪쳐 ≪小作墾民救濟方法≫으로 개정되었다가 후에는 ≪小作墾民救濟 法改正施行規則≫으로 정착되었다. 이것은 제일 처음 제정된 ≪墾民租地 納糧及墊補食糧辦法≫보다 많이 후퇴한 내용이었다. 연길, 화룡, 琿春, 왕 청 4현에서는 연길현 정부의 ≪小作墾民救濟法改正施行規則≫에 의거해 辦法5條를 실행하기로 하였는데 그 내용은 다음과 같았다.

1. 지주, 소작인의 4 : 6 수확물 분배율에 대한 규정을 철폐하고 관청에서는 지주, 소작인 쌍방이 자유로이 체결한 소작계약을 유효로 인정한다. 그러 나 지주 분배율이 5할 이상을 초과해서는 안 된다.
2. 지세 및 지방세는 지주가 부담한다.
3. 연변지역의 소작인이 지주에게 소작료를 지불하는 외에 지주측이 소작인을 무임금으로 땔감 채취 등 노동을 시키는 폐습을 폐지한다. 그러나 감정이 좋아 스스로 해 주는 것은 이 제한에 포함되지 않는다.
4. 곡물대여의 貸金 환산을 허용하지 않고 이자는 3분을 초과해서는 안 된다.

연길, 琿春, 화룡, 왕청 4현의 지주, 소작인은 이를 준수해야 하였고 만약 고의로 위반하거나 소란을 일으키면 법에 따라 처벌한다고 규정함으로써[216] 지주의 자의적 착취를 어느 정도 제한하였다.

---

216) <間島小作法改正> ≪滿鐵調査月報≫ 제12권, 제4호 1932년 196-197쪽

3. 벼농사의 발달상황

1) 쌀 생산의 급증

만주당국의 저습지를 포괄한 토지개발 촉진책과 도전공사 설립 등이 포괄된 벼농사 권장과 수리에 대한 관리강화 조치는 객관적으로 조선인의 수전개발에 유리한 여건을 마련해 주었다. 조선인들은 벼농사의 주요 담당자로서 만주당국의 규제로 악화된 소작조건 하에서도 우수한 벼농사 기술을 토대로 각지에서 경험을 쌓아가며 수전을 확대해 갔다. 그들에 의한 벼농사의 전개는 사회 전반에 벼농사의 높은 수익성을 알리기도 하면서 벼농사 붐을 이끌어냈다.

만주사변전 조선인 이민의 지속적인 이주와 수전 경작으로 말미암아 수전

<표 2-4> 만주사변전 수전면적, 생산량, ha당 수확량 추이(단위; ha, kt, kg)

연대 \ 항목	수전면적		수확량		ha 당 수확량	
	수량(ha)	지수	수량(kt)	지수	수량(kg)	지수
1924년	56,858	100	93,670	100	1,647	100
1925년	93,097	164	192,277	205	2,065	125
1926년	110,803	195	180,380	193	1,628	99
1927년	125,817	221	147,720	156	1,175	71
1928년	82,000	144	149,720	160	1,826	111
1929년	88,280	155	136,820	146	1,550	94
1930년	98.140	173	154,350	165	1,573	96
1931년	81,800	144	158,640	169	1,939	118

출전; ≪東北經濟小叢書·農産≫(生産篇) 93-95쪽

면적과 수확량은 급증하였다. 수전 면적은 1913년의 4000여ha에서 1921년에는 4만 8000여ha로 약 12배 넘는 급증을 기록하였고 1931년은 8만 1800ha로 20배의 증가를 나타냈다.[217]

<표 2-4>를 보면 수전면적과 수확량이 1927년 이전은 계속 증가하였고 일제의 침략강화로 인한 만주관헌의 조선인 이민에 대한 규제정책실행으로 1928-1931년은 급격한 증가세가 좀 주춤했다. 그러나 여전히 증가추세였다. 1924년에는 수전면적, 수확량, ha 당 수확량이 각각 5만 6858ha, 93,670kt, 1,647kg으로 증가되었지만 1931년은 각각 8만 1800ha, 158,640kt, 1,939kg에 달하여 1924년을 기준으로 할 때 각자 44%, 69%, 18%에 이른 경이로운 발전을 달성하였다.

<표 2-5>를 보면 수전면적으로 보나 수확량으로 보나 만주사변직전 수전 경작의 90%이상은 봉천성과 길림성에 집중되어 있었음을 알 수 있으며 이 두 省은 각자 45% 내외의 비슷한 규모를 갖추어 발전하였음을 알 수 있다. 1930년의 수전면적은 봉천성이 조금 더 넓었고 수확량은 길림성이 조금 더

<표 2-5> 1930년 만주지역 각 성 수전 면적과 벼 수확량 비교[1]

省＼항목	면적(町)	비율	수확량(日本石)	비율
봉천성	29,438.46	47.46%	609,843.16	41.80%
길림성	27,864.48	44.92%	728,772.15	49.95%
흑룡강성	4,721.70	7.61%	118,320.00	8.11%
합계	62,024.64	100%	1,458,935.31	100%

출전; 東亞勸業株式會社, 1933 ≪東亞勸業株式會社拾年史≫ 330-335쪽을 참작해 작성.

---

217) 東北經濟小叢書, 1947 ≪農産·生産篇≫ 93쪽

黑龍江省

秦來

洮南

突泉

通遼

康平

開原

彰武

鐵嶺

新民

撫順

本溪

營口

關東州

遼寧省

吉林省

扶余

長春

懷德

東豊

西豊

蒲陽

清源

鳳城

安東

永吉

雙陽

盤石

海龍

柳河

新賓

嘉甸

桓仁

通化

輯安

長白

伊通

樺甸

輝南

濱江

雙城

榆樹

舒蘭

同賓

阿城

珠河

五常

賓

湯原

通河

木蘭

綏東

依蘭

勃利

密山

穆稜

東寧

寧安

敦化

汪淸

延吉

和龍

琿春

額穆

金川

朝鮮

綏遠

繞河

虎林

凡　例

● 1000町이상
● 1000町-500町
● 500町-100町
(＊100町이하 무시)

<도 2-2> 滿洲 水田 分布圖(1930年)

비고: 東亞勸業株式會社, 1933 《東亞勸業株式會社拾年史》 330-335쪽에 의거하여 작성.

많았다. 벼농사 개시로부터 1915년까지의 초창기 봉천성 중심의 수전분포는 북 길림성으로 확대되면서 만주사변직전 길림성은 봉천성과 대등한 수전면적과 수확량을 갖게 되었다. 흑룡강성은 전체의 7~8%로 보잘 것 없이 적었다. <도 2-2>를 보면, 봉천성, 길림성, 흑룡강성의 1930년 1000町 이상의 수전 면적을 가진 현이 봉천성의 심양, 개원, 신민, 신빈, 통화, 환인, 집안, 유하 8개현, 길림성의 반석, 화전, 돈화, 액목, 연길, 화룡, 왕청, 혼춘, 넝안 9개현, 흑룡강성의 泰來, 綏東 2개 현이었음을 확인할 수 있다.[218]

벼농사가 차지하는 비중이 크지 않은[219] 간도에서도 수전면적과 수확량이 꾸준히 증가하였다. 함경북도 농사시험장에서 小田代5號, 津輕早生, 井越早生을 장려품종으로 정해 보급하기 시작한 후 이것이 인접한 간도지방에 점차 유입되고 재배되었다. <표 2-6>을 보면 小田代를 심기 시작한 1916년의 수전 면적은 393.4정에 불과하였지만 이 품종이 보급되고 미곡수요가 늘어나고 미가가 등귀함에 따라 1926년에는 8,185.4정으로 급증하였음을 알 수 있다. 간도지방과 동변도지방을 제외한 광활한 만주 전역에서 조선인들은 대부분 벼농사에 종사하였다.[220] 그들의 쌀 생산은 자체 식량 소비를 위한 것이 아니라 현금으로 바꾸어 값싼 양곡을 사서 생활을 유지하기 위한 것이었다. 이훈구

---

218) 東亞勸業株式會社, 1933 앞의 책 330-335쪽; 봉천성의 수전이 있는 39개 현 중에서 안동, 장하, 류하, 심양, 홍경, 통화, 봉성, 환인, 집안, 서풍, 신민, 해룡, 회덕, 개원, 무순, 복현, 수엄, 관전, 철령 등 현의 수전은 모두 萬畝 이상을 넘어섰다. 이 현들은 만주에서 벼농사가 가장 발달한 곳이었다. ≪奉天通志≫ 권 113

219) 1930년도 간도지방의 경작지 구성비율을 살펴보면 총경작면적에서 밭 면적이 94.6%인데 반해, 수전 면적은 5.4% 뿐이었다. 간도 조선인 중 벼농사 종사자는 밭 경작자 253,000명의 8%에 지나지 않는 30,000명에 불과하였다. 尾池禹一郞, 앞의 책 57-59쪽; 간도 조선인 농민의 출신지는 1926년 기준으로 함경북도와 남도가 각각 1위, 2위를 차지하였고 그 다음으로 강원도, 평남, 황해, 경기, 평북, 경북의 순이었다. 수전 경작이 급증하지 못하는 것도 이와 같은 북부 각 도 출신위주의 인구구성과 무관하지 않았다. 金正柱, 1971 ≪朝鮮統治史料≫ 제10권 387-392쪽

220) <中東經濟月刊> 1930 제6권, 제9호 67-81쪽; 이훈구, 앞의 책 133-135쪽

<표 2-6> 間島 琿春지방 수전 증가 상황(단위; 町)

1916년	1917	1918	1919	1920	1921	1922	1923	1924	1925	1926
393.4정	764.2	1,458.8	3,608.7	3,731	4,206	6,605.8	7,160	7,787	7,600	8,185.4

출전; 朝鮮總督府內務局社會課, <滿洲及西比利亞地方ニ於ケル朝鮮人事情> 1927년 10월 김
　　정주, ≪朝鮮統治史料≫ 10 1971 594쪽

가 만주사변직전 실시한 201호 조선인 농가에 대한 조사에 의하면 생산된
농작물의 64.8%, 미곡의 75.2%를 판매한다고 하였다.[221]

　이 시기 급속한 벼농사 발달의 표징의 하나로 만주 쌀 시장의 등장을 들
수 있다. 러일전쟁 후 만주에는 일본 및 조선으로부터 대련을 경과해 쌀이
수입되었다. 당시 안동부근에 재배된 쌀은 안봉철도가 군용으로 전용되고 보
통 화물운송을 하지 않았기 때문에 海路 대련을 거쳐 공급되었는데 그 범위도
대석교 이남에 그쳤다. 1911년 말 안봉선 광궤개통에 따라 이런 불편함은
해소되었고 봉천 이남 지역은 안동미로 넘쳐났다. 1921년 전후에 이르러서는
봉천부근에서도 쌀의 자급자족상태가 실현되어 안동미는 봉천부근에서의 판
로를 잃고 북만으로 진출해 하얼빈(哈爾濱)지방에서 거래되었다. 그 후 2~3
년 지나 만철연선 각지의 쌀 생산 증가에 의해 봉천지방에서는 미과잉현상이
나타났으므로 판로를 북만 하얼빈(哈爾濱)에 두기 시작하였는데 이로 인해
운임에서 불리한 안동미는 다시 해로로 대련에 들어가 점차 일본미, 조선미를
구축하였다. 이렇게 또 1~2년 지나서 개원지방의 쌀 생산의 증가에 따라
봉천미도 안동미와 같은 운명으로 밀려났고 1925년쯤부터 길림지방의 쌀 증
산에 따라 점차 판로를 잃고 개원미과 함께 신경에서 쫓겨나고 말았다. 그리하

---

221) 이훈구, 앞의 책 179쪽

여 북만시장은 길림미, 장춘미의 판매권이 되었다. 북만시장을 잃은 봉천, 개원지방 쌀은 대련시장에 진출해 대련에서 안동미를 구축하였다. 그 후 수전개척의 진전에 따라 북만 각지에서도 점차 자급상태에 이르러 새롭게 판로를 개척해야만 하였다. 길림지방의 쌀은 멀리 대련 및 안동지방에 판로를 개척하기까지 하였다. 안동미는 최후의 一路로 국경을 넘어 조선으로 나갔다.[222] 이와 같은 만주 쌀 거래의 활발한 전개로 말미암아 1924년에는 만주거래소에 期米가 上場하기에 이르렀는데 이로부터 수전경작은 더욱더 활기를 띠게 되었다.[223] 1928년에 全滿米穀同業組合이 설립되어 벼 검사를 실시함으로써 만주 쌀의 품종의 混淆와 赤粒種의 혼입상황을 개선시킴과 아울러 점차 일본기호에 맞는 품종으로의 교체가 진전되기 시작하였다.[224]

만주사변직전 수전면적과 수확량이 급증하였지만 전체 농산물 중에서 차지한 비율은 보잘 것 없었다. 1930년 현재 만주 각종 농작물의 경작면적 비율은 대두 31.3%, 고량 22.9%, 속 17.1%, 소맥 10.3%, 陸稻와 水稻를 합해 1.5%, 기타 10%였다.[225] 만주사변발발까지 1925년과 1926년을 제외하면 벼는 줄곧 전체 농작물 경작면적의 1%이하 밖에 되지 않았다.[226]

2) 北滿으로의 벼농사 확대

1910년대 중반까지 만주의 벼농사는 주로 기후가 비교적 따뜻한 남만, 동만

---

222) 吉林鐵路局配車科, 1937 ≪吉局管內に於ける稻作事情と米の出廻狀況≫ 27-29쪽
223) 奉天商工公會, 1940 ≪奉天經濟三十年史≫ 539쪽
224) 全滿米穀同業組合 검사장 현미검사규격은 乙米 7% 이내를 1등, 9% 이내를 2등, 13% 이내를 3등, 18% 이내를 4등으로 규정하였다. 보통은 4등 혹은 등외로 떨어진다. 벼검사는 가을수확을 하자마자 換金해야 할 농민에게는 별 도움이 없었고 양곡상과 중매인 지주에게 유리하였다. 지주는 기준규격을 소작농에게 전가시켜 농민의 부담을 가중시켰다. 全滿米穀檢查場長 萩原昌彦, 1931 <滿洲米の米格觀> ≪農業の滿洲≫ 제3권 제10호 21쪽
225) 李樹田 편집, 1991 ≪中國東北通史≫ 吉林文史出版社 564쪽
226) 東北經濟小叢書, 1947 ≪農産・生産篇≫ 95-96쪽

을 중심으로 행해졌고 토질이 비옥하고 황무지가 넓으며 기후가 寒冷한 북만
에서는 뒤늦게 20년대, 특히 그 후반기에 들어서서야 조선인 이민이 송화강
넘어 서쪽으로, 북쪽으로 이주함에 따라 수전이 개발되었다. 북만, 특히 흑룡
강성 각지의 벼농사의 전개는 만주지역 수전 개발의 전면적인 전개의 표징이
었다. 哈爾濱지방의 ▨ 재배는 1924년, 1925년부터 시작되었고 1925년에는
齋齋哈爾부근에, 19▨년에는 다시 서쪽으로 북위 48도의 흑룡강성 札蘭屯
부근에서 벼 재배가 ▨되었다.[227] 1929년에는 북위 49도에 가까운 博克圖
에서, 북위 51도에 가▨운 곳에서도 수도작이 시험재배 되었다.[228] 1920년
북만의 수전은 4000여 ▨에 달하였고[229] 1925년 길림성 장춘, 회덕, 이통,
쌍양, 반석 5현의 수전 ▨작지는 4만여 무, 벼 수확량은 58,000여 석이나
되었다.[230] 조선인 이민▨ 북만의 기후, 벼농사 기술상의 어려움을 극복하고
벼농사를 전개한 것은 ▨계농업개발사에서의 일대 기적이었다. 북만으로 벼농
사가 확대되면서 1930년 시점에서는 1945년 광복 때의 수전분포 기본구도가
대체로 형성되었다.

북만에서의 벼농사 전개는 대체로 3개 경로를 통해 들어온 조선인 이민에
의해 개시되었다. 한 ▨래는 러시아 연해주에서 벼농사하던 조선인 농민 중
일부▨ 18▨ ▨분하를 거쳐 濱綏線 磨刀石부근 및 해림부근에 들어와
▨ ▨▨▨▨를 하기 시작한 것이었고, 1919년에는 러시아에 거주한 조선
▨▨▨ 몰려 들어와 수전면적을 확대시켰다. 다른 한 갈래는 1919년
간도▨▨ 거주한 조선인이 '3.1운동' 후 일본과 중국군대의 탄압을 피해
老松嶺을 넘어 東京城, 寧古塔을 거쳐 濱綏線 연선의 海林, 磨刀石, 穆棱

---

227) 伊藤榮之祐, 1931 ≪滿洲ニ於ケル水稻栽培≫ 297쪽
228) 위의 책, 2쪽
229) 延邊大學歷史學部 ≪朝鮮族簡史≫ 延邊人民出版社 24쪽
230) 그러나 북만에서의 단위당 벼 수확량은 남만보다 못하였다.≪上海時報≫ 1925
   년 8월 27일

등지에 이주해 경작을 개시하였다. 또 다른 한 갈래는 남만지방에 이주한 조선인 농민이 북진하여 1918년 哈爾濱부터 濱綏線을 따라 一面坡를 경과해 해림 및 기타 연선에 들어가서 수도경작을 개시한 것이었다.[231] 특히 20년대 중엽이후 만주사변직전 2~3년 간 남만, 동만에서 조선인 이주자는 이주자 증대에 따른 경작지 획득경쟁의 격화, 소작관계의 불안정, 고율소작료, 봉천성의 엄격한 규제와 구축 등으로 말미암아 생산여건이 좀 더 나은 북만으로 대량 이동하였다. 이주 조선인들의 이와 같은 이주추세에 힘입어 3개 경로 중 마지막 경로로 북만에 들어온 이주 조선인이 제일 많았다.

개발 가능한 황무지가 많고 인구밀도가 낮은 북만은 조선인 이민을 받아들이는 중점지역이 되었다. 북만의 개발이 어느 정도 진척된 1929년에 이르러서도 遼寧省의 인구밀도가 1평방里에 209명인데 반해, 길림성은 87명, 흑룡강성은 25명으로 북으로 갈수록 인구밀도가 낮았다.[232] 조선인 이민들은 싼 노동력을 제공하고 미개간지를 수전으로 개척하기 때문에 관헌 및 지주는 조선인 농민이 들어오는 것을 추진하지는 않았지만 저지하지도 않았다. 1917년 穆棱의 조선인 농민 安孔根이 早稻인 북해도종 '小田代'의 시험경작에 성공하였고 그 후 일본품종 北海(札幌赤毛)가 전파, 보급됨에 따라 무상기가 짧은 수도재배상의 기술문제가 대체적으로 해결되어 조선인 이주에 따른 북만으로의 벼농사 확대가 가능하였다.

그리고 1920년대 후반 봉천성에서는 일부 고용만을 허용하고 1년간의 단기 소작까지도 허가하지 않고 조선인 농민을 구축하기 시작하였지만 북만에서는 귀화하면 토지소유권도 얻을 수 있었다. 1925년 7월 24일 吳英和는 阿什河에서 토지 90步町을, 金鼎和는 呼蘭에서 토지 180정을, 聚源昶은 阿城에서 경작지 249보정을 각자 구매해 조선인 농민을 불러들였다.[233] 그 외에

---

231) ≪寧安縣志≫ 권3 1923년
232) 이훈구, 앞의 책 77-78쪽

북만에서는 租借權, 典權, 押權 등 토지이용권한도 취득할 수 있었으며 분익소작형식도 소작인에게 유리하였다. 1929년 조사에 의하면 북만 보통 평지의 소작료는 1상에 벼 1석 4두로 남만보다 적었다.[234]

조선인 이민이 상대적으로 만주관헌의 규제와 일본세력의 통제가 약한 북만으로 대량 이동하자 봉천성의 조선인 농민 인구는 점차 감소하였다. 조선인 이민의 북만으로의 인구이동에 따른 벼농사의 북만으로의 발전추세로 1926년 봉천성의 수전면적은 1924년의 42.4%에 지나지 않는 19,399ha로 면적의 감소를 나타내는 반면, 길림성에서는 1924년보다 32.4% 증가한 23,287ha의 확대양상을 나타냈다. 길림성보다 더 북쪽에 위치하고 자연조건이 길림성보다 못하나 소작조건이 비교적 좋은 흑룡강성에서는 1924년에는 수전이 1ha도 없었으나 1926년에는 2개 현에 걸쳐 358ha로 증가되어 위의 실상을 뒷받침해 주었다.

이와 같은 북만으로의 수전 확대양상을 통해서도 북만에서의 수전개발은 대부분이 조선인 이주자들에 의해 이루어졌음을 알 수 있다. 북만에서는 일본인이나 중국인에 의한 벼농사가 거의 없었다. 1929년 북만에서 수전에 종사한 조선인 인구가 12,650명에 달하였는데, 중국인은 단지 산동 沂縣에서 온 10명에다가 중국국적으로 입적한 조선인 1,500명뿐이었다[235] 북만에서의 벼농사는 완전히 조선인이거나 중국국적을 가진 귀화 조선인들에 의해 전개되었다. 그리하여 조선인의 인구변화상황과 그곳의 수전개발상황은 직결되기 마련이었다. 북부 삼강성 지방에서는 1929년에는 수전면적이 1,200陌에 달하였는

233) ≪上海時報≫ 1925년 7월 24일
234) 李琴堂, 1929 <北滿水田事業之近狀> ≪東北新建設≫ 第1卷 3쪽
235) 寧安縣에 수전에 종사하고 있는 62,00명 중, 조선인 농부는 5,200명이었고 그 외 1,000명은 중국에 입적한 조선인들이었다. 돈화현에서는 수전경작자 1,500명 중, 500명이 중국농민이었는데 이들도 귀화한 조선인 농민들이었다. 목룡현 1,300명, 東賓縣 1,000명, 額穆縣 4,200명은 전부 조선인 농민이었다. 다만 海林站의 중국농민 10명만이 산동에서 雇用해 왔던 것이었다. 李琴堂, 앞의 논문 5쪽

데 만주사변 전후 치안이 좋지 않아 조선인 농민이 떠나가 버려 1931년에는 수전면적이 150陌으로 격감하였다.[236)]

3) 중국인의 벼농사 참여

중국인에 의한 벼농사가 시작되지 않으면 만주에서의 벼농사는 본격적인 발전방향을 얻었다고 할 수 없다. 중국인의 벼농사 참여는 그 발전에 광활한 전망을 열어놓았다. 만주 각지에서의 조선인 이민에 의한 수전 개발의 급속한 전개로 말미암아 수전의 유익성이 일반 중국인에게도 주지되었고 수전기술도 조선인 농민에 의한 수전면적 확대에 따라 만주 각지로 전파되고 보급되어 갔다. 이익타산에 민감한 중국인은 조선인을 모방해 수전경작을 개시하였고 주권과 이권보호를 빙자로 조선인 이민이 수년에 걸쳐 개간한 수전을 강제로 회수하여 자체로 경작하는 경우도 있었다.[237)]

1880년 안봉연선 탕산성 부근에 중국인 장씨가 조선인 2명을 불러들여 분익법으로 벼농사를 개시한 것이 중국인 벼농사의 시초였다. 1910년대는 탕산성, 오룡배부근에서 수전개발이 발흥한데 힘입어[238)] 벼농사는 대양하 연안의 중국인에게 전파되었고 다시 장하현, 수엄현, 봉성현의 하천상류지방을 거쳐 점차 西進해 송수 웅악성에 이르렀다.[239)] 1920년대 중반 復州河, 大沙河 및 莊河 연안의 송수지방과 金州 三十里堡는 중국인만이 경작하는 수전지대로 부상되었다.[240)] 중국인에 의한 수전경작이 제일 興한 곳은 복현, 장하,

---

236) 滿洲農學會, 1943 ≪滿洲水稻作の硏究≫ 滿洲農學會刊 102-103쪽
237) ≪全滿朝鮮人民會聯合會會報≫ 제15호 1934년 5월 102쪽
238) 中村誠助, 1941 國立農事試驗場熊岳城支場 <南滿ニ於ケル水稻作ノ硏究> ≪滿洲水稻作ノ硏究≫ 滿洲農學會, 1943 7쪽
239) 滿鐵地方部地方課, 1914 ≪南滿洲米作槪況≫ 2쪽
240) 在外朝鮮人事情臨時增大號, 1923 ≪南滿及間琿朝鮮人事情-附水田事業の現狀≫ 115쪽

<表 2-7> 20년대 초기 만주 각지 조선인, 중국인 수전경작 비율

	봉천부근	송수지방	안동부근	무순부근	흥경, 통화	동산지방	길림, 북만
조선인	85%	-	70%	80%	85%	90%	100%
중국인	15%	100%	30%	20%	15%	10%	-

출전; 滿鐵地方部勸業課, 1921 ≪滿洲ノ水田≫ 55-56쪽에 의거해 작성

수엄, 개평 4개 현이었고 그 다음은 안동, 봉황성이었다. 그러나 이들 중국 본토인들은 안락하게 본 고장에서만 벼농사에 종사하였고 다른 곳으로 수전을 계속 확대하려 하지 않았으며 더욱이 邊疆인 길림성, 흑룡강성 등 멀고도 추운 곳으로 황무지를 개발하려 가지 않았다.

<표 2-7>을 보면 20년대 초기 중국인 수도경작자는 길림과 북만지방에서는 거의 없지만 송수지방은 전부 중국인이었고 봉천부근은 15%, 안동부근은 30%, 무순부근은 20%, 흥경통화지방은 15%, 동산지방은 10%이었음을 알 수 있다.[241] 결론적으로 만주사변전 쌀 생산의 급증은 주로 조선이민들의 알뜰한 경작으로 실현되었다고 할 수 있겠다.

수전농업은 본래 집약적 노동력 투입을 필요로 하므로 농번기에는 항상 일손이 부족하였다. 조선 남부 6道의 농가 1戶당 경작면적은 1町 내외이고[242] 농경의 약 93%가 자가노동에 의하였지만[243] 만주의 벼농사는 1호당 평균 2.4~5.3정보이었고 소경영이므로 자가노동력이 부족하여 고용노동력을 쓸 수밖에 없었다. 모내기와 같은 노동은 상당한 숙련기술을 요하므로

---

241) 石津半治, 1921 12 <滿洲に於ける水田の現況> ≪滿蒙之文化≫ 제16冊 20쪽; 在外朝鮮人事情臨時增大號, 1923 ≪南滿及間琿朝鮮人事情-附水田事業の現狀≫ 119쪽; 일본인 수전경작자는 관동주 및 철도연선지방, 봉천, 무순부근에서의 수명에 불과하였다.
242) 久間健一, 1946 ≪朝鮮農業經營地帶の研究≫ 農林省農業總合研究所 6쪽
243) 澤村東平, 1930 ≪朝鮮農業の勞力組成≫ 2쪽

중국인 노동력을 이용할 수 없었고 경험 많은, 남만에 제일 가까운 북부 특히 평안북도 조선인 농민들을 고용하기 일쑤였다.[244] 수리시설 공사장에서는 중국인 苦力을 많이 이용하였다. 그리고 벼농사과정의 파종, 제초, 가을걷이, 탈곡 등의 작업에는 牛馬를 거의 사용하지 않고 耕起작업에만 이용되므로 조선인 이민들은 1년 중 약 2주나 20일을 위해 사료를 구입하며 소를 기르는 것이 이익이 되지 않아 보통 밭갈이와 곡물운반은 말을 소유한 중국인 농가에게 맡겼다. 또한 거의 대부분 撒播를 행하므로 제초작업에 많은 노동력이 필요하기 때문에 제초 때의 日傭으로 부락 내 중국인 아이와 부녀자의 노동력을 이용하기도 하였다.

중국인은 조선인 이주민들이 미개간지를 개발하고 중국인이 할 줄 모르는 벼농사에 종사하고 있어 그들을 혐오하지 않았다. 그들은 정부의 嚴令에도 불구하고 사사로이 수전 경작기술에 숙련된 조선이민을 불러들여 荒地를 개간하고 그들을 보호하기도 하였다. 또한 조선인의 벼농사 기술을 배워 자신들도 직접 벼농사에 종사하기도 하였고 조선인의 벼농사 생산과정에 참여하기도 하였다. 똑같이 일제의 침략과 통치를 당하고 있었던 중국인과 조선인 이민은 서로 동정하고 돕고 오랜 공동생활과 생산과정의 참여 등으로 그들의 유대는 더욱 끈끈해졌다. 일제가 민족 이간정책을 썼지만 두 민족 간의 접촉으로 인하여 어려운 사회문제는 발생하지 않았다. 이훈구는 두 민족이 서로 확연히 다른 문화를 소유하였음에도 불구하고 서로 조화로운 우의를 가졌다는 것은 놀라운 일이라고 하였다.[245]

---

244) 橫山敏男, 1942 앞의 논문 28-29쪽; 橫山敏男, 1941 ≪滿洲ニ於ケル水田事業ニ就テ≫ 27쪽
245) 李勳求, 앞의 책 217쪽

제3장 1932~1939년 일제의 이민·미곡통제정책과 쌀 생산 증가

1. 일본농업이민 정책과 수전경영

일본에서는 1910년대 말부터 쌀 소동이 일어나는 등 식량 문제가 심각해져 일본 자본주의의 발전에 따른 식민지 식량, 원료의 안정적 확보와 상품 판매시장의 확대가 절실하였다. 이에 따라 조선에서 총독부는 '품종개량'을 기축으로 하는 수리, 시비, 농기구의 개량을 병행하는 미작개량정책을 본격적으로 추진하였고 쌀 위기가 체제위기의 문제로까지 나아가자 수리, 토지개량을 중심으로 하는 산미증식계획을 추진하였다.[1] 그 결과 1920~1934년 15년간 43만 정보의 토지개량을 통해 920만석의 미곡증산을 실현했다.[2] 1920년대 일본의 쌀 문제는 식민지 조선과 대만으로부터의 이입을 통해 어느 정도 해결을 보았다.[3]

---

1) 정연태, 1994 <일제의 한국 농지정책> 서울대박사논문 87-88쪽
2) 東畑精, 大川一司, 1939 <朝鮮米穀經濟論> ≪米穀經濟の研究≫(1) 308쪽
3) 일본 농림성의 조사에 의하면 1930년 일본 본토 쌀 부족량은 937만여 석이었지만 조선, 대만 2곳으로부터의 쌀 이입이 합계 860여만 석이나 되어 130여 만석을 수입하면 되었다. 추헌수, ≪자료 한국독립운동≫ 4 연세대출판부 466쪽

그러나 1930년 세계공황의 타격으로 일본 양대 농산물의 하나인 쌀 가격이 급락하였다. 그 가격변동을 살펴보면 1926년을 기준(100)으로 할 때 쌀 가격 지수는 1929년 81.0, 1930년 69.3, 1931년 43.3, 1932년 55.0, 1933년 54.5로 급락하였고 1934년에 이르러서야 90.1로 겨우 일반물가수준으로 회복되었다.[4] 일본정부는 이와 같은 미가폭락으로 인한 농민들의 수입격감과 가중된 농촌의 불안정 상태를 완화하기 위해 1933년 제64회 제국의회에서 미곡통제법을 제정하여 정부가 미가에 대해 개입하였고 1936년 5월에는 ≪米穀自治管理法≫을 제정하여 생산자의 자치적인 미곡관리를 추진하였다. 그러나 조선 쌀을 위주로 하는 공급증대로 말미암아 일본정부의 쌀 가격 지지책은 별 성과를 거두지 못하였다.

<표 3-1>을 보면 1928년에서 1934년까지 세계대공황 전후 조선 쌀의 일본반출량은 해마다 증가하여 500~900만 석에 달하였다. 이는 일본 총수이입의 60~70%, 총소비량의 10% 내외에 이르는 규모로서 일본에서는 조선 쌀의 이입을 규제해야 한다는 여론이 들끓었다. 조선에서는 조선 쌀의 일본으로의 반출을 시기적으로 조절하기 위한 쌀 저장시설의 확충과 외국미 수입허가제의 적용, 만주 粟의 수입제한과 같은 조치를 취해가면서[5] 일본으로의 쌀 移出量을 조절하였다.

1931년 9월 18일 만주사변 후 수립된 '만주국'[6]에서 주로 조선인 이민들에

---

4) 小早川九郎, 1960 ≪補訂 조선농업발달사≫(자료편) 友邦協會 121쪽
5) ≪全滿朝鮮人民會聯合會會報≫ 제7호 1934년 9월 70쪽; 이 시기 일제의 식량정책기조는 조선 등 식민지산 쌀이 일본의 쌀 가격 안정에 대한 위협을 저지하기 위한 규제조치를 취하는 과잉미대책이라 할 수 있기 때문에 일제가 식량문제 해결을 만주점령의 하나의 요인으로 삼는 것은 구실에 불과하였다.
6) '만주국'은 僞滿洲國이란 의미에서 인용표기를 달았다. '만주국'수립 후 1932년 3월 省政府를 省公署로 바꾸었고 1934년 12월 전국에 10개 省을 설치하였다. 1937년 7월에는 通化, 牡丹江 2성을 신설하였고 1939년 6월에는 또 北安, 東安 2성을 추가하였으며 1941년 7월 四平省을 설치하여 만주를 1개 특별시 19개 省으로 나누었다. 1943년 10월 1일 東滿지방의 牡丹江, 間島, 東安 3개 省을 합병하여 東滿總省을 신설하였고

<표 3-1> 세계대공황 전후 일본 내 쌀의 수급상황(단위; 千石, %)

| 연도 | 생산고 | 소비고(a) | 수이입고 | | | 수이출고 | b/c(%) | b/a(%) |
			조선(b)	대만	합계(c)			
1928	62,102	70,276	7,068	2,430	11,254	555	62.8	10.1
1929	60,303	69,467	5,377	2,253	8,907	32	60.4	7.7
1930	59,557	68,910	5,167	2,185	8,601	101	60.0	7.5
1931	66,875	72,978	7,992	2,698	11,520	1,613	69.4	11.0
1932	55,215	66,374	7,198	3,419	11,603	231	62.0	10.8
1933	60,390	72,413	7,531	4,216	12,745	222	59.1	10.4
1934	70,829	76,720	8,952	5,123	14,249	437	62.8	11.7

출전; 朝鮮總督府農林局, 1940 ≪朝鮮米穀要覽≫ 140-141쪽; 정연태, 1994 ≪일제의 한국 농지정책≫ 서울대박사논문 156쪽 참조

의해 생산되고, 일본인을 주요 소비대상으로 하는 쌀 생산은 일제미곡정책의 결정적인 영향을 받게 되었다. '만주국'시기 중국인의 벼농사 참여는 좌절되었고 수전경영은 주로 조선인, 일본인 이민에 의해 진행되었다. 일제의 만주농업이민 정책은 벼농사의 발전 규모와 속도를 규정하였고, 일본제국내의 미곡사정은 그들의 이민정책실행에 있어서의 주요한 고려요인이 되었다.

'만주국'은 일본국 신민의 이익을 우선시하고 그들의 이익을 절대적으로 보장하였다.[7] '만주국' 성립이후 1915년 '만몽조약'에서의 상조권은 만주전역으로 확대되었고[8] 1933년의 ≪日本人土地商租暫行方法≫에서는 장기,

---

1945년 5월에는 이를 철폐하고 牡丹江, 東安 2개 省에 東滿省을 설립하였다.

7) 1936년 6월 12일 公布한 日滿條約 제2조에 일본국 신민은 어떤 경우라도 '만주국' 신민에 비해 불이익을 받지 않도록 한다고 규정하였다. 외무성편, 1965 ≪日本外交年表竝主要文書≫(下) 原書房 341쪽

8) 長谷部照正, 1935년 8월 <滿洲國成立後に於ける商租權> ≪滿鐵調査月報≫ 제15권 제8호 3-6쪽

무조건 갱신의 약정이 있는 상조권은 소유권으로, 단기상조는 단순한 借地權과 같이 취급한다고 규정함으로써 식민지적 토지수탈과 대량이민을 위한 토대를 마련하였다.

일제는 '만주국' 식민지건설을 위해 만주로의 일본인 이민을 국책의 차원에서 추진하였다. 일본이민의 주축은 농업이민이었다. 일제는 일본인 만주농업이민정책을 통해 그들을 만주에서의 권익실행의 견실한 인적자원으로 삼으려하였고, 그들의 토지소유권을 쉽게 포기하지 않는 특성을 이용하여 식민지점령을 영구화, 공고화시켜 대륙침략의 거점으로 삼으려 하였다.9) 그러나 渡航費, 경영비를 포괄한 정부보조 없이 대규모의 일본인 농업이민의 이주는 어려웠다. 만철농무과 長井租平氏의 조사에 따르면 1호당 벼농사를 주로하는 경영안(甲)에서는 수전 7정보에 4,763원이 필요하므로 2,100~2,500원의 정부보조금에 자본금 1억원 정도의 큰 특수회사의 지원이 있어야 한다고하였다.10)

만주사변전 일본농민의 만주이민사업은 좌절의 연속이었다. 재만 일본인인구는 1930년에는 22만 8,700명이 되었는데 그 대부분은 치안이 확보된관동주 및 만철부속지 내에만 국한되어 있었고 그 밖의 광대한 지역에서는1910년의 13,285명에서 1930년에 이르러서도 14,407명밖에 되지 않아 20년

9) 당시 일본 국내에서는 만주 이민의 전망에 대하여 상반된 견해가 대립되고 있었다. 일본인에 의한 농업 발전의 가능성이 없다고 주장하는 자들은 만주는 토지가 비록 비옥하지만 풍요한 지역은 대체로 이미 개간되어 일본인이 이주해 농업에 종사할 수 있는 미개간지는 별로 남아 있지 않고 상대적으로 생활정도가 높은 일본인들이 反당 총수입이 10원 이하의 작물로는 생계를 유지하기 어려우며 엄동혹한에 견디기 어렵다는 것이었다. 이에 반해, 만주가 일본인에게 농업적 발전 가능성이 있다고 주장하는 자들은 만주의 자연적 요소는 결코 농업이 성립할 수 없을 정도로 나쁘지 않으며 토지가 광대하고 지가가 비교적 저렴하며 노동력이 풍부하고 노임이 싸다고 하면서 생활정도의 차이, 기타 경영상 불리한 것은 현재 상황을 기초로 관찰한 것이지 결코 이주가 성립되느냐 되지 않느냐를 결정해서는 안 된다고 맞섰다. 滿鐵庶務部調査課, 1927 ≪滿洲農業の特質と日滿農業比較硏究≫ 1-2쪽
10) 矢內原忠雄, 1934 ≪滿洲問題≫·岩波書店 115쪽

간 별 증가가 없었다.[11] 그 중 일본인 농업이민은 단 1,000명에 불과하였다.[12] 관동군이 처음에 작성한 이민안은 만주사변전 일본농업이민의 실패를 경험으로 경제이민으로서의 측면을 중시하고 있었음을 알 수 있다.

관동군은 1932년 2월 보통이민으로 15개년간 10만 호를 보낸다는 이민계획안을 작성하였다. 그 주축으로는 수전경작을 중심으로 한 稻作農家 5만戶를 송출할 계획이 포괄되었다.[13] 만주농업이민의 중심을 稻作農家에 둔 이유는 일본인 이민이 자신의 주식인 쌀을 생산할 수 있으면 자급자족이 가능하여 定着心을 강화시킬 수 있고, 벼농사는 만주재래의 농작물보다 단위당 수익이 월등히 높고 중국인이 재배할 줄 몰라 생활수준이 낮은 중국인 농가와 경쟁할 수 있다고 판단했기 때문이었다. 현실적으로도 만주사변전 일본인 농업이민이 전반적으로 실패했지만 극히 예외로 관동주의 愛川村[14] 집단이민만이 벼농사를 함으로써 발을 붙일 수가 있었다. 관동군은 사변 전 일본인 농업이민 이주 경험을 토대로 농업이민의 성공적인 정착을 우선적으로 고려해 자연적, 경제적 조건이 좋은 숙지와 치안이 비교적 안정되고 교통이 편리한 철도연선

---

11) 위의 책, 560쪽

12) 松村高夫, 1972 <滿洲國成立以後における移民・勞動政策の形成と展開> 滿洲史研究會 ≪日本帝國主義下の滿洲≫ 216쪽

13) 만주에서의 일본인의 벼 재배는 조선인보다 늦었다. 러일전쟁이 끝난 후 1909년에 무순의 大江惟慶氏가 老虎臺에서 5단보를 경작했던 것이 일본인 벼농사의 시초였다. 石津半治, 1941 <滿洲開拓國策と米の問題> ≪農業の滿洲≫제12권 제3호 2-3쪽; 만철은 창립 때부터 일본인을 대규모로 만주에 이주시킬 계획을 갖고 있었으므로 1911년, 1912년에 대련과 장춘에서 벼 시험재배를 한데에 이어 봉천, 철령, 오룡배 등 농가에 위탁하여 벼농사가 유리함을 확증하였다. 應存山, 1993 ≪中國稻種資源≫ 475쪽

14) 1913년 관동주도독부는 金州, 普蘭店 및 貔子窩에서의 수전조사를 통해 1,900여 정보를 수전 적합지로 정하였고 1915년 金州 大魏家屯에 일본 山口縣으로부터 일본인 농민을 불러들여 수전촌을 만들었는데 鄕里 玖珂郡 愛宕村과 川下村의 앞 두 글짜를 따서 애천촌으로 명명했다. 애천촌은 여러 차례 실패를 거친 후 1924년 9월부터 지하수로 수전관개를 개시하면서 1928년의 수전경작면적은 약 35町步, 1호당 3정 5단~6정 5段에 이르렀다. 双慶生, 1929 <水田の愛川村> ≪農業の滿洲≫ 제1권 제9호 38-41쪽

지대를 선택해 대규모 수전농장을 경영함으로써 일단 이주를 성공시키고자 하였다.

수전경영은 기술적으로 보나, 농가경제의 입장에서 보나, 일본농업이민의 정착에는 제일 적절한 移民經營案이었다.[15] 1932년 남만주철도주식회사 경제조사회 제2부 농업반에서 제정한 ≪日本人移民對策案≫(農法の設定)에서는 12개 설정안이 포괄되었는데 그중 수전경영이 포함되어 있는 설정안은 5개였다. 즉 ①≪水田を主體とする組合農場共同經營案≫, ②≪吉會及吉海沿線地帶に於ける畑作主體水田加味の經營案≫, ③≪吉會及吉海沿線地帶に於ける田畑折半の經營案≫, ④≪機械農法に依る水田經營案(一)≫, ⑤≪機械農法に依る水田經營案(二)≫[16]이었다. 12개 설정계획안 중 이익이 제일 큰 것은 수전을 주체로 하는 공동경영안이었고, 그 중 기계농법에 의한 수전경영안은 소농경영안에 비해 이익이 5~4분 더 많아 이익이 가장 많았고 그 외 남만남부에서의 밭농사 경영안, 수전과 전작이 절반씩인 경영안, 전작을 주체로 하고 일부 수전을 하는 案의 순차로 이익이 많았다. 대체로 경영안 중 설정된 수전면적이 많을수록 이익이 더 클 것이라고 판단하였다.[17]

---

15) <滿洲農業移民方策關係資料> 船橋治, 1999 ≪滿洲移民關係資料集成≫ 제17권 不二出版社 3쪽

16) ① ≪水田を主體とする組合農場共同經營案≫은 1호당 수전 6정보, 전 1정보, 공동경영면적은 수전 30정보, 밭 2정3단5무(공동양잠과 桑園으로 2반, 5무, 공동보통작물경작으로 畑 2정1반), 공동부지 및 작업장으로 1반보로 설정하였다. ② ≪吉會及吉海沿線地帶に於ける畑作主體水田加味の經營案≫은 1호당 수전 2정보, 畑 10정보로 설정하였고 ③ ≪吉會及吉海沿線地帶に於ける田畑折半の經營案≫은 1호당 수전 6정보, 畑 6정보, ④ ≪機械農法に依る水田經營案(一)≫은 자작농 4호를 하나의 團으로 하여 1호당 15정보, 밭 1정보인데 공동경영부문은 기계농기구와 축력의 공동이용과 관계되는 耕起, 整地, 파종, 수확, 탈곡, 정미 등 작업이었고 개인경영은 기계와 축력을 사용하지 않은 관개, 제초 기타 부업 같은 작업이었다. ⑤ ≪機械農法に依る水田經營案(二)≫은 대규모 공동경영안으로 1호당 수전 50정보, 4호 공동 합계 200정보로 설정하였다. 위의 책, 17쪽, 179-180쪽, 196-197쪽 참조.

17) 위의 책, 9-14쪽

그러나 '만주국'성립 초기 각지에서 反滿抗日運動이 격화되어 치안이 극히 불안정하였으므로 1932년 9월 13일 관동군 특무부는 ≪滿洲に於ける移民に關する要綱案≫을 결정하여 일본인 이민을 군사적, 정치적 역할을 강조하는 '무장이민' 계획으로 변경해 갔고 항일 빨지산 활동지역에 무장이민들을 배치하였다.

척무성은 1932년 10월, '제1차 시험이민단'을, 이듬해 봄에 '제2차 시험이민단'을, 1934년 4월에는 ≪昭和9年度滿洲自衛移民實施要綱≫에 의해 재향군인을 대상으로 '제3차 시험이민단'을 송출하였다. 이들 '시험이민단'은 집단이민을 원칙으로 자가 노동력을 본위로 한 자작농위주의 武裝移民이었다.[18] 그러나 실제 경영에서는 중국인, 조선인을 고용하거나 소작시키는 부농경영을 행하였다. 일찍이 제2차 이민단의 경우, 수전경작에서 團員 1명에 평균 2정보를 자작시켰고 나머지는 조선인에게 소작시켰다.[19] 제3차 이민단도 團 공동경작지 240정보를 제외한 토지는 중국인, 조선인에게 소작시켰다. 이 밖에 관동군의 수전 5.0정보, 菜園 0.2정보의 ≪遼河流域に於ける水田經營案≫(1934년)[20], 농가 1호당 경영면적 7정보 중 수전면적이 6정보가 되는 ≪北滿に於ける 水田經營案>(참고안)[21] 등도 모두 자가 노동력을 위주로 하고 노동력 부족부분은 人夫를 고용하거나 토지를 소작시킨다는 원칙이었다. 일본농업이민 최초단계부터 일본이민단과 중국인·조선인 농민간에 지주, 소작관계가 광범하게 형성되었다.

---

18) 淺田喬二, 1976 <滿洲農業移民政策の立案過程> 滿洲移民史硏究會, ≪日本帝國主義下の滿洲移民≫ 東京 龍溪書舍 16쪽
19) 滿鐵經濟調査會, 1936 ≪滿洲農業移民方策≫ 2-1-1 292쪽; 小林英夫, <滿洲農業移民の營農實態> 滿洲移民史硏究會, 1976 ≪日本帝國主義下の滿洲移民≫ 431쪽
20) 滿鐵經濟調査會, 1934 ≪遼河流域に於ける水田經營案≫ (其ノ三)
21) 租稅는 反當 30전, 개간지에서는 6년째부터 납세하고 8년째 경작면적 6정 4반보의 납세액은 19圓 20錢이었다. 수전지대 관개배수시설의 관리비로는 1반당 1圓의 수리세를 내야 하였다. 關東軍, ≪1934年度 12月 北滿に於ける水田經營案≫ 參考案

1934년 12월에는 ≪滿洲農業移民實施基礎要綱≫을 제정하여 10년간 10만호의 농업이민을 송출하고 自給自足主義, 自作農主義, 農牧混同主義, 共同經營主義의 4대 영농방침을 확립하였다. 이 요강에서는 농업이민 1호당 경영면적을 수전 위주의 經營案은 7정보, 북만 旱田위주의 經營案은 20정보로 설정하였다.

그러나 위와 같은 수전경영 계획안과는 달리 일본농업이민정책 결정자들은 수전경영을 주목표로 하고 대자본의 투자에 의한 수리사업계획을 추진하면 조선 산미증식계획과 같이 일본의 미가를 폭락시키고 농촌의 피폐를 악화시킬 우려가 생긴다며 만주에서의 일본인 농민의 수전경영에 대해 소극적이었다. 초기이민사업의 성공을 위해 수전 주체의 農業經營案을 설정하기는 하였지만 이민사업이 진척됨에 따라 점차 밭농사 본위의 경영법으로 이행하는 방책이었다.[22]

일본정부는 '만주국'설립 직후 몇 년간, 치안안정에 주력하는 외에 주로 장래 일본 농업이민의 후보지로 수전 적합지에 대한 토지조사사업과 토지확보에만 주력하여 일본인 농업이민계획의 실행은 줄곧 시험단계에 머물러 있었다. 1937년까지 이민인구는 2,785호에 불과하였다.

1934년 7월 만철 제2부 제1반 ≪척무성과의 협정에 의한 제1회 수전후보지 조사계획안≫은 수전후보지로 수리 및 개전하기 쉽고 집단 이민 이주에 적합한 400정보이상 5,000정보 이내의 지역을 선정하였다.[23] 제1회 조사후보지로 선정된 지역은 공주령지방 大楡樹, 장춘지방 飮馬河臺부근(吉長線下九臺南方), 안봉선지방 봉황성, 湯山城, 蛤蟆塘지방, 길돈선지방 蛟河,

---

22) 船橋治, ≪滿洲移民關係資料集成≫ 제13권 不二出版社 218쪽
23) 5,000정보이상의 큰 면적은 대규모의 수리공사가 필요하며 상당히 긴 시간과 방대한 비용이 들기 때문에 제외시켰고 이민부락은 최저 100호로 하고 1호당 수전경작면적은 4정보 내외로 설정해야 하므로 400정보 이상을 수전후보지로 선정하였다. 위의 책, 224-225쪽

拉法, 城廠(黃泥河子부근)이었다.[24)]

일본인 만주농업이민은 일제의 군사적, 정치적 필요에 의해 1937년부터 본격적으로 개시되었다.[25)] 1936년 8월 일제는 시험이민기의 경험에 근거해 국책으로 '二十個年百萬戶移住計劃'을 발표하였다. 이 계획은 20년 후에 일본 농업개척민의 인구를 500만으로 만들어 일본의 5反 이하의 빈농 절반에 상당한 100만 호를 이주시킨다는 거대한 계획으로 일본인이 20개년 후 예상되는 만주 인구 5,000만의 10분의 1을 점함으로써 통치의 인적기반을 조성한다는 것이었다. 100만호 이민계획[26)]의 제1기 5개년계획은 1937년부터 1941년까지 5년 간 10만 호를 이주시킨다는 것이다. 1937년부터 개시된 본격적인 이민시기의 일본이민들의 주요 입식지는 국방과 치안확보를 위한 미개간지가 많고 反滿抗日운동이 격렬한 유격구이기도 하고 對소련 군사적 요지이기도 한 북만지역인 삼강성, 동안성, 북안성에 집중되었다. 1937년에는 동안성, 삼강성 각각 7개, 북안성 4개 모두 18개로 확대되었고 1938년에는 22개 소, 1939년도에는 40개 소, 1940년에는 60개 소, 1941년은 40개 소가 입식되었다. 이와 같은 일본개척민의 개척지는 일본군이 주둔하고 있는 제1선 국경지대 뒤에, '만주국' 국내방위를 확보한다는 목적의 제2선, 주로 都市防禦로 만철 본선에서 발달한 대도시주변 제3선에 배치되었다. 이로하여 1940년 일본제국내의 미곡사정 악화 전까지는 개척지의 선정과 획득에서 수리상황을 고려하지 않아 미작하기에 불편한 곳들이 많았다.

이 거대한 일본농업이민계획의 표준경영안인 ≪北滿に於ける集團農業移民の經營標準案≫을 살펴보면 입식 후 4년 간 이민단 1호당 수전 1정보, 밭 9정보를 경작한다는 계획이었다. 즉 이들 일본인 농업이민은 북만에서 주

---

24) 위의 책, 225-226쪽
25) 松村高夫, 1972 앞의 논문 254쪽
26) 제1기 1937∼1941년 10만호, 제2기 1942∼1946년 20만호, 제3기 1947∼1951년 30만호, 제4기 1952∼1956년 40만호, 총계 100만호이었다.

<표 3-2> 일본이민단의 입식상황(단위; 戶, 町)

항목 이민단	年月	명칭	입식지	입식호수		경작예정면적				
				예정	實數	수도	소맥	대두	기타	합계
제1차이민단	1932.10	彌榮	三江,樺甸	500	293	250(9.0%)	238	1,343	939	2,770
제2차이민단	1933.5	千振	三江,依蘭	500	346	85(3.3%)	684	860	979	2,608
제3차이민단	1934.9	瑞穗	北安,綏稜	300	203	419(14.3%)	787	913	818	2,937
제4차이민단	1935.6	城子河외1	東安,密山	250	215	183(10.1%)	328	546	750	1,807
제5차이민단	1936.7	永安	東安,密山	275	260	282(17.9%)	253	431	608	1,574
제6차이민단	1937.6-7	黑咀子외17	東安,虎林	250	233	103(16.0%)	113	149	280	645
제7차이민단	1938.2	黑右屯외21	吉林,額穆	227	180	80(29.2%)	27	48	119	274
제8차이민단	1939.2	三道溜외37	三江,湯原	255	42	2.2(2.5%)	3.9	10.8	70.9	87.8

출전; ≪滿洲開拓年鑑≫ 1940년도; 喜多一雄, 1944 ≪滿洲開拓論≫ 448쪽; 滿洲移民史硏究會, 1976 ≪日本帝國主義下の滿洲移民≫ 415쪽, 439쪽에 의거해 작성

로 밭농사를 위주로 하고 약간의 수전을 경작한다는 경영형태로 그 목적은 수전경작보다는 전작경영을 목표로 하였고, 수전경영은 自家의 식량을 자급하려는데에 불과하였다.[27]

　<표 3-2>를 보면, 제1차에서 제5차 시험이민시기는 물론, 그 후 본격적인 이민시기에 설정한 일본이민단 농업경영 중에서 수전경작면적이 차지한 비중은 제7차 이민단의 29.2%를 제외하면 대개 10%대 이하로 높지 않았음을 알 수 있다. 그리고 실제적으로 1937년 20개년 100만 호의 송출계획 작성 전 1932~1936년까지의 5차에 걸쳐 송출된 이민은 3,104호 뿐이었고 1937

---

27) 石津半治, 1941 앞의 논문 2-3쪽

년 7월 중일전쟁 후 16세 이상의 징병 나이가 되지 않는 청소년을 '滿蒙開拓青少年義勇軍'으로 보충하면서 '만주개척제1기5개년계획'시기가 완료되는 1941년까지 약 4만 3000호 일본인 농민이 이주되었다. 이는 당초 예정된 이주 호수의 43%에 불과한 숫자로, 이에 따른 일본 농업이민단에게 설정된 수전경작예정면적도 그대로 실현되지 못한 것이 뻔하다. 그리고 이들 일본 이주자들은 일확천금만 바라고 중국인이나 조선인에게 경작지를 轉貸하고 진정으로 농업에 종사하려는 자가 얼마 안되었으며 만주상황에 적응하지 못하여 도중에 退耕한 자도 적지 않아 실제로 치안목적의 분포특징을 띤 일본인농업이민에 의한 수전경작은 매우 제한적일 수밖에 없었다. 1939년까지의 전반적인 미곡사정 악화이전 쌀 생산에 대한 통제기조 하에서 이민사업을 책임진 만주척식공사는 소규모의 수전만 조성했을 뿐, 벼농사의 발달은 주로 자연발생에 맡긴 결과 수전은 사변전과 비슷한 분포특징을 나타냈다.

'만주국'은 처음에는 일본인 농업이민사업에 주력하였고 조선인 이민은 부차적으로 취급하였다. 그러나 일본인 농업이민의 진출이 부진해지자 관동군은 조선인 이민들을 만주지역에 효과적으로 정착하지 못하는 일본인 농업이민들을 보완하거나 대체할 수 있는 세력으로 이용코자 하였다. 그러나 치안의 유지, 쌀증산 규모에 대한 통제 필요성 때문에 조선인 이민에 대한 통제도 강화하였다.

2. 조선인 이민 통제정책과 미곡생산

1) 조선인 이민통제정책과 쌀 증산 억제

조선인은 만주사변전 어떠한 정책적 지원 없이 이미 60만명이 만주에 정착하고 있었다. '만주국' 설립 후 이주인구가 더 급증하였다. 이는 당시 일제 만주침략정책과 이에 따른 노동력의 수요증가, 열악해 지기만 한 식민지 조선에서의 경제상황과 맞물리면서 나타난 현상이라 할 수 있겠다. 일제는 조선인 이민들을 '만주국' 식민지 건설의 노동력으로 이용하기 위해 정책적으로 이주시키기도 했지만 주로 그들의 이주를 일정한 범위 내로 통제하는 정책을 폈다.

만주사변 직후 많은 조선인들은 철도부근으로 피난하였고 또 조선으로부터 해마다 5, 6만 명의 조선인이 계속 몰려들었다. 관동군은 재만 조선인이 안정되지 않은 상태에서 빈궁한 새로운 이주자가 몰려들면 만주 치안에 악영향을 미친다며 치안과 안정을 주요 목표로, 일본이민의 만주이주를 중점에 두고 조선인에 대해서는 각지에 散住한 조선인들을 집결시키고 조선부터의 새로운 이주를 통제할 것을 주장하였다. 1932년 7월 만철경제조사회 제5부에서 작성한 ≪鮮人に對する社會施設案≫에서는 조선인 이민은 수전사업에서 일본인 이민과 경쟁관계에 있으므로, 장래 일본 이민사업에 지장이 되지 않도록 이주를 통제해야 한다고 지적하면서[28] 조선인 이민을 '만주국' 수전농업에서의 하급 농업노동력으로 위치지웠다.

이와 같은 조선인 이주 통제기조에 반해 조선총독부는 일본인 이민의 이주 성공 가능성이 적기 때문에 그 대행자로 조선인의 만주 이주정책의 실행을 적극적으로 주장하였다. 조선총독부는 조선인의 만주이주를 추진함으로써 조선농촌의 과잉인구문제를 해소하고 지주와 소작농지간의 치열한 계급적, 민족적 모순으로 頻發한 소작쟁의를 완화시키려 하였다. 이와 같은 총독부의 주장은 만주에서의 민족비례를 적당히 조절해 통치를 안정시키고 조선인의 일본으로의 대량 이주를 완화시키려는 일본정부의 의도와 맞물려져 1934년 4월 ≪朝鮮人滿洲移住移民案≫이 국회에서 통과되었다. 그러나 그 해 11월에 관동군 특무부 주최 제1회 개척민 회의에서는 여전히 '일본개척민을 적극적으

---

28) ≪滿洲移民關係資料集成≫ 제13권 288쪽

로 유치하고 조선인 이민을 통제, 지도한다'는 원칙을 강조하였다.[29] 관동군은 조선인 이민에 대해서는 줄곧 통제하는 방침이었다.

1936년 후반, 전문적으로 조선인 이주사업을 책임지는 만선척식회사가 설립된 후 조선인 신규 개척민을 15개년에 15만호 입식시킬 계획을 세웠다. 그로부터 조선인 이민의 만주이주는 해마다 1만 호로 통제한다는 원칙이 관철되었다. 만선척식공사의 설립취지를 보면 표면으로는 조선인 입식을 통제 및 지원한다는 목표를 내걸고 있었으나 실질적으로는 통제에 더 큰 비중을 두었다.[30] 조선인 이민에 대해서는 주로 소작인 혹은 고용노동자로서 일본인 이민사업에 장해가 되지 않는 범위 내에서 통제된 이주를 실시하려 하였다. 일본정부가 일본 국내의 미가폭락을 저지하고 日本農村疲弊問題를 해결하기 위해, 일본인 滿洲農業移民의 수전경영에 대해서도 적당한 통제를 가하는 상황에서, 벼농사를 특기로 한 조선인의 이주를 적극적으로 장려하여 수전을 확대하기 만무하였다.

일제는 이상과 같은 정책기조에 의해 현실적으로 조선인 이주민을 통제하였다. 그 一例로 1934년 2월 2일 興安總署가 興安南分省長에 내린 명령을 보면, 興安省에 거주한 조선인 농민들이 旗地에서 농사를 지으려면 소작인 조합을 조직하여 이 조합이 旗公署와 계약을 맺고 分省을 거쳐 興安總署의 허가를 받아 경작하도록 되어 있다. 그리고 소작계약 기간도 3년을 1期로 하고 기간을 변경할 경우, 興安總署의 허가를 얻어야만 했다. 또한 이는 현재 興安省에 거주하는 조선인 농민에게만 적용되고 새로 이주한 조선인에게는 적용하지 않는다는 것이었다.[31] 여기에서 '만주국'정부의 벼농사에 대한 소극

---

29) ≪滿洲年鑑≫ 1940년 339쪽
30) 滿洲拓植公社東京支社, 1939 ≪滿洲開拓政策に關する內地側會議要錄≫ 163쪽 참조.
31) 興安總省訓令 제126호 1934년 日本外務省外交史料館資料 ≪滿蒙各地ニ於ケル朝鮮人ノ農業關係雜件(5); ≪東亞日報≫ 1934년 5월 10일; ≪朝鮮日報≫ 1934년 5월 12일; ≪間島日報≫ 1934년 5월 16일; ≪全滿朝鮮人民會聯合會會報≫ 제16호 1934

적인 측면도 엿볼 수 있다.

'만주국' 정부가 1936년 8월에 발표한 ≪滿洲國に於ける鮮農取扱要領≫에서도 치안유지와 미곡과잉을 방지한다는 이유로 조선인 이민에 대해 통제한다고 하였다. 조선인 입식을 지도, 원조하는 지역을 종전의 조선인 이민 집중 거주지인 간도, 동변도 23개 현에[32] 한정시켰고 일본인이민 입식예정지역에는 원칙적으로 조선인 이주를 허용하지 않는다는 것이었다. 이미 입식한 조선인 농민에 대해서는 단기 소작계약을 맺고 점차 기타 지역으로 이주시키며 그 밖의 지역에서는 각 지역에 집결시켜 적당한 통제를 가한다고 하였다.[33] '만주국' 정부의 제2기 경제건설 5개년계획(1937~1941년)에서도 '국방의 강화', '산업의 개발', '북변의 진흥'[34]을 기축으로 일본인 이민을 적극 지도 장려하되, 조선인 이민은 통제하고 산동, 하북이민은 제한한다고 명시하였다.[35]

1937년 4월에는 조선인 이민정책의 일부 내용을 1차 수정하여 국경지역에 있는 조선인을 강제로 철수시킨다는 예전의 규정을 폐기하고 특수 상황을 제외하고 原地에 안정적으로 거주하도록 한다고 완화하였다. 그러나 조선인의 통제집결지역을 16개 현으로 규정하고 '치안제일주의'에 따라 동변도와 기타 정한 지역에 집중시켰다. 1938년에는 ≪鮮農取扱要綱≫을 발표하면서 2차 수정을 가해 만주에 새로 이주한 이주민을 집단, 집합, 분산 3가지 형태로 나누고 과거 조선인 개척민의 신규입식지역을 23개 현, 통제집결지역

년 6월 120쪽
32) 연길, 왕청 화룡, 혼춘, 안도, 무순, 흥경, 집안, 장안, 관전, 환인, 통화, 몽강, 輝南, 金川, 반석, 류하, 청원, 림강, 撫松, 동풍, 해룡, 목릉이 포괄된다.
33) 東亞局第2科關係執務報告, 1938 ≪外務省執務報告≫ 제6권 クリス출판사 266쪽
34) 滿洲國通信社, 1940 ≪滿洲開拓年鑑≫ 제34쪽
35) 중국인 관내이민은 극히 빈궁하여 만주의 경제적, 사회적 희생을 요구하고 노동조건을 불리하게 만든다고 하면서 그들에 대해서는 大東公司가 신분증명서를 발급하는 형식을 취해 入滿을 제한하였다.

을 16개 현으로 제한하였던 규정을 撤廢하였다. 그러나 여전히 동부 국경 40km 이내 특히 국경지대나 일본인의 이주지로 예정된 특정지역에는 조선인 농민들이 이주하지 못하도록 제한하였으며 농업경영을 목적으로 한 이주 조선인을 해마다 1만 호로 통제하였다.[36]

조선인 집단이민에 대해서는 원칙적으로 자작농화하는 방침으로 만선척식회사가 주체가 되어 1937년부터 입식사업을 개시하였다. 집합이민은 집단이민에 비해 소규모였고 自費로 入殖하는데 만선척식공사 외의 지방금융회가 '만주국' 정부의 委囑을 받아 소요자금을 융자해 주기로 했다. 분산이민은 만선척식공사가 관여하지 않고 개척총국 및 지방행정기관이 분산 이주희망자를 모집하고 조선총독부가 그들에게 이주 증명서를 발급하였다.(이주증명서 소지자에 한해서만 入滿이 허용되었다.) 당시 만주로의 이주는 소정의 이주증명서 지참이 필수였는데 증명서 없이 만주로 들어가는 자는 조선측의 신의주, 滿浦鎭, 惠山鎭, 上三峰, 南陽과 만주측의 안동, 집안, 장백, 개산둔 및 도문의 5개 所에 특별 설치된 개척총국의 辦事處를 통과할 수 없었다. 1940년 6월말에 이주증명서 없는 972호, 1,057명이 송환되기도 하였다.[37] 조선인의 만주 이주는 통제되었다.

1937년 7월 7일 중일전쟁 발발 후 전시총동원체제로 들어감에 따라 철, 석탄, 전력 등 군수품 공업과 관계되는 광공업부문이 확장되는 동시에 군량 수요의 증가에 대비한 식량의 안정적 공급이 국방차원에서 중요시되었다. 쌀 생산은 이때부터 증산대상 품목으로 상정되었다. 1939년에 이르러 식량농산물인 쌀은 증산의 중점으로 강조되었다.

이리하여 조선남부 수전지대의 稻作농민이 국책 이민의 주요 대상이 되었다. 1937~1939년 사이에 入滿한 집단, 집합이민의 약 90%가 조선 남부지방

---

36) 高見成, 1941 ≪鮮滿拓植株式會社, 滿鮮拓植株式會社 五年史≫ 168-169쪽
37) 위의 책, 80쪽

출신이었다.[38] 그리고 1939년 분산이민의 약 70%도 조선의 남부지방으로부터 入滿하였던 것이다.[39] 이와 같은 조선 수전지대 농민의 이주증가 경향은 일본 식민당국의 정책에 의해 더욱 조장되었다. 1939년 총 3,000호 이민 중 총독부가 할당한 지역은 충청도 35%, 전라도 35%, 경상도 35%, 강원도 5%로 기본적으로 조선남부지역이었다. 조선남부 수전지대의 조선인 농민들의 이주는 만주에서의 수전경작을 추진시켜 날로 늘어나는 재만 일본인의 식량을 충족시킬 수 있을 뿐만 아니라 조선 남부의 인구를 줄여 격화된 모순을 완화시킬 수도 있었다.[40]

위에서 살펴본 바와 같이 日滿정부는 만주에서의 쌀 생산의 급격한 증가가 조선의 산미증식계획과 같이 일본에 판로를 구하는 사태가 나타나 일본농촌을 압박할까봐 만주 쌀 생산을 당시 국책인 개척정책과 직결시켜 지원하지 않았고 국가차원에서의 대자본 투자를 통한 치수, 수리사업도 추진하지 않았다. 중일전쟁발발 후 조선인 이민 통제정책을 완화시키면서 쌀 생산을 적극적으로 추진하려는 경향이 나타났다. 그러나 1939년 말의 《米穀管理法》 제정과 연관시켜 보면 총체적으로 여전히 늘어나는 수요를 만족시키는 정도의 자급자족수준에 한한 것으로 미곡의 발전 규모를 억제하였다고 할 수 있겠다. 이 시기 벼농사의 발달은 급격한 쌀 증산을 억제하는 기조 하에서의 발달이라 할 수 있겠다.

2) 자작농설정과 수전경작

일제는 1932년에 조선에서 자작농 설정사업을 시행한바 있었는데 '만주국'

---

38) 朝鮮總督府, 1941 《朝鮮總督府施政年報》 498쪽
39) 《滿鮮日報》 1940년 1월 11일
40) 滿鐵調査部, 《滿洲農業移民槪說》 104-105쪽

이 설립된 후 '만주국'에서도 자작농설정을 시도하였다. 일제는 토지소유권을 갖고 있지 않은 일부 빈궁한 조선인 소작농을 대상으로 '자작농창정'을 하여 그들의 최저 생활을 보장해 주고 포섭해서 최대의 선전효과를 행해 그들의 '反日赤化'를 방지하고 치안 안정과 지배력을 강화하려고 하였을 뿐만 아니라 나아가서 식민지 조선통치의 안정을 도모하려 하였다. 또한 생산자재와 노동력이 부족한 상황에서 자작경영은 자가 노동력을 극한까지 투여하기 때문에 자작농설정을 통해 생산력의 증대도 꾀하였다. 일제는 일본 농업이민에 대해서는 1호당 2600원의 지원금을 지불한데 비해, 이주 조선인 농민에 대한 자작농설정에서는 그들에게 최저 생활을 확보해 주는 것을 목표로 하여 일본 농업이민과 차별을 두었다. 전체 조선인 농민을 대상으로 '자작농창정'한다는 것은 재정적으로나 시간적으로 불가능할 뿐만 아니라 실제 역시 그런 시도도 하지 않았다.

일제 각 정책회사에서 일부 조선인 이민들을 대상으로 최초 설정한 여러 自作農案들은 약간의 차이를 보였지만 기본적으로 모두 수전을 위주로 하고 경작면적은 1호당 수전 2정보의 규모였다.[41] 1932년 1월 만철 지방농무과에서 작성한 ≪滿洲に於ける移民策要綱(鮮人の部)≫은 20년간 매년 5,000호 이민을 유치하여 결과적으로 10만 호의 조선인 자작농을 설정한다는 안이었다. 이 案에는 수전을 위주로 한 案, 田을 위주로 한 案이 포괄되었는데 그 중 수전을 위주로 한 안은 1호당 수전 2정보, 전 1정보로 설정해 5만 호를 정착시킬 예정이었다. 이 3정보의 토지수매가격은 450엔(반당 15엔), 造田費 40엔(반당 2엔), 합계 490엔이 되는데 그중 7할에 상당한 343엔은 1개년 거치 9년 간 연 8분의 이자를 지불해 완납하면 개인소유로 된다는 것이었다. 수전의 관개배수시설은 이민 통제기관이 책임지고 이민은 수전 反

---

41) 依田憙家, 1976 <滿洲に於ける朝鮮人移民> 滿洲移民史硏究會, ≪日本帝國主義下の滿洲移民≫ 572-576쪽

當 1엔을 시설비의 이자와 관리비로서 납부해야 하였다. 토지대금을 완납한 후 관개배수시설은 관계기관으로부터 매수하여 區의 공유재산으로 하며 건축비 및 사업 경영자금으로서 대부하는 1호당 300엔은 1년 거치 년 1할 2분의 이자를 부가해 5개년간 완납한다는 것이었다.

1932년 4월 만철경제조사회 제2부 농업반이 작성한 농업설정안 제1안은 수전경작을 위주로 하는 조선인 농민들에 대한 자작농 설정안으로 한 개 촌 총면적을 1,200정보로 설정해 1호당 평균 수전 2정보, 밭 1정보, 宅地 0.02정보로, 모두 3.02정보씩 배분하고 구체적 방법은 대체로 위 요강과 大同小異하였다.[42] 경영안 설정자들도 처음 설정 때부터 경작수입으로는 토지매수비, 수전조성비, 이민주택 건축비 등 대부금을 도저히 반환할 수 없을 것이며 양돈 등 부업수입이 있어야 겨우 반환할 수 있다고 인정하였다. 더욱이 만주 벼농사에서 빈번하게 발생하는 재해를 고려한다면 조선인 이민들이 자작농으로 될 가능성은 더욱 미흡하였다.[43]

일제는 '자작농창정'과 더불어 보다 현실적인 소작농경영안도 함께 마련하였다. 동아권업회사를 보더라도 늘 '자작농창정'과 소작농 유치를 구분하였다. 1932년 1월 동아권업회사는 조선인 소작인을 유치하기 위한 계획안으로 ≪奉天地方水田計劃案≫을 작성하였는데[44] 이 계획안은 회사가 작성한 ≪奉天地方鮮人自作農創定案≫과[45] 거의 같은 면적의 토지를 할당하였다. 수전에서는 反당 수확량을 벼 日本枡 2석으로 계산해 그중 1석을 소작료로

---

42) ≪滿洲移民關係資料集成≫ 제17권 241쪽, 249쪽
43) ≪滿洲移民關係資料集成≫ 제23권 217-221쪽
44) 위의 책, 432쪽
45) 1932년 1월 동아권업주식회사가 제출한 ≪奉天地方鮮人自作農創定案≫은 조선인 300호를 수용해 한 부락에 30호로, 10개 부락의 자작농촌을 설정하고 1호당 수전 2정보, 밭 1정보, 택지 0.02정보를 할당하기로 하였다. 토지대금 및 토지개량비 등을 20년간 1할의 이자를 붙여 완납하면 자작농이 된다는 것이었다. 그러나 채무를 미리 납부하고 토지를 얻을 수는 없다고 하였다.

납부케 하고 旱田의 소작료도 벼로 反당 日本桝 0.3석을 납부하도록 하였다. 이렇게 수전 2정보의 수확량 40석 중 소작료로 납부해야 할 벼는 23석이나 되었다.[46]

滿鮮拓植會社는 성립된 후 1937년 처음으로 벼농사를 위주로 하고 있는 경기 이외의 조선남부의 6개 道 빈곤한 농민 2,500호를 간도성과 봉천성 관할 지역에 이주시켰다. 회사는 100호를 한 개 집단부락으로 만들어 정착시켰고 1호마다 한전 4정보, 수전 2정보를 나누어주고 건축비, 운영자금까지 대부해 주면서 15년간 대부금과 이자를 전부 상환하면 곧 자작농이 된다고 하였다.[47]

한편, 일제는 산간지역에 산재한 조선인 농민들을 특정 지역에 강제로 집합시켜 집단부락을 건설하였고 일부 피난 조선인들을 안전농촌에 집중시켰다. 집단부락건설은 간도지방, 흥경지방, 滿鮮國境地方, 길림일대, 만철연선지방, 寧安부근 등 6개 지방을 중심으로 확대하면서 無住地帶를 만들어 항일 유격대가 활동할 수 있는 공간을 줄이려고 하였다. 1938년까지 집단부락은 모두 1만 2565개나 되었다.[48] 집단부락 건설 조치는 근본적 목적이 치안 확립에 있었으므로 합리적인 생산의 발전을 저해하는 경우가 많았다.

이하에서는 안전농촌의 例를 들어 수전집단부락의 '자작농창정' 상황을 살펴보겠다. 안전농촌은 조선총독부가 만주의 수전개척과 조선인 농민의 '지도', '보호'를 목적으로 설립한 것으로 만주사변으로 인해 원주지로 돌아갈 수 없는 피난 조선인들을 강제로 집결시킨 수전 위주의 대집단 거주지였다. 1932년 조선총독부와 동아권업주식회사는 제일 먼저 만철연선의 철령남쪽에 위치한 난석산역 서쪽에 작부면적 650정보에 250호, 1,250명의 피난 조선인 농민을 수용하여 철령농촌을 건설하였다. 1933년에는 봉천성 영구현 전장대 부근에

---

46) 依田憙家, 1976 앞의 책 574쪽
47) 朝鮮總督府, ≪朝鮮施政三十年史≫ 917쪽
48) 姜念東외, 1980 ≪僞滿洲國史≫ 吉林人民出版社 206쪽

<표 3-3> 안전농촌의 戶數 및 수전 설정 상황(1935년) (단위; 町)

안전농촌명칭	소재지	戶口	총면적	수전면적	수전비율
철령안전농촌	봉천성철령부근	350戶	900町	800町	89%
영구안전농촌	봉천성영구부근	2,200	6,000	4,800	80%
하동안전농촌	빈강성주하현烏吉密河站부근	800	2,350	1,920	82%
수화안전농촌	빈강성수화부근	560	1,600	1,344	84%
삼원포안전농촌	봉천성류하삼원포부근	200	470	400	85%
합계		4,110	11,320	9,264	82%

출전; 東亞勸業株式會社, 1935 ≪營口·河東·鐵嶺·綏化·三源浦 朝鮮人安全農村建設經過並現狀≫ 7쪽 참조.

1,920정보가 되는 수전촌 영구안전농촌을[49] 건설하여 이해 2월 안동, 무순, 봉천, 해룡 등지의 피난조선인 600호를 수용하였다.[50] 1933년 3월 초순에는 북만철도 동부연선에 위치해 있는 빈강성 주하에서 先住 조선인과 중국인을 강제로 퇴거시키고 螞蟻河에 둑을 쌓아 그 右岸에 2,000여 정보의 수전을 확보하여 새로이 조선인 피난민을 입주시켜 수전촌 하동안전농촌을 건설하였다.[51] 1934년에는 빈강성 수화현 弩敏河 좌안에 중국인의 旱田을 강제 수매해 수전으로 만들어 400호, 2000명의 조선인 농민을 수용하여 수화농촌을

---

49) 요하연안의 수전중심지인 영구 전장대의 벼농사는 평안북도 출신인 金元禹 등이 1913년에 200~300천지의 토지를 조차하여 개간하면서부터 개시되었는데 1921년에는 800여명의 조선인 농민이 10여 개의 큰 부락을 형성하였다. 日本外務省, 1934 ≪在滿朝鮮人槪況≫ 17-18쪽

50) <朝鮮人安全農村に就いて> ≪滿鐵調査月報≫ 1934년 5월호 90쪽

51) 鎌田澤一郞, <朝鮮人移民問題の重大性> 朝鮮總督府, ≪朝鮮≫ 237호 1935년 2월 66-67쪽

건설하였다. 1935년에는 '東邊道復興工作'의 일부분으로 柳河縣 三源浦에 조선인 농민들을 견제하려는 목적으로 400정보의 수전을 만들어 삼원포 안전농촌을 건설하여 그곳의 200호 조선인 소작인을 전부 안전농촌의 주민으로 수용하였다.[52]

<표 3-3>을 보면 1935년에 철령안전농촌, 영구안전농촌, 하동안전농촌, 수화안전농촌, 삼원포안전농촌 5개 농촌의 총면적 11,320町 중 수전면적은 9,264町으로 그 비율이 82%에 달하였다. '안전농촌'은 실로 수전 중심의 집단부락이었다. 동아권업회사 관할하의 각 안전농촌에서는 농업자금과 생활비 대부는 쌀로 환산해 상환하도록 되어 있었고 관리비는 戶별로 수확을 끝낸 후 즉시 납부하도록 하였다. 안전농촌의 대부금 회수율은 높았는데 1934년에는 72%에 달하였다.

만선척식회사가 동아권업회사로부터 안전농촌 경영권을 이어 받은 후, 안전농촌에 새로 입식한 조선인 농민은 모두 자작농설정의 대상이었다. 즉 1호당 수전 2.33정, 畑 0.06정의 벼농사 위주의 자작농설정을 실행하였다. 榮興農村은 15년, 철령농촌은 7년, 하동농촌은 10년, 수화농촌은 15년, 삼원포농촌은 10년을 기한으로 토지, 가옥 및 기타 시설비용을 모두 완납하면 자작농으로 된다고 하였다. 그러나 타인에게 소유권을 이양하는 것은 원칙상 처음부터 금지되었다. 1937～1940년 9월까지 자작농 설정대상 호수는 합계 8,798호뿐이었다.[53] 1938년 말 수전 위주의 안전농촌 호수(안전농촌 및 自作農創定농장 및 기타의 총계)는 13,396호로 전체 이주 조선인 총 호수 159,655호의 8.4%밖에 안 되었고[54] 수전면적은 16,255정으로 수전 총면적180,959町의 9%밖에 안 되는 규모였으며 생산량도 총생산량 4,704.934石의 7%밖에 되지

---

52) ≪朝鮮總督府施政年報≫ 1935 604쪽; 金靜美, ≪中國東北部に於ける抗日朝鮮·中國民衆史序說≫ 1992 現代企劃 제331쪽
53) ≪滿洲開拓年鑑≫ 1942 205쪽
54) 滿鐵調査部, 1941 ≪在滿鮮農ノ移住入植過程ト水田經營形態≫ 196쪽

않았다.[55] 일제는 수전 위주의 안전농촌에서 '자작농창정'을 시행했지만 그 비중은 이주 조선인 전체로 볼 때 보잘 것 없었다. 결국 이 사업은 조선의 경우와 마찬가지로 하나의 슬로건으로 선전효과를 노리는데 불과하였다고 할 수 있겠다.

만선척식회사는 안전농촌과 집단부락 건설 외에 분산되어 있던 일부 조선인 농민에 대해서는 금융자작농설정을 하였다. 즉 조선인 농민이 소작하고 있는 수전 혹은 한전을 만선척식회사가 지주로부터 매수한 다음, 다시 일정한 기간에 年賦償還케 하는 조건으로 조선인 농민에게 양도하는 것이었다.

1937년 2월 5일 民政部 民政司 公函 (제36호, 민척24호 제21호) ≪鮮農ノ安定ニ關スル件≫에 의하면 조선인 소작농 수명 이상이 상호 연대보증을 하여 지주와 매매계약 준비를 끝낸 후 滿鮮拓殖股份有限公司에 신청하면 회사측은 현지에 내려가서 현공서와 연락하여 회사 명의로 이것을 매수한다는 것이었다. 1호당 자작농설정면적은 수전을 위주로 할 경우에는 5상 내외였고, 전작을 위주로 할 경우에는 6상 내외였다. 연부상환금액은 토지대금의 연부금에 연 1할의[56] 이자를 부가한 것으로 상술한 농민은 20년 이내에 회사 대부금을 완납하면 회사는 각 개인에 소유권을 양도하기로 하였다. 설정대상 지역은 간도성, 길림성의 반석현, 빈강성의 목릉현, 봉천성의 무순현, 흥경현, 청원현, 류하현, 해룡현, 동풍현, 금천현, 휘남현, 濛江縣 9현, 안동성의 관전현, 환인현, 집안현, 림강현, 통화현, 무송현, 장백현 7현이었다.[57] 이와 같은 자작농설정은 대토지소유자인 만선척식공사가 장기 고리대 형식을 통해 농민을 착취하는 하나의 變相的 지주경영이라고 할 수 있겠다.

---

55) 위의 책, 197쪽
56) 만선척식회사의 대부금 이자를 살펴보면 안전농촌의 경우, 단기·장기 모두 일보 2전 3리이었고, 각 개척 대부금은 단기 일보 3전, 장기 일보 2전 5리였고, 금융자작농 대부금은 장기 연 1할이었다. 高見成, 앞의 책 114-115쪽
57) 滿鐵産業部農林課拓植系, 1937 ≪朝鮮人農業自由移民取扱規程≫ 17-19쪽

일제의 금융자작농창정은 조선인 居留民會[58) 내에 설치된 금융부 금융회나 농무계 조직을 통해 실시되었는데 조선인 이민에 대한 저리융자를 통해 조선인 사회에서 민회의 영향력을 확대하고 조선인 이민에 대한 통제를 강화하였다.[59)

농무계의 경우를 보면, 그 설치규정에 농경자금의 대부 및 그 회수를 주요업무로 한다고 규정하였다. 즉 부락의 農耕地借入알선, 農耕用品이나 일용품의 공동구입, 생산품의 공동판매 및 기타 農事에서 필요한 사업이 포괄되었다.[60) 1933년 12월말에 농무계는 총 439개가 있었다.[61) 그중 두 사례를 들어보면, 林達培는 1932년 4월 五道灣 농무계를 설립하고 오도구농장을 세워약 400천지를 조차하였고, 陶鹿 조선인 민회는 금융기관 역할을 하는 농무계를 설립하고 1933년 동아권업회사로부터 12,000원을 일보 3전의 이자로 차입하여 일보 6전으로 대부하는 방식의 금융활동을 개시하였다.[62)

농무계는 물론 조선인 집단부락 내의 상호부조를 목적으로 하는 하나의자치기구였지만 일제가 조선인을 통제하고 각종 정책을 추진하는데 보조적역할을 하기도 하였다. 철령농촌을 보면 계연합회장, 부회장의 취임은 조선총

---

58) 1913년 11월부터 설립되기 시작한 조선인민회는 1936년에 123개, 회원 18만여 명에 달하였다. 이는 당시 재만 조선인 총인구 90여 만명의 약 20%에 가까운 숫자이며 조선인의 사회조직으로는 규모가 제일 컸다. 민회는 1937년 '만주국' 협화회로 통합되기까지 20여년 동안 일본 영사관의 지휘와 감독아래 일제가 만주를 침략하는 세포조직으로, 재만 조선인 사회를 통제하는 기구로서 조선민족의 독립운동 기반을 파괴하는 첨병역할을 수행하였다. 1926년까지 설립된 민회로는 안동, 봉천, 철령, 장춘, 길림, 도록, 무순, 정가둔, 해룡, 영구, 통화, 사평가, 안산 등이 있었다. 김태국, 2001 국민대학대학원박사논문 <만주지역 '조선인 민회' 연구>참조

59) 滿鐵産業部, ≪滿洲農業移民槪說≫ 産業調査資料 第五十二編 90쪽

60) 契員은 해마다 수확기에 1호당 금 10전, 벼 1두를 회비로 내야 한다고 규정하였다. ≪全滿朝鮮人民會聯合會會報≫ 제2호 1933년 4월 86-89쪽; 高見成, 앞의 책 129-130쪽

61) <在滿領事館別農務稧調査> ≪全滿朝鮮人民會聯合會會報≫ 제13호 1934년 3월

62) ≪全滿朝鮮人民會聯合會會報≫ 제17호 1934년 7월호 61-62쪽

독부의 인가를 받아야 하였으며 실제 농무계 연합회의 이사 이하 직원의 대부분은 만선척식회사의 출장원이었다. 철령 안전농촌의 조선인 농민들은 농무계 설립의 본래 취지와는 달리 금융대부를 받음으로 말미암아 철저한 통제 속에 살아가야 했다. 또한 촌 내에는 평상시에도 수명의 일본 영사관 경찰이 상주하였고 긴급할 경우에는 철령 등에서 增員을 받았다.

동아권업주식회사는 각 농촌 내에 농무계를 조직하고 이를 단위로 대체로 1호 수전 경작면적을 남만지방에서는 4~5天地, 북만지방에서는 3~4垧을 기준으로 삼아 稧員 전원의 연대 보증을 전제로 직접 소작인에게 대출하였다. 대출금리는 물가 및 노임 상황에 따라 해마다 달랐지만 회사가 직접 조선인 농민에게 대출할 때의 금리는 일보 3전 이상 5전 이하였고 회사의 금융기관에 대한 대출금리는 일보 2전, 금융기관의 조선인 농민에 대한 대부는 日步 4전 5리~5전였다.[63] 수전농장 동아권업주식회사 오가황 및 공태보에서 생계비, 종자비, 起耕費, 비료비, 제초비, 수확비로 사용되는 대부금 이자는 보통 日步 4전 5리였고, 농구구입비, 耕牛購入費 및 주택건축비로 사용되는 정기대부금 금리는 日步 2전 5리였다.[64]

당시 집단부락에 입촌한 조선인 농민들은 대부분 빈곤하여 다음해 수확기까지의 생활비마저 지주로부터 빌려야 하는 처지였기 때문에 상환금을 마련하기 매우 어려웠다. 설사 이듬해 상당한 수확을 거두었다하더라도 소작료와 생활비의 前借金을 돌려주고 나면 별로 남은 것이 없었다. '자작농창정'은 실현될 가능성이 매우 적은 정책이었고 조선인 농민을 중국인 지주의 佃農으로부터 일제의 소작농으로 전락시키는 것이나 다름이 없었다.

한편, 농민들이 반환해야 할 토지대금과 그 이자는 계속 불어나기만 하여

---

63) 東亞勸業株式會社, 1931 <朝鮮人移民の金融狀況> ≪滿洲移民關係資料集成≫ 제16권 549-551쪽
64) 위의 책, 553쪽

완납하기 어려웠다. 만선척식회사는 흑룡강성 수화일대에서 1상의 황무지를 10日元, 熟地를 25日元으로 샀지만[65] 농민에게 대여할 때 시가로 계산하고 거기에다 여러 가지 비용을 첨가해 1상에 150원이나 청구되었다. 만약 해마다 8리의 이자로 계산하면 10년 후에 농민은 회사에 원가의 11～15배의 지가를 지불하게 되는 것이다.[66] 농민들은 토지대금을 상환해야 할 뿐만 아니라 촌락 범위내의 황무지, 저습지 등 이른바 모든 공유지의 지가 및 그 이자까지도 지불해야 하였다.

그리고 자신들과 직접적 연관이 없는 부락건설비도 부담해야 하였다. 촌락 건설비와 그 이자액을 보면 그들의 부담이 얼마나 컸는지를 짐작할 수 있다. 5개 안전농촌 촌락건설비를 보면 영구농촌은 1,700,781.15원이었는데 상환년 한이 15개년이었으므로 연 이자는 1,064.400원이 되며 철령농촌, 하동농촌, 수화농촌, 삼원포농촌의 촌락건설비의 연 이자는 각각 565.76원, 1,333.20원, 792.18원, 480.88원이나 되었다.[67] 여기에 더하여 일본정부와 '만주국'정부 의 집단부락 300호에 대한 보조금은 합계 159,260원이 되었지만 그중 개인 보조금은 48,000圓으로 30%밖에 차지하지 않았고 나머지 70%는 공동보조 금, 부락건설보조금, 자위단총과 탄약 보조금 600원, 지도원의 보조금 30,350 원이었다.[68] 그들은 생산과 직접 연관이 없는 많은 보조금부분도 상환해야만 하였기 때문에 빈곤한 생활을 좀처럼 벗어날 수 없었다.

일제가 조선인을 '보호', '지도'하고 '자작농창정'한다고 표방한 모범농촌 안전농촌에서조차 조선인 이민들의 離村현상이 늘어났다. 철령안전농촌은 경작면적 553정에서 반당 2석 5두의 실적을 올렸으나 동아권업회사가 반당 9두씩 징수하여 갔다. 결국 1934년 春耕期까지 조선인 233호 중 20호가

65) ≪全滿朝鮮人民會聯合會會報≫ 1934년 11월호 86-90쪽
66) 朴昌昱, 1995 ≪中國朝鮮族歷史硏究≫ 延邊大學出版社 429-430쪽
67) 滿鐵調査部, ≪滿洲移民槪況≫ 産業調査資料 52편 제77쪽
68) 高見成, 앞의 책 165쪽

더 이상 견디지 못하고 이출함으로써 그 해 10월말에는 214호, 1,077명으로 줄어들었다.[69] 錦州省 盤山縣 榮興農村도 조선인 농민 596호를 수용하였지만 인원이 계속 줄어들어 1934년에는 조선남부 수전지대에서 수 차례 선발하여 보충하였다.[70] 영구안전농촌에서도 안전농촌이 설치된 1933년에 전체 23%에 해당되는 153명의 퇴촌자가 발생하였고 그 다음해인 1934년에 126명, 1935년에는 110명, 1936년은 96명, 1937년에는 158명, 1938년에는 189명으로 퇴촌자가 줄어들지 않았다.[71] 일제가 선전하였던 조선인 수전농장인 안전농촌에서 이촌 현상이 늘어났던 것은 그곳에서의 조선인들의 실제 생활이 좋지 않았음을 실증해 준다.

'만주국'이나 조선총독부에 의해 계획되고 지원 및 통제를 받는 '자작농창정'의 주요 대상인 '정책이민'이 전체 이민에서 차지하는 비중은 낮았는데 1942년에 일본인 기관에 의해 조성된 조선인 정책이민은 36,500호 140,500명으로[72] 재만 조선인 총 인구 1,511,170명의[73] 9.3%정도 밖에 되지 않았다. 일제는 선전효과를 노리며 '자작농창정'을 표방하였을 뿐 소작농을 완전한 자작농으로 바꾸려는 의도가 없었을 뿐만 아니라 그렇게 할 여유도 없었다. 다만 자작농을 설정했을 뿐이었다. 대부분의 조선인들은 정부의 통제 밖에서 아무 지원도 받지 못하고 생계를 유지하고 있었다. 그러나 '자작농창정'과 같은 기만된 조치는 일부 조선인 농민을 迷惑시켰고 다른 민족에게도 보호자의 인상을 주었다.

---

69) 奉天日本總領事館, 1934년 10월말 ≪朝鮮人槪況≫
70) 沖中守夫, 1941 <滿洲開拓農村現地報告> ≪朝鮮≫ 314호 朝鮮總督府 16쪽
71) 陳野守正, 1998 ≪歷史からかくされた朝鮮人滿洲開拓團と義勇軍≫ 155쪽
72) 滿洲拓植公社, ≪第84回帝國議會說明資料≫ 250-251쪽
73) 金哲, 앞의 책 28쪽

3. 미곡증산 통제시책과 쌀 생산 증가

1) 미곡증산 통제시책

1929년에 시작된 세계대공황으로 말미암아 만주의 주요 수출작물인 大豆
三品(大豆, 豆油, 大豆粕)의 수출량은 대폭 줄어들었고 가격이 폭락하였으
며 고량, 속, 옥수수, 잡곡 등 주요 작물가격도 5할 정도 하락해 만주농업생산
은 결정적 타격을 받았다. 1934년에 되어서야 농산물가격은 공황이전의 6~7
할 수준으로 회복되었다. 이와 같은 전체적인 농업 침체상황 하에 만주사변의
발발로 미곡생산의 주요 담당자인 조선인이 철도부근 도시로 피난하면서 미곡
생산은 더욱 위축되었다. 게다가 '만주국' 설립 직후에도 전반적인 치안상황
이 좋지 않은데다가 水災까지 발생해 만주 쌀생산은 1935년에 되어서야 사변
전 수준까지 회복되었다.

'만주국' 설립 후 일제는 일본제국 엔화 블럭 경제체제 내의 전반적인 통제
차원에서 만주를 농업지대로, 일본을 精工業地帶로, 한국을 양자의 연결고
리인 粗工業地帶로 분업구조를 추진하면서[74] '만주국'이 식량공급지로서
일부 역할을 담당하도록 하였다. 그러나 '만주국' 건국 후 5개년간은 치안의
확립을 주요 목표로 하고 약 13억원의 건설자금 중 11억 5천만원을 건국
당초 제일 급속히 개발하여야 할 교통, 통신사업 및 철, 석탄, 전기 등 산업부분
에만 투하하였다.[75] 만주의 농업은 일본이 필요한 면화, 연초 등 특수농산물의
증산에 주력하였다. 1934년 3월 30일 일본 각의에서 결정을 본 ≪日滿經濟

---

74) 小林英夫, 1975 ≪大東亞共榮圈の形成と崩壊≫ 御茶の水書房 79쪽; 1932년부터
　　北鮮開拓事業, 1934년부터 南棉北羊政策을 대대적으로 전개하였다.
75) 大上末廣, <滿洲國農業政策> 大同學院, 1941 ≪論叢≫제4집 滿洲行政學會 4쪽

統制方策要綱≫에서 만주 쌀은 섬유공업(면직업공업), 양잠, 어업 등 5개 산업과 함께 일본산업상황에 알맞게 행정적 통제를 가하는 항목으로 지정되었다.[76] 일본 농림성은 日滿양국의 자원상황, 기존 산업의 발전상태에 근거해 만주에서 쌀 증산장려를 하지 않겠다고 명백히 밝혔다.

일제는 대련, 봉천, 하얼빈 기타 대도시에서 쌀 수요가 급증하고 중류이상의 소수 중국인의 米食이 많아졌지만 대다수 중국농민이 그들의 주식인 조, 고량 등을 팔아 고가인 쌀을 소비할 리가 없으며 조선인 농민은 쌀 생산자이지만 벼를 팔아 값이 싼 조나 고량을 구매하여 常食하기 때문에 잉여 쌀의 대부분이 대체로 일본으로 공급되는 것이 불가피하다고 판단하였다.[77] 그래서 1939년까지 쌀 생산의 지나친 증대를 억제하면서 늘어나는 소비를 충족시켜주는 정도 내에서만 증산하도록 하는 통제정책을 취하였다.[78] 만주가 조선 및 일본에 의존하지 않고 쌀을 자급자족하는 것이 일본당국의 바램이었다.

1937년 중일전쟁이 발발한 후 만주는 대륙침략의 병참기지로 부상하였다. '만주국'정부는 농업증산 제1차 5년계획을 세우면서 '만주국' 농업자원 개발정책을 개척민정책, 북변진흥정책과 함께 '만주국'의 3대정책의 하나로 위치지우면서 전시 식량의 현지 조달을 위하여 쌀, 소맥, 대맥, 연맥, 양마, 아마

---

76) ≪日滿經濟統制方策要綱≫에서는 각종 산업을 3개 부류로 나누었다. 하나는 직접, 간접적으로 정부의 특별한 보호, 감독을 받는 교통, 통신, 철강, 경금속, 석유, 자동차, 兵器, 연, 아연 등 14개 산업분야였고 다른 하나는 장려, 보조의 목적으로 적당한 행정 및 자본적 통제를 가하는 제염, 펄프, 면화재배, 면양사육, 제분, 유지 등 7개 산업분야였으며 그 외에 섬유공업(면직업공업), 양잠, 어업, 쌀 등 일본산업상황에 따라 제한의 목적으로 행정적 통제를 가하는 분야이었다. 原朗, <1930年代の滿洲經濟統制政策> 滿洲史硏究會, 1972 ≪日本帝國主義下の滿洲≫-'滿洲國'成立前後の經濟硏究 51-53쪽 참조.

77) 在外鮮人調査報告, 1927 ≪滿蒙の米作と移住鮮農問題≫ 東洋協會 7쪽

78) 그렇기 때문에 만주의 수도연구실험기관도 단지 웅악성과 공주령 2개 所 밖에 없었다. 1940년 쌀 증산계획의 추진에 따라 북만에 哈爾濱, 佳木斯, 克山 등 지방에 시험기관이 증설되었다. 小島淸重郎, 1944 <水稻硏究三十年> ≪滿洲農業硏究三十年≫ 17쪽

등 9개 작물을 증산시키고자 하였다. 이와 함께 농업정책의 핵심인 식량에 대해 강력한 국가적 통제를 한층 더 강화하였다. 이때부터 쌀은 軍需와 관계되는 작물로 등장하면서 중시되기 시작하였다.

쌀 생산규모를 결정하는 중요한 요소의 하나는 수리관개문제였다. 日滿정부의 수리정책은 미곡증산 통제시책을 제일 잘 보여준다. 만주에서의 수전의 개간, 치수, 관개는 일본, 조선과 비교하면 비용이 현저히 적게 들었다. 일본에서 새로이 수전을 만들려면 해안 간석지를 개간해야 하므로 1반보에 적어도 200圓이상이 소요되고 조선에서도 약 150원이 필요했다. 이에 비해 만주에서는 反當 30~40원만 투자하면 관개, 배수하여 수전을 조성할 수 있어[79] 일본, 조선에 비교하면 反當 1/4 이하의 낮은 비용 밖에 들어가지 않았다. 그럼에도 불구하고 만주사변 전에 충분히 수리를 개발하지 않았으며[80] '만주국' 건국 후에도 앞서 살핀 바와 같이 정부차원에서 일본 농업이민 용지를 확보하기 위한 토지조사사업만을 추진하고 대규모 수리사업은 진행하지 않았고 단지 수리시설에 대한 개량과 水患을 避免하기 위한 시설이나 소규모 경작면적을 확충하기 위한 소규모 수리공사만을 진행했을 뿐이었다.

간도성 및 조선과 인접한 일부지대의 수리조합 설립을 제외하면 그 외지역에서는 공유 관개시설로 대부분 定款이 없고 지주 혹은 직접 蒙利者와의 협상에 의해 운영되고 있었다.[81] '만주국'시기 영세농들이 정책적 지원 없이 자발적인 생산욕구에서 큰 수리공사를 진행할 리가 없었다.

1934년 5월 1일 봉천성에서는 23개 所의 수리국이 폐지되고 각 현에 수리합작사가 창립되었다. 1934년 3월 15일 봉천성의 省令 제1호 농업수리조합령을 보면

---

79) 千葉豊治, 1932 <日本の食糧問題と滿蒙の農業> ≪農業の滿洲≫ 제4권, 제1호 6쪽
80) 中央設計局東北調査委員會, 1945 ≪東北水利槪況≫ 6쪽
81) 奧田亨, 工藤要, 1941 12 <滿洲水稻作の社會的諸條件> ≪滿鐵調査月報≫ 제21권 제12호 132쪽

제2조, 제3조: 수리조합은 조합사업으로 이익 받는 토지를 한 개 區域으로 구분해 그 구역 내의 토지소유자(토지상조자 포함)를 조합원으로 한다.

제4조: 수리조합을 설립할 때에는 5인 이상의 발기인이 있어야 하고, 토지의 3분의 2 이상에 해당되는 토지소유자의 동의를 얻어야 하며 성장의 허가를 받아야 한다.

제8조: 수리조합은 조합원에 대해 그 소유한 토지면적 및 수익정도에 따라 등급을 나누어 조합비를 부과한다.[82]

이 조합령에 의하면 토지소유자(상조권 소유자 포함)만이 수리조합원이 될 수 있었고 생산담당자인 소작인(대부분 조선인)의 권리는 배제되었다. 또 그 지역 토지의 3분의 2 이상을 차지하는 지주의 동의를 반드시 거쳐야 한다고 규정함으로써 대지주 1명의 반대가 있어도 수로개통이 불가능하게 되는 현상이 일어날 수도 있어[83] 일반 벼농사 담당자인 소작 조선인들의 처지는 불리해졌다. 일제는 조선인 소작농민들에 의해 확대되는 수리에 대해 통제를 가함으로써 수전 면적의 무제한 확대를 방지하려는 효과도 기대하였던 것이다.

1935년 實業部 대신 짱엔칭(張燕卿)은 각 省長에게 ≪만주국 농업수리사업 취체에 관한 건≫이란 실업부 훈령 제113호를 내려 새로 수리사업을 행하거나 기존 시설을 변경할 경우 사업계획서를 제출하여야 하고[84] 稻田業者가 토지소유자가 아니거나 토지소유자와의 공동사업이 아닐 경우, 도전업자와 토지소유자간의 계약서를 제출하여야 한다고 규정함으로써 민간 수리사업이 '만주국' 정부의 허가사업이 되었다.

≪日滿人關係農業經營에 관한 輔導要領≫을[85] 보면 일본인 농업이민

---

82) 滿洲國協和會奉天地方事務局, 1934 ≪奉天省に於ける水利組合に就て≫
83) ≪全滿朝鮮人民會聯合會會報≫ 제15호 1934년 5월 102쪽
84) 사업계획서에는 그 지역 및 인접지의 현황, 공사설계서, 사업설명, 사업의 수익계산, 완성시일, 사업비와 관리비의 징수방법, 공사비의 借入 및 상환방법이 포괄되었다.
    拓務省拓務局 1935 6 ≪拓務時報≫ 제51호 29쪽

의 경작지를 '만주국'정부가 신속하게 조사하고, 일본인에 의한 100天地 이상의 관개사업은 관개사업 계획서를 만들어 縣公署를 거쳐 省公署에 허가신청서 3통을 내야 하고 50天地 미만은 縣公署에서 허가한다고 규정하였다. 만약 공사시행으로 인해 제3자에게 손해를.끼칠 경우 당사자간 협의하도록 하고 협의가 이루어지지 않을 경우 관할 관헌이 調定한다고 규정하였다.

이와 같은 수리허가제는 수전을 조성하거나 수리공사를 시행할 경우의 수속을 까다롭게 만들어 결국 수전발전의 발목을 잡았다고 할 수 있겠지만, 한편으로는 일제가 '만주국'정부의 힘을 빌려 수리관개사업, 특히 물도랑 점용지 강제 임대를 둘러싼 중국인들과의 일련의 분쟁을 방지, 해결함으로써 일정 규모 내에서 수전 발전을 추진하려는 의도가 깔려있기도 하였다.

수전관리사업을 '만주국'정부의 허가사업으로 정한 다음, 일제는 일본인 통제하의 輔導委員會 설립을 통해 미곡발전의 규모와 속도를 통제하였다. 중앙 실업부에는 日滿關係農事輔導委員會 輔導本部를 설치하고, 봉천성·길림성·금주성·열하성 등 각 성에는 지부, 현에는 분회를 설치하여 통제하였다.[86] 奉天省 지부를 보면, 위원장은 봉천특무기관 田島少佐가 담당하였고 위원은 봉천일본총영사관 2명, 봉천헌병대 1명, '만주국'협화회 봉천사무국 1명, 전만조선인민회연합회 1명, 봉천성공서 4명으로 구성되어[87] 일본의 의사를 충분히 관철할 수 있도록 하였다.

1937년 중일전쟁 발발 후 쌀 증산이 중시되면서 수리에 대한 투자도 행해지기 시작하였다. 1937년 '만주국' 수리개척단은 동릉구 滿融屯에서 商租水利株式會社를 설립하여 혼하남안 上夾河에서 東幹線공사에 착수하여 滿

---

85) <日滿人關係農事輔導要綱> 日本外務省外交史料館資料 ≪滿蒙各地ニ於ケル朝鮮人ノ農業關係雜件(6)≫
86) 東亞局, 1936 ≪外務省執務報告≫ 제2권 クレス出版社 425쪽
87) <奉天省日滿關係農事輔導委員會章程> 1935년 11월 日本外務省外交史料館資料 ≪滿蒙各地ニ於ケル朝鮮人ノ農業關係雜件(6)≫

融, 渾河農場, 金家灣, 曹仲屯, 金寶臺 일대 수전 17,000무를 개척하였다. 1939년에는 西幹線를 수축함으로써 北營子, 大淑堡 新興屯 王秀庄子, 胡家甸, 代古家, 西蘇堡에서 수전이 흥해졌다. 동간선, 서간선의 수리공사를 행함으로써 1945년에는 수전 3만 무를 관개할 수 있었다.[88]

1938년 双山, 遼源 2개 현의 遼河연안에 2,000ha의 수전이 조성된 것을 계기로 이 두 현을 합병하여 双遼縣을 설립하기도 하였다.[89]

그러나 '만주국'정부는 1938년 12월 20일 칙령 제292호로 수재를 방지한다는 명목 아래 ≪河川法≫을 공포하여 하천에 대한 엄격한 제한을 가하면서 수리사업을 하려면 반드시 興農部, 交通部의 허가를 받도록 하여 수전조성허가수속을 더욱 번거롭게 만들었다.[90] 이는 '만주국'정부가 일반인의 수전개발을 제한함으로써 일본농업이민들의 수전개척지를 확보해 주로 일본인에 의한 수전개발을 추진하려는 시책과 일맥상통하였다.

1937년 중일전쟁 개시 후 주요 농산물인 쌀, 소맥분, 옥수수, 속을 포함한 소비물자의 가격등귀를 억제하기 위해 ≪暴利取締令≫이 발표되었고 쌀을 포함한 식량에 대해 강력한 국가적 통제를 가하였다.[91] 이어 '만주국'은 1939년 6월 1일부터 勅令 제253호로 ≪米穀管理法≫을 실행하였다. ≪米穀管理法≫은 미곡발전에 대한 통제를 더 한층 강화하는 법령이었다. 그 주요 내용은 다음과 같았다.

제2조, 제3조: 수전의 조성은 행정관서의 허가를 받아야 한다. 허가받을 필요가 없는 곳은 단지 관개, 배수 및 방수 시설이 필요 없는 습지, 지하수로

---

88) 沈陽市人民政府地方志辦公室, 1998 ≪沈陽市志≫ 제8권 농업 352-353쪽
89) 滿洲國史編纂刊行會, 1990 ≪滿洲國史≫ (上) 東北師範大學出版社 328-329쪽
90) 興農部, 交通部는 협상 결과 1939년 6월에 ≪調整治水及水利事務措置≫를 발표하였는데 수전경영자 입장에서 보면 하천사용료만 면제되었을 뿐이었다. 東北物資調節委員會, 1947 東北經濟小叢書 ≪農田水利≫ 23쪽
91) 橫山敏男, 1943 ≪滿洲國農業政策≫ 東京 東海堂 4-5쪽

관개되는 수전, 天水에 의존하는 수전고립단지로 1ha 미만의 지역뿐이다.

제4조, 제24조: 수전의 휴경과 폐경도 허가를 받아야 하고 산업부 대신이 공익상 필요하다고 인정할 때는 수전 소유자에 대해 수전의 관개, 배수, 또는 방수시설의 변경을 명령할 수 있다.

제5조, 제6조, 제9조, 제11조: 만주양곡주식회사는 미곡의 매입과 매각, 수입과 수출을 전적으로 담당하고 기타 기관은 이 사업을 취급할 수 없다.[92]

이 법령은 日滿米穀의 적절한 수급조정과 쌀의 자급자족을 목표로, 수전 조성할 때에는 행정관서의 허가가 필수였고 허가없이 수전경영을 할 수 없으며 수전의 휴경과 폐경에 대해서도 허가제를 도입해 쌀 생산에 대한 정부의 통제를 대폭 강화하는 조치였다. 이로써 쌀 생산의 적정한 규모를 확보하고 과다 생산된 만주 쌀이 일본으로 수출되는 것을 원천적으로 막고자 하였다. 또한 만주양곡주식회사를 통해 배급에 대한 통제를 강화함으로써 늘어나는 軍需를 원활하게 충족시키려 하였다. 산업부는 '미곡관리를 실시하는 목적은 생산에 대한 통제를 확보하는 동시에 만주 쌀의 일본으로의 수출을 규제하여 日滿 간의 미곡정책을 조정하고 戰時下 중요식량의 自給을 기하기 위함'이라고 명확히 밝혔다.[93]

미곡관리법은 1939년 5월 25일 ≪米穀管理法施行規則≫[94]의 제정을 통해 본격적으로 실행에 옮겨졌다. 시행 규칙 제6조에서는 미곡관리법 제2조의 규정에 따라 수전조성의 신청면적이 200陌 이상인 경우는 산업부대신, 200陌 미만, 20陌 이상의 경우는 省長[95], 20陌 미만의 경우는 시장, 현장

---

92) <滿洲國米穀管理法> 1938 ≪農業の滿洲≫ 제10권 제11호 12-14쪽
93) <米穀管理制度と 滿洲國米穀政策論> 1938 ≪經濟滿洲≫ 제77호 21-27쪽
94) <米穀管理法施行規則>, ≪奉天農事合作月刊≫ 제2권 제7호 1939, 53-57쪽
95) '만주국'설립 후 일제는 중앙집권제 행정기구 확립을 위해 省을 축소하였다. 1934년 12월에 4省制을 廢止하고 새로 길림성, 용강성, 흑하성, 삼강성, 빈강성, 간도성, 안동성, 봉천성, 금주성, 열하성 10성을 설치하였고 흥안 동서남북 4성을 합해 14개 행정지역을 설립하였다. 그 후 수 차례 개폐를 거쳐 1941년에는 신경 특별시, 19개 省으로 확정하였다.

<표 3-4> 만주 9개 미곡관구와 관할지역

미곡관구	관할지역	미곡관구	관할지역
新京管區	길림성	黑河特別管區	흑하성
海拉爾管區	흑안북성, 흥안동성	牡丹江管區	모단강성, 동안성, 삼강성
熱河管區	열하성, 흥안서성	哈爾濱管區	빈강성, 흥안성
延吉管區	간도성	齊齊哈爾管區	룡강성, 흥안동성, 흥안서성
奉天管區	봉천성, 안동성, 통화성, 금주성, 흥안남성, 흥안서성		

비고: ① 출전; 奉天商工公會, ≪奉天經濟事情≫ 1940 182쪽 참조; 橫山敏男, 1943 ≪滿洲
國農業政策≫ 133쪽 참조.
② 흥안남성의 東科中旗, 後旗, 前旗, 庫偏旗, 通遼縣은 봉천관구에 속하고 흥안서성의
札魯特, 左翼旗, 阿魯科, 爾沁旗, 開魯縣도 봉천관구에 속한다. 흥안서성의 札賚特
旗, 西科後旗, 西科前旗는 齊齊哈爾관구에 속함.

혹은 旗長의 허가를 받도록 규정하였다. 新京(長春)특별시 내에 조성한 200
陌 미만의 수전은 新京특별시장의 허가를 받아야 하였고, 새로 조성된 수전
이 두 곳 이상의 지방행정관서 관할에 속할 경우 그중 면적이 큰 곳의 지방관
서의 허가를 받도록 하였다. 제7조에서는 미곡관리법 제2조의 규정에 따라
수전조성허가신청서는 소정양식[96]을 첨가해 제출해야 하였고 신청서에 附帶
로 신청자의 신분, 토지에 대한 권리를 증명하는 관공서의 증명서, 토지소유주
가 아닐 경우 토지소유주의 수전 개간 승낙서, 관개와 배수시설에 필요한
水渠占用地 승낙서 등 행정관서의 필요서류를 제출하도록 하였다.[97] 미곡관
리법의 실행을 통해 일제는 만주 미곡생산을 수급계획에 따라 통제할 수 있었
다.

---

96) 소정양식에는 사업계획, 사업지역상황, 상업수지계산, 사업자금의 조달과 상환방법
   등 항목이 포괄되었다.
97) <米穀管理法施行規則>, ≪奉天農事合作月刊≫ 제2권 제7호 1939, 53-57쪽

한편 '만주국' 각지는 지리, 기후, 교통상황 등 여건이 크게 다르고 미곡의 생산비나 품질에도 큰 차이가 있었으므로 쌀 등급의 구분, 매매가격의 결정에 만주 전체를 획일적으로 통제하지 못하고 사정이 비슷한 지역을 한 개 미곡관구로 설정하였다. 그리하여 <표 3-4>와 같이 신경관구, 봉천관구, 齊齊哈爾관구, 하얼빈관구, 모단강관구, 연길관구, 흑하특별관구, 海拉爾特別管區, 열하특별관구 9개 관구로 나누었다. 각 미곡관구는 관구를 단위로 가급적으로 자급자족하고 양곡회사는 각 관구에 지점, 출장소를 설치해 현지실정에 따라 수급을 조절하고 쌀 품질등급을 매겼다. 미곡관리법의 제정을 통해 전시경제체제에 적응한 미곡생산과 유통에 대한 관리를 강화하였던 것이다.

미곡관리법은 일반인들에게는 수전조성을 금지하거나 제한하기 위한 것으로 받아들여졌다. 協和會에서도 전시 하 일본과 '만주국'의 식량문제가 중요한 과제로 부상되는 시점에서 이와 같이 생산에서 배급까지의 전 과정을 일원적으로 통제하기 위해 시행되는 수전조성 허가제한제도는 국책과 배치된다고 하면서 議案으로 제기하였다. 이 관리법을 철폐, 개정하라는 여론이 분분함에도 불구하고 정부는 하천물량이 풍부하지 않은 '만주국'에서 엄격한 관리를 하지 않고 무절제한 수전조성을 방기해 두면 계획실행에 차질이 빚어지고 민족적 분쟁으로까지 치달을 수 있다는 이유로 변경하지 않았다. 그리고 수전조성에는 상당한 기술과 자본이 필요하므로 시행규칙규정이 필요하다고 강조하였다.[98]

일본에서의 미곡배급통제법이 배급과 가격통제로 일관되어 있었는데 비해 '만주국'의 미곡관리제도는 양곡회사를 주축으로 생산, 배급, 가격에 대한 일관적 통제가 이루어졌다.[99] 이것은 물론 철저한 미곡전매제도는 아니지만 생산과 배급의 모든 과정에 강력한 국가 통제를 가할 수 있는 조치였다. 이

98) ≪滿洲日日新聞≫ 1940년 10월 14일
99) ≪滿洲評論≫ 通卷 388호 1939 6-7쪽

법은 1944년 8월 14일 공포된 ≪農産物管理法≫ 중 통제생산부분이 삭제
되면서 자연히 소멸되었다.

미곡관리법은 수전조성에 대해 허가제도를 실시하며 지방행정관서의 권한
을 확대하고 미곡생산을 통제함으로써 쌀 생산의 급증을 억제하였다. 일본인
개척민을 위한 수전적합지의 확대를 염두에 두고 통제를 강화하려 하였으나
일본인 개척단에 의한 쌀 증산계획은 끝까지 실현되지 못하였다.

2) 조선인의 소작실태

일제는 만주에서의 미곡정책에서 30년대 말까지는 늘어나는 자체의 수요
를 충족시켜주는, 기본적으로 자급자족을 지향하는 미곡통제정책을 취하였다.
그들은 만주의 과잉미가 수출되어 일본 쌀 시장을 위협할까봐 쌀 생산규모의
확대와 급속한 발전속도에 대해 경계하고 억제하였다. 그리하여 미곡생산을
국책인 개척정책과 연결시키지 않았고 정부차원에서의 대규모 치수·수리사
업을 행하지도 않았다. 그러나 자연관개을 이용한 조선인에 의한 수전개발에
대해서는 방관적 태도를 취했다. 1932~1939년 시기는 거의 해마다 10만명
내외로 증가되는 조선인 농민들의 알뜰한 수전경작을 통한 쌀 생산 증가의
시기라 할 수 있다.

'만주국' 성립 때까지 조선인들이 실질적으로 상조권을 가지고 있었던 토지
는 얼마 안되었다. '만주국'시기 민족별 상조권 신고상황을 보면 조선인 4,464
명이 81,040상의 토지에 대해 신고했는데 이는 전체 신고면적의 0.8%에 지나
지 않았다. 조선인 1인당 신고면적은 18.2상에 불과하였는데 이는 일본인 신
고자 1인당 신고면적인 2,173상에는 비교조차 할 수 없을 정도로 빈약하였
다.[100] 여기에서 '만주국'시기에도 대부분의 조선인들은 여전히 토지소유권을
가지지 못하고 소작인 신분에 머물고 있었음을 알 수 있다.

<표 3-5> 만주 미곡생산에서의 조선인, 중국인, 일본인의 비중(1939년)

민족별＼항목	수전면적	생산량	町 當수확량
조선인	244,003町 (85%)	6,752,004석(89%)	27.67石
중국인	34,223町(12%)	689,231석(9%)	20.13石
일본인	7,353町 (3%)	146,246석(2%)	19.88石
計/平均	285,579町(100%)	7,587,381석(100%)	26.57石

출전: 滿洲帝國協和會 中央本部調査部, 1940 ≪國內に於ける鮮系國民實態≫ 42-43쪽

이들 조선인 소작농민들은 대부분 벼농사에 종사했다. 벼농사에 종사하는 조선인 대 중국인 농민의 비율은 개척연도와 지역에 따라 다르기는 하겠지만 대체로 간도성에서는 9 : 1, 안동성에서는 8 : 2, 봉천성 서부 요하연안 海城에서는 7 : 3으로 추정된다. 더구나 모단강, 동안, 삼강, 북안, 빈강 등 개척 연도가 비교적 늦고 조선에 인접한 지역에서는 수전경작자의 99%가 조선인이었다.[101] 1935년 조선 이주민들의 수전 작부면적은 86,700여정보로 중국인 경영 작부면적 8,100정보에 비교하면 약 17배나 되는 규모로[102] '만주국'시기의 벼농사는 조선인 농민들이 담당하고 있었다.

<표 3-5>의 1939년 조선인, 중국인, 일본인 농민이 경작한 수전면적을 비교해 보면 조선인 농민이 경작한 수전면적은 244,003町으로 수전 총면적의 85%를 차지하였고 중국인 농민은 34,223町으로 12% 차지하였으며 일본인 농민은 7,352町으로 3% 밖에 차지하지 못하였다. 町 當수확량에 있어서도

---

100) 滿洲國地籍整理局, 1937 ≪商租權整理中間報告書≫ 33-35쪽; 滿洲史硏究會, 1972 ≪日本帝國主義下の滿洲≫ 388쪽
101) 橫山敏男, 1942 <南滿に於ける水稻の生産事情> ≪農業の滿洲≫ 제14권 제11호 17쪽
102) 在滿日本大使館, 1935 ≪在滿朝鮮人槪況≫ 在滿日本大使館 124쪽

조선인 농민은 27.67石의 소출을 내어 단위당 생산량이 가장 많았다. 그렇기 때문에 수전경영에서는 조선인 농민을 선호하기 마련이었다. 심지어 어떤 경우에는 조선에서 벼농사 기술이 숙달된 조선인 농민들을 직접 불러들여 수전 경작을 하기도 하였다. 1935년도 錦西縣水田經營實施計劃書를 보면 健島晉太郎과 조선인 崔聖旭은 평안남도 龍崗郡 新寧面에 파견되어 3월 7일 조선총독부 평안남도지사 藤原喜藏의 허가를 받아 10호를 모집하였다.[103]

'만주국'시기 벼농사를 주로 담당하고 있었던 조선인은 만주사변전에 금지되었던 典이란 토지사용권을 획득할 수 있어 비교적 안정된 수전경작을 할 수 있었다. 길림성 永吉縣 제2구 黃旗屯 경찰서 관내 대둔갑의 主村 대둔에서는 조선인 상조지가 없었지만 1937년 전후 典契의 형식으로 時價 160圓에 이르던 수전을 100원으로 토지사용 수익권을 얻었다.[104] 조선인 朴魯敬은 1936년 12월 3일 신민현 오도구촌 북쪽에 있는 왕큐씽(王奎星)의 120무를 5년 기한, 奉票 소양 1800元의 典錢으로 토지사용수익권을 얻었다. 기한이 되어서도 典錢을 돌려받지 못하면 다시 5년간 기한을 추가할 수 있었던 것이다.[105]

길림성 각 현에서는 중앙의 법령 제정 전에 1935년 4월 길림성공서 민정청 토지과에서 제정한 ≪朝鮮人ニ對スル小作辦法草案≫이 실행되었는데[106] 그 내용을 보면 조선농민이 소작계약 맺으려면 관할 일본영사관의 신분증서와 소작 신청서를 관할경찰서를 거쳐 縣公署에 제출해야 하고 토지소작계약서를[107] 작성한 후에는 縣 公署의 認證을 받아야 하며 분쟁이 발생하면

---

103) <孫家屯水田實施計劃書> 1935년 5월 9일 日本外務省外交史料館資料 ≪滿蒙各地ニ於ケル朝鮮人ノ農業關係雜件(7)≫

104) 善生永助, 1937 <滿鮮人雜居地帶の村落調査-吉林省永吉縣大屯部落の一例,> ≪滿鐵調査月報≫ 제17권 제5호 130-132쪽

105) ≪奉天附近に於ける朝鮮人農家の小作慣習に就て≫ 1924 7-8쪽

106) <朝鮮人ニ對スル小作辦法草案> 吉林省公署 民政청 土地課 日本外務省外交史料館資料 ≪滿蒙各地ニ於ケル朝鮮人ノ農業關係雜件(6)≫

현공서가 책임지고 해결해 준다고 하였다. 또한 소작기간은 10년이었고(제7
조), 업주는 계약기간에 소작인이 고의로 1년 이상 소작료를 납부하지 않거나
借地를 황폐화하지 않는 이상 토지를 몰수 할 수 없다(제10조)고 규정하였다.
이 조치는 벼농사 과정에서 조선인의 소작권을 보장해 주는 한편 미곡생산
전반에 대한 관리 통제를 강화하였다.

길림성에서는 또 조선인 농민이 토지를 貸借하여 소작계약 맺으려면 수전
면적이 50天地 이내의 경우는 현 분회에서, 100天地 이내는 省 支部에서,
100天地를 넘어서면 본부에 신청해야 한다고 규정하였다. 그리고 수전 경작
으로 당사자간 분쟁이 일어나 해결되지 않을 경우에는 현 분회의 조정기관에
신고하도록 하였다. 현 분회는 조선인측에서 2~3명, 중국인측에서 2~3명으
로 조성된 중재기관을 설치하여 해결하는데 그래도 해결되지 않으면 주재
영사관 警察署員, 현 공서에서는 현장 및 참사관 혹은 경찰 지도관이 列席하
여 조정한다고 규정하였다.[108]

'만주국'시기 소작조건은 만주사변전과 비교해 개선된 내용이 별로 없었다.
이 시기 지가가 상승하고 수전에 종사하는 조선농민이 급증했지만 남만에서의
수전적합지는 적어졌고 북만에서는 개척단 입식 예정지 수매에 따른 미이용지
에 대한 제한정책으로 말미암아 조선인 농민간의 수전 획득 경쟁은 격화되었
고 소작료는 올라가기만 하였다.

소작료 상승은 또한 지가의 급등을 초래해 대다수 소작 조선인의 수전 경작
조건은 더욱 불리해졌다. <표 3-6>을 보면 교하현 대팔가자에서는 '만주국'
시기 수전 지가가 급격히 상승하고 있었음을 확인할 수 있다. 지주는 지가의

---

107) 1935년 4월의 ≪朝鮮人ニ對スル小作辦法草案≫ 제6조에 따르면 租地계약에 기
    재해야 할 항목은 토지의 소재지, 면적, 종류(수전, 한전 및 기타 수익상황), 租
    地기한, 租地料의 종류, 佃戶의 소작료 납부시기와 방법, 수리조건 등이었다.
108) 滿鐵吉林事務所, 1935 9 ≪土地貸借關係上より觀たる鮮滿人相互關係に就て≫
    쪽번호 없음.

<표 3-6> 蛟河縣 八家子의 水田地價 변천(단위; 원)

연도 토지등급	1934	1935	1936	1937	1938	1939
상지	80	100	150	300	500	600
중지	-	-	100	250	450	550
하지	-	-	70	150	200	300

출전; 奧田享·工藤要, 1941 <滿洲水稻作の社會的諸條件> ≪滿鐵調査月報≫ 제21권 제12호 115-116쪽 참조

상승과 소작료 등귀의 2중 이익을 누릴 수 있었다. 해룡지방에서는 지주와 소작인의 수확물 분배율이 4 : 6에서 점차 5 : 5로 바꾸어 갔다.[109]

'만주국'시기 정액소작료는 지방에 따라 차이가 있지만 보통 1상지에 숙지는 벼 3～6석이었고, 황무지는 초년엔 3두～1석, 다음해는 3～5석이 되었다. 길림지방은 1933년 숙지 1상지에 소작료 4석, 또는 4석 5두였는데 교통편이 좋고 비옥한 토지에서는 소작 경쟁이 치열하였으므로 5석, 6석까지 올라가기도 하였다. 계약기한을 15년으로 한 황지의 경우, 처음 5년 간의 소작료는 벼 1석씩, 그 다음 5년은 2석씩, 마지막 5년은 3석씩 내야 했다.[110] 산간벽지의 황지는 최초 2～3년 간은 白種이라 칭하며 소작료를 내지 않는 例가 있기도 했지만 이 관행은 점차 폐지되어 갔다. 물납정액소작의 화폐대납인 錢租는 주로 만철연선에서만 사용되었고 기타 지방에서는 별로 사용되지 않았는데 그 절반 혹은 전액을 前納하는 경우가 많았다. 동변도 지방에서는 그 대부분이 분익소작이었고 정액소작은 극히 적었다.[111]

---

109) 奧田享·工藤要, 1941 <滿洲水稻作の社會的諸條件> ≪滿鐵調査月報≫ 제21권 제12호 127쪽
110) 吉林省公署實業廳, 1933 ≪吉林省に於ける鮮農の水田事業に就いて≫ 22쪽
111) 廣瀬進, 1936 <在滿鮮農の社會的諸條件> ≪滿鐵調査月報≫ 제16권 제8호 119쪽

수확물을 절반씩 분배하는 방식은 일본인과 조선인간, 조선인과 조선인 사이에 행해졌고 중국인과 조선인간에는 중국인이 생산비를 부담하지 않으므로 2 : 8, 3 : 7 등의 분배율이 적용되었다. 영구지방에서 제일 보편적으로 행해지는 방식은 생산비는 소작인이 책임지고 조세는 지주가 지불하는 것을 원칙으로, 탈곡장에서 지주와 소작인이 분배율에 따라 벼와 짚을 분배하는 형식이었다.[112]

'만주국' 민법에서는 소작 계약기간이 5년으로 되어 있지만 그대로 잘 집행되지 않았다. 무기한의 것, 해마다 갱신하는 곳도 있었다. 봉황성에서는 해마다 갱신하였고 開原縣에서는 현공서에서 4년으로 규정하였다.[113]

소작료 상승으로 말미암아 소작인의 손에 들어가는 수확량은 많지 않았다. 봉천에서 1933년 2월 天合會社가 조선인 대표와 맺은 계약내용을 보면 임대 계약기간은 5년이었고 해마다 천합회사 5.2할, 소작인 4.8할의 분배율로 수확물을 분배하고 水利稅, 토지세 및 村費도 分糧法에 의해 분할 납부하도록 되어 있었다. 기타 종자, 비료, 농기구, 수리공사 등은 소작인이 책임지고 회사는 처음 공사에 필요한 길이 5척, 굵기 23寸의 목재 200개 만을 책임지고 만기 후 수축된 水道, 제언 및 기타 모든 附帶시설은 파괴 또는 매각하지 못하도록 되어 있었다.[114] 이와 같은 소작조건은 조선인에게는 불리한 것이었다.

그리고 이 시기에는 비록 해마다 백만의 苦力이 유입되었지만 만주사변 후부터 점차 증가하는 일본의 투자에 따라 산업방면으로 대량의 노동력이 흡수됨에 따라 노동력 부족문제가 심각해졌고 노임의 증가는 농가부담을 가중시켰다. 특히 많은 노동력을 필요로 하는 수전경작을 더욱 불리하게 만들었다.

---

112) 營口商工公會, 1939 ≪營口産米事情≫ 56쪽
113) 奧田享·工藤要, 앞의 논문 125쪽
114) <水田賃貸契約> 1934년 3월 1일 在奉天日本總領事館 日本外務省外交史料館資料 ≪滿蒙各地ニ於ケル朝鮮人ノ農業關係雜件(5)≫

<표 3-7> 1933년 3월 쌀 出産稅 상황

撫順	시가의 1.5%	新京	가격의 3%
海龍	매매가격의 5%	賓縣	出産稅 및 搬出稅 1석에 평균 1원 70~80전
吉林	가격의 2%	帽爾山站	出産稅로 1석에 稅捐局으로부터 哈洋 15전, 財務處부터 哈洋 15전, 營業稅局부터 哈洋 15전씩 징수.

출전; 民政部總務司調査科編, 1933 ≪在滿朝鮮人事情≫ 157-158쪽, ≪全滿朝鮮人會聯合會會報≫ 제3호 1933년 5월 57-60쪽

만주에서의 벼농사는 거의 대부분이 撒播였으므로 제초작업에 많은 노동력이 필요하였고 수확기에도 많은 일손이 필요하였다. 봉천성 철령 안전농촌은 노동력이 부족하여 중국인 노동자를 고용하였는데 노임으로 1농가에서 1년에 100원이나 지출하고 있었다. 이는 결코 가볍지 않은 부담이었다. 후기에 가서는 이와 같은 노동력도 확보하기 어려워 公定賃銀이 1원 20전임에도 불구하고 3원 이상으로 고용하여야만 하였다.[115] 개원현 북진촌의 경우, 1935～1939년의 5개년간 日工 노임은 0.70원, 0.80원, 1.00원, 1.30원, 1.50원으로 높아가기만 했다.[116]

이에 더해 벼농사를 담당하는 조선인 농민은 수리세, 出産稅 같은 여러 가지 세금을 내야 했다. 수리세는 1934년 수리세 철폐 이전에는 지주 부담으로 되어 있었지만 실제로는 소작 조선인 농민이 1무에 65～50전씩 지불하였다.[117]

<표 3-7>을 보면 出産稅의 부담이 무거웠음을 볼 수 있다. 九臺縣 拱家

---

115) 沖中守夫, 1941 <滿洲開拓農村現地報告> ≪朝鮮≫ 314호 朝鮮總督府 20-21쪽
116) 奧田亨, 工藤要, 앞의 논문 121-122쪽
117) ≪全滿朝鮮人民會聯合會會報≫ 제3호 1933년 5월 57-59쪽

灣子 농무계는 종래 出産糧石稅를 作倫街稅捐局에 납부하고 그 영수증을 龍家堡驛(京圖線)에 제시하여 생산한 쌀을 반출하였다. 그러나 1934년 10월 19일부터 龍家堡驛앞에 下九臺 稅捐分局을 설치된 후 이 분국은 搬出糧石稅외에 地場稅 1石에 12仙의 납부를 강요하였고 이것을 납부하지 않으면 驛에서 운반해 주지 않았다.[118)

위에서 살펴본 바와 같은 소작조건 하에서 이주 조선인 대부분은 그 지방 중국인과 일본인 농장의 소작농으로 열심히 벼농사에 종사했지만, 가을 수확 후 소작료와 차입하였던 대금을 반환하고 나면 남는 것이 거의 없었다. 1934년 말 개원현 이주 조선인은 599호, 1,912명이었는데 1호에 보통 1정 8반~3정보의 수전을 경작하고 있었다. 소작조건은 대체로 수확물을 절반씩 나누고 幹線水道를 제외한 水道費, 種子費 및 여러 公費의 절반을 소작인이 부담하는 것이었다. 그들은 사변전과 다름없이 여전히 중국인 하급생활자와 같은 최하층의 생활을 하고 있었다.[119)

일본인 大農場에서도 소작가가 상승하는 추세였다. 농장에 토지개량비, 수리시설에 대한 자본투자와 농기구, 화학비료, 농약 등 先貸자금과 利子 등이 많이 투입되면서 소작료는 상승하기만 하였다.

만선척식회사는 旱田에서 중국인 2,514호에게 정액현물납제로 소작시킨 데에 반해 수전에서는 분익소작제를 실행하면서 조선인 2,034호에게 소작시켰다. <표 3-8>을 보면 수전분익제의 경우 소작료는 4~4.5할이고 소작인은 종자비, 비료비의 4~4.5할, 수리조합비 반액을 부담하고 회사내 각 부락에 설치된 '만주국' 경찰분주소, 그 보조기구인 자위단 등의 조직을 유지하기 위한 촌세를 부담하여야 했다. 만선척식회사와 그 관련 농장은 모두 회사측에

---

118) <鮮農産米ニ對スル地方稅免除方ニ關スル件> 1934년 10월 30일 日本外務省外交史料館資料 《滿蒙各地ニ於ケル朝鮮人ノ農業關係雜件(5)》
119) 開原驛 1934 《開原縣下に於ける朝鮮人狀況調査》 27쪽

<표 3-8> 만주척식회사 소유지 조선인의 소작조건

구분	분익제	정액제	비고
수확물	40~45%의 분익제	20~30%의 정액	소작기간1년
짚	소작인소득	소작인소득	
종자비	소작인부담	소작인부담	
비료비	수확물의 분익율과 같은 비율로 부담	소작인부담	
세금	회사=국세·지방세	회사=국세·지방세	공공부역은 소작인부담
	소작인=촌세	소작인=촌세	
수리조합비	반반부담	소작인부담	제언용재료 등은 회사부담

출전; 滿洲拓植公社, ≪第八十一回帝國議會說明資料≫ 1942 180쪽; 君島和彦, <滿洲農業移民
　　關係機關の設立過程と活動狀況-滿洲拓植會社と滿洲拓植公社を中心に> 208쪽 재인용.

서 관개시설에 필요한 자재를 책임지고 공공부역은 소작인이 부담하며 대금은
계 혹은 계연합회비로 일괄적으로 징수하였다. 그리고 소작기간은 1년으로
짧았기 때문에, 소작농민의 소작권은 극히 불안정하였다. 또한 소작료를 지불
한 후 나머지 부분도 마음대로 처리할 권리가 없는 등 불리한 소작조건 하에서
막강한 명령권, 규제력을 가진 회사의 명령에 따라 시키는 대로 벼농사를
해야 하였으므로 회사의 조선인 농민에 대한 자의적 수탈은 충분히 예상할
수 있었다.

영구농촌의 例를 들면 1935년 이전에는 수확을 자유처분에 맡겼지만 1935
년 이후부터는 생산량의 취급 및 공동판매 규약에 따라 생산량에서 다음해
종자 및 기타 自家用으로 최소한도의 수량을 남긴 대부분은 모두 농무계
연합회에 11월말까지 供託시켜 공동판매하여 還金 하도록 되어 있었다.[120]

---

120) <營口農村生産糧ノ取扱竝共同販賣規約> 제2조에서는 農務稧員이 생산한 糧

물론 供託糧의 감소나 보관판매 및 화재보험료 등에 들어가는 여러 가지 비용은 공탁자 각자가 부담해야 하였다.[121] 그리고 금융회의 차입금, 농무계 연합회 부담금 등을 還納한 후의 나머지는 금융회에 예금하도록 하였다. 稻 刈取 탈곡규약에서는 가을걷이에서 밀매나 隱匿하는 부정행위가 발생하면 收納委員會의 결의에 따라 위반자가 소속한 稧의 구성원(契員)全員이 連帶 補償해야 하였다.[122]

일본인 농업이민들이 자작농이 될 보증 없이는 절대로 만주로 이주하지 않았음에 비해, 조선인 농민들은 수전을 할 수 있는 곳이 있기만 하면 아무런 고려도 없이 이주하였다. 적극적으로 미곡증산을 추진하지 않았던 日滿政府 의 지배 하에서도 1939년까지 약 117만의 조선인 소작농민들은 생존과 생활 을 위해 불리한 소작조건을 극복해 가며 만주 각지에서 벼농사에 종사하면서 쌀 증산의 주요 담당자가 되었다.

3) 쌀 생산 증가

이 시기 재만 일본인의 주식인 쌀은 일본이나 조선에서 수입된 것이 아니라 대체로 조선인에 의해 만주에서 생산된 것이었다. <표 3-9>를 보면, 1932년 부터 수전면적, 생산량, ha당 수확량 모두 해마다 급격한 증가를 이루고 있었음 을 알 수 있다. 1939년의 수전면적은 285,438ha, 생산량은 695,585톤에 달해 1932년보다 각각 4배, 6배가 넘는 증가를 나타냈으며 ha당 수확량도 40%의

전부는 農務稧聯合會에 供託할 것(祭祀 등을 위해 자가용으로 2石 이내를 공제 할 수 있다. 수확량이 30석 이상인 자에 대해서는 2석 5두를 종자로 더 공제해 준다.)

121) <營口農村生産糧ノ取扱竝共同販賣規約> 1935년 11월 日本外務省外交史料館資 料 ≪滿蒙各地ニ於ケル朝鮮人ノ農業關係雜件(7)≫

122) <營口農村稻刈取脫穀規約> 日本外務省外交史料館資料 ≪滿蒙各地ニ於ケル朝 鮮人ノ農業關係雜件(7)

<표 3-9> 1932~1939년 수전면적, 생산량, ha당 수확량(단위; ha, kt, kg)

연대 \ 항목	수전면적		생산량		ha당 수확량	
	수량	지수	수량	지수	수량	지수
1932년	62,980	100	109,790	100	1,743	100
1933년	79,360	126	166,010	151	2,092	120
1934년	101,780	162	213,333	194	2,096	120
1935년	135.975	216	307,174	280	2,259	130
1936년	173,951	276	437,960	399	2,518	144
1937년	199,689	317	521,560	475	2,612	150
1938년	254,780	405	599,678	546	2,355	135
1939년	285,438	453	695,585	634	2,437	140

출전; 東北經濟小叢書, 1947 ≪農産(生産篇)≫ 94-95쪽에 의거해 작성함.

증가율을 이루면서 꾸준한 증가세를 나타냈다. '만주국' 성립 직후인 1932년과 1933년에는 치안이 불안정했고 1934년에는 냉해로 실제 수확량이 160만석 이하로 감소되어 사변전의 200만석 수준까지 회복하지 못했다.[123] 1935년에 이르러서야 사변전 수준으로 회복되었고 그 후 계속 급증세를 나타냈다.

　<표 3-10>省 별 수전면적을 보면 길림성, 봉천성, 안동성의 수전면적이 제일 넓었고, 省내에서의 수전면적이 점한 비율이 제일 높은 곳이 길림성이 19.8%였고, 그 다음은 봉천성, 안동성, 빈강성, 간도성이 각각 18.5%, 12.0%, 8.8%, 8.8%을 차지하였다.

　'만주국'시기 ha당 수확량이 제일 많은 작물은 역시 벼였다. <표3-11>을 보면 1934~1940년 벼의 ha당 수확량은 2.49톤에 달해 기타 육도, 소맥, 대두, 고량, 옥수수보다 2배 가까이 되어 제일 유리한 작물임을 알 수 있다.

---

123) 萩原昌彦, 1935 <朝鮮米と滿洲> ≪全滿朝鮮人民會聯合會報≫ 제33호 65-67쪽

<표 3-10> 省 별 수전면적 및 각 省내 수전 비율(1939년)(단위; 陌, %)

省	수전면적	省 內 비율	省	수전면적	省 內 비율
신경특별시	18陌	0.01%	통화성	15,912陌	5.6%
길림성	56,454陌	19.8%	안동성	34,301陌	12.0%
용강성	3,104陌	1.1%	봉천성	52,778陌	18.5%
북안성	8,767陌	3.1%	금주성	10,052陌	3.5%
흑하성	385陌	0.1%	열하성	2,927陌	1.0%
삼강성	13,225陌	4.6%	흥안서성	823陌	0.3%
동안성	13,087陌	4.9%	흥안남성	2,448陌	0.2%
모단강성	19,063陌	6.7%	흥안동성	1,042陌	0.3%
빈강성	24,953陌	8.8%	총계	284,290陌	
간도성	24,951陌	8.8%			

출전; 滿洲農學會, 1943 ≪滿洲水稻作の硏究≫ 滿洲農學會刊 20쪽

<표 3-11> 1934-1940년 '만주국' 주요 농작물 ha당 수확량(단위; 톤)

작물	벼	옥수수	고량	소맥	속	대두
1坰當수확량	1,500	1,100	1,000	980	900	900

출전; 滿鐵調査局, 1943 ≪滿洲稻作技術調査報告≫ 29쪽

<표 3-12>를 보더라도 1936년부터 조선인 농민에 의해 개시된 벼농사의 북쪽 한계에 있는 龍江省 訥河縣에서의 농작물 坰당 수확량에서도 벼가 제일 높았다.

이 시기 '만주국'은 늘어나는 수요를 만족시킬 수 있는 정도 내에서 쌀 증산을 지향하였고 강력한 개입은 하지 않았다. 1939년에 이르러서도 미곡관리법을 통해 수전조성에 대해 허가제도를 실시하며 쌀 생산의 급증을 억제하

<표 3-12> 訥河縣 작물별 垧당수확량 비교(단위; kg)

작물 \ 연도	1934	1935	1936	1937	1938	1939	1940	평균
벼	2.09	2.45	2.53	2.51	2.37	2.48	2.56	2.49
육도	1.22	1.29	1.36	1.07	1.26	0.97	1.20	1.37
소맥	0.77	1.03	0.88	0.75	0.79	0.73	0.86	0.80
대두	1.02	1.17	1.20	1.08	1.16	0.97	1.15	1.11
고량	1.24	1.44	1.43	1.24	1.34	1.17	130.	1.30
옥수수	1.12	1.52	1.58	1.49	1.46	1.23	1.52	1.46
속	0.96	1.22	1.25	1.15	1.12	0.96	1.09	1.11

출전; 川上龍太郎, 1942 <滿洲に於ける稻作の現在と將來> ≪農業の滿洲≫ 제14권 제7호 35쪽

였다. 그러나 벼 재배의 높은 수익성으로 말미암아, 이에 종사하는 조선인들의 급증과 수전조성이 진전되면서 수전면적과 생산량의 증가폭은 모든 작물 중에서 1위를 차지하였다. 1930년 이주 조선인은 607,000명이었는데 1935년에는 827,000명으로, 1936년에는 925,000명, 1938년에는 1,056,000명, 1939년에는 1,162,000명으로 계속 증가하였는데, 그들 대부분은 수익성이 높은 벼농사에 종사하였다.

그리고 품종의 교체현상도 일어나면서 當地에 더 알맞는 품종재배가 행해져 생산량이 많이 늘어났다. <표 3-13>을 살펴보면, 1939년 만주수전면적의 3분의 1 이상을 차지한 남만 5성(통화성, 안동성, 봉천성, 금주성, 열하성)에서의 주요 벼 품종을 10～20년대의 벼 품종과 비교해 보면, 새로운 일본품종인 陸羽132號의 보급율이 30.6%에 달해 제1위를 차지하였고 조선재래종 京租도 이와 비슷한 비율로 광범하게 재배되고 있었음을 알 수 있다.

이 시기 북만에서는 寒地수전경작에 알맞는 새로운 벼 품종이 보급됨에

<표3-13> 남만 5성의 주요 벼 품종 분포상황

품종	陸羽132號	京租	信友早生	赤枙	萬年	嘉笠	紅毛子	小田代	北海, 關山
비율	30.6%	28.6%	9.2%	8.6%	7.6%	6.0%	2.6%	1.6%	1.3%

출전; 滿洲農學會, 1943 ≪滿洲水稻作の研究≫ 滿洲農學會刊 21쪽

따라 수전면적이 확대되었고, 이민단의 북부지역 분포로 말미암아 북만 각성의 수전 개발이 두드러졌다. 1930년도 만주산업통계에 의하면 龍江省의 수전은 洮南縣 260陌, 泰來縣 50陌, 景星縣 270陌이었을 뿐이고 그 외 현에는 수전이 없었지만 1940년에 이르러서는 수전 면적이 8,300陌으로 증가하였다.[124] 만주사변 이후 개원, 철령으로부터 공급 받았던 북만의 쌀 소비는 30년대 중·후기에 북부의 남쪽에 가까운 곳으로부터 공급받기도 하여 자급하고도 잉여가 나타났다. 稻作의 北滿지역에서의 발달로 인해 도작의 북부한계도 1928년의 흑룡강성 泰來縣 慰麓稻田社의 북위 46.8도 지역에서 10년이 지나서 북위 50도의 흑하, 애훈지방에 이르게 되었다.

그러나 이상과 같은 1939년까지의 만주 수전면적과 생산량의 대폭 증가는 일제의 쌀 생산의 급격한 증산을 통제하려는 정책기조 하에서 이루어 진 것이었다. 당시의 쌀 수급상황을 보면, 당국이 배급판매통장제도를 실시하면서까지 쌀 소비를 통제했음에도 불국하고 매년 소량 수입하여야 했을 정도였다. 즉 당시 대폭 늘어나고 있었던 쌀 소비는 자급자족할 수 있는 범위 안에서의 증산이었던 것이다. 1938년 쌀 생산량이 600만석을 초과하였음에도 불구하고 54만석이 부족하다고 추측하여 일본으로부터 8만석, 조선으로부터 35만석, 대만으로부터 3만석, 태국으로부터 8만석의 수입계획을 세워 수요를 충족시

---

124) 安田泰次郞, 1942 ≪滿洲開拓民農業經營と農家生活≫ 大同印書館 329쪽

<표 3-14> 만주 미곡 공급과 소비 상황(단위; 톤)

연대	1934년	1935년	1936년	1937년	1938년	1939년
수입	74,047	80,252	107,057	72,357	66,453	78,701
供給量 小計	268,818	293,539	372,909	434,243	479,538	517,184
수출	1,642	1,976	1,772	3,224	13,825	200
消費量 小計	246,161	288,676	371,070	418,212	465,758	516,984

출전; <米穀需給關係の切迫> 1940 5 ≪滿洲評論≫ 제18권 제18호 통권 435호 7쪽

켰다.[125]

<표 3-14>를 보면 수출은 1934년 1,642톤에서 1939년 200톤으로 줄어들었지만 쌀 소비량은 1934년의 246,161톤에서 지속적인 증가세를 나타내며 1939년에는 516,984톤으로 격증하였다. 이와 같은 소비량의 증대는 벼 생산량이 같은 시기 268,818톤에서 517,184톤으로 늘어남에 힘입어 7~8만 톤의 수입보충으로 대체적으로 충족할 수 있었다.[126]

이 시기 쌀 생산은 급격한 증가를 달성하였지만 생산량이 전체 농산물에서 차지한 비율은 극히 낮았다. 1934년 이전 수전은 대체로 전 농작물 경작면적의 1% 이하를 점하였을 뿐이었고 1935~1939년에도 평균 3~4%에 불과하였으며[127] 해마다 쌀 7~8만 톤을 수입하여야만 했다.

---

125) 滿鐵調査局, 1942 ≪滿洲稻作技術調査報告≫ 1쪽
126) <米穀需給關係の切迫> 1940 5 ≪滿洲評論≫ 제18권 제18호 통권 435호 7쪽
127) 東北經濟小叢書, 1947 ≪農産(生産篇)≫ 95-96쪽

제4장 1940~1945년 일제의 수전확대 시책과
수탈의 강화

1. 수전 확대 시책

1) 일본제국 내의 전시 미곡사정 악화

제1차 세계대전 이후 일본 국내의 미곡 총 수요량의 15~20%는 주로 조선, 대만으로부터 이입되는 미곡으로 충당되어 왔었다. 1929년부터 시작되었던 세계대공황은 일본의 쌀 가격폭락과 농촌의 疲弊化를 초래하였다. 일본정부는 쌀 가격 안정을 도모하는 방편의 일환으로 조선을 포함한 식민지 쌀의 일본 이입을 통제하였다. 그리하여 조선에서 1933년 시작된 산미증식계획은 1934년부터 흐지부지 중단되었다.

1937년 중일전쟁 발발 이후 경제 전반에 걸쳐 통제정책을 추진하면서 일제는 국방차원에서 미곡의 안정적 공급을 중시하기 시작하였다. 그러나 일본과 조선에서 1937년, 1938년 풍작이 연이어져 조선 쌀의 일본으로의 반출이 각각 10,996,000석, 6,895,000석이나 되어 1939년까지만 하여도 일제는 제국내의 미곡공급에 대해 낙관적이었다.

그러나 1939년 조선의 대흉작을 계기로 戰時期 식량문제로서의 미곡문제가 본격적으로 제기되었다. 1939년 조선 남부지역의 대한발로 말미암아 쌀 수확량은 평년작의 46%에 지나지 않는 7,854,000석 밖에 되지 않았다.[1] 조선의 쌀 생산은 그 후 1941, 1942년에 풍작을 거두었다가 다시 大旱災를 맞아 격감되었다. 한재에 의한 일시적인 공급감소, 그 이전부터 조선 국내에서 구조적으로 미곡 소비가 급속히 증가하는 경향과 군수공업화와 태평양전쟁 발발 이후 전시기 안정적 식량 공급의 절박성 등 요소가 복합적으로 작용하면서 일본제국내에서 식량자급체제의 확립은 절박한 상황에 직면하였다.[2] 식민지 조선의 쌀 반출량은 1930~1938년까지 연평균 8,575,000석에 달하였으나 1939~1943년 사이에는 연평균 3,306,000석으로 급격히 줄어들었다. 그래서 일본은 외국쌀 수입량을 늘리지 않을 수 없었는데 1937~1939년 연평균 198,000석에 지나지 않던 외국쌀 수입량은 1939~1943년에는 연평균 7,958,000석으로 늘렸다.[3] 전시 물자의 제3국 의존이 어려웠으므로 일제는 제국 내에서 식량을 안정적으로 공급하는 방안을 마련해야만 하였다.

제3장에서 언급했던 것과 같이 일제는 만주에서 1939년까지만 하여도 대규모의 급격한 증산을 억제하면서 늘어나는 미곡수요를 만족시켜주는 정도내에서 통제된 증산정책을 폈다. 이에 반해 만주에서의 쌀 소비는 늘어나기만 했다. 중일전쟁 후 침략전쟁확대에 따라 재만 일본인은 사변전의 23만명에서 80만명으로 급증하였고 쌀 소비는 8만 톤 이상 증대되었다. 이에 더불어 일부 중국인의 米食경향, 저미가 공출로 인한 조선인의 米食경향 등 여러 요인들이 결합하여 쌀 소비는 급증하였다. '만주국'의 미곡수입은 1936년의 10만 톤을 정점으로 점차 감소하다가 일본, 조선에서의 식량사정 악화와 병행해 1939년 이르러 다시 外地米에 의존하는 사태로 전환되기 시작하였다.[4] 1940

---

1) 朝鮮總督府 司政局 社會課, ≪昭和14年旱害誌≫ 6 90쪽; 정연태, 1994 <일제의 한국농지정책> 서울대 박사논문 234쪽
2) 田剛秀 1993년 <식민지 조선의 미곡정책에 관한 연구> 서울대 박사논문 130-131쪽
3) 朝鮮總督府農林局, ≪朝鮮米穀要覽≫ 1940 140쪽
4) <米穀需給關係の切迫> ≪滿洲評論≫ 제18권 제18호 통권 435호 1940년 5월 8-9쪽

년에는 미곡부족시기도 아닌 4월에 벌써 쌀이 부족하여 양곡회사가 태국미 수입을 추진하였다.

이와 같은 일본, 조선, 만주에서의 악화된 전시 식량사정은 일본제국 내의 전시체제를 위협하였다. 특히 1941년 12월 8일 태평양전쟁이 발발한 후 일본제국 내에서 식량자급체제확립은 더욱 절박해졌다. 일제는 만주를 '대동아공영권'내 식량공급기지로서의 역할을 강조하면서 여태까지의 미곡통제정책을 미곡생산의 대폭적인 확대정책으로 전환하였다.

2) 개척민의 수전경작

(1) 강제수매를 통한 개척지 확보

일제는 '만주국'정부를 앞세워 합법을 가장하면서 일본 농업이민의 개척용지를 위해 강제 토지수매를 하였다. 일본인 농업이민 사업을 책임진 국책회사인 만주척식공사는 이주지 확보를 위해 국책을 실행한다는 명목을 내걸고 원주민의 토지를 일반 시가의 3분의 1도 안 되는 낮은 가격으로 강제 수매하였다. 토지 잃은 농민들은 생활의 기초를 잃고 새로운 황무지를 개척해야 하였고, 강제 매수된 대가로 중국인 및 일부 조선인들에게 배분한 토지는 충분치 않아 그들의 강한 저항을 받았다. 일찍이 1934년 依蘭縣에서 발생한 토룡산사건은5) 그 전형적인 例였다. 중국농민은 匪賊은 금품을 약탈해 가도 토지는 약탈하지 않았는데 만주척식공사는 농민의 생활기초인 토지를 강제 수매한다고 통탄하였다.6) '만주국' 검찰당국도 개척지 확보과정에서 민족모순 격화

---

5) 1934년 3월 제2차 무장집단개척민을 위해 松江省 의란현에 주둔한 일본군 坂塚聯隊가 무장을 하고 民地를 강탈하려다가 중국인들의 분노를 자극해 연대장 坂塚과 10여 명의 일본군이 당지 농민들에게 학살된 사건이다.
6) 野村佐太男편, 1941 ≪開拓關係問題(一)≫ 75쪽

요인으로 低價의 강제수매, 부당한 매수지 선정 등을 들고 있었다.

이하에 개척단의 경작지 확보를 위한 토지강제수매의 실례 몇 개를 들어보겠다. 1938년에 일본 長野縣 大日向개척단의 입식을 위해 만선척식공사는 舒蘭縣 4家房子 4,000호 중국인과 2,000호의 조선인 농민의 경작지를 강점하고 이들을 전부 구축하였다. 1939년에는 小姑家, 길림성 額穆縣 伊馬河子를 중심으로 한 약 4,000정보를 청년의용대 개척용지로 매수하기 위해 5월에 1상 350엔에 해당한 이 지역의 수전을 1상에 140엔~161엔, 저습지는 100엔~130엔(산지에 있는 밭은 45엔)의 낮은 가격으로 강제 수매하였다. 이곳의 지주 꿔귀(郭貴)는 액목현 공서에 매수 반대 의사를 표명하다가 현 직원에게 구타당하고 다음날 10만 엔에 상당한 300상 토지를 4만 엔이란 헐값으로 강제 수매당했다.[7]

1939년 철령현 부현장 古田傳一은 1939년 4월에서 이듬해 4월까지 1년간 湯牛堡, 新臺子 등 13개 촌, 둔의 토지를 대량 침탈하였다. 조선인 吳敬熱 등의 新臺子村 孤家子에 소유하고 있던 6만여원 가치의 845무 5분의 수전, 36무의 한전과 배수시설은 대금 16,355엔 27전으로 강매되었다.[8] <표 4-1>을 보더라도 1942년 木蘭縣 德榮村에서 수전의 일반 市價가 1상에 500~350元이었는데 정부는 이 가격의 30~43% 밖에 안되는 낮은 가격으로 강제 매수하였음을 볼 수 있다.

이 시기에는 조선인 농민의 수전이 일본인 개척단의 용지로 선정되어 강제 매수되는 일도 많았다. 조선인들은 그들이 가꾼 수전에 일본이민을 이주시키는 것에 분개해 入退를 반대하기도 하였다.[9] 흑룡강성 巴彦縣 文史資料에 의하면 1938년 1월 일본개척단은 조선인 수전마을 新街基에 진입하여 주민

---

7) 山田昭次, 1978 ≪近代民衆の記錄 6≫ 滿洲移民 455쪽
8) 위의 책, 450-452쪽
9) 위의 책, 452-453쪽

<표 4-1> 坰당 강제매수지가와 일반지가 비교(단위; 元)

耕地 \ 지가	정부의 매수가	일반매매가		
		고	중	하
水田	150元	500元	400元	350元
畑	72元	250元	200元	180元
雜地	2元	5元		

출전; 孔經緯, 1961 <1931-1945年間日本帝國主義移民我國東北的侵略活動> ≪歷史研究≫(中國) 제3기

들에게 7일 내에 떠나라고 하였다. 주민들 중 7호는 조선으로 귀국하였고 13호는 친척을 찾아 湯原縣 蘇里河로 이주하였고 20호는 새로 개척되는 동흥현으로 이주하였고 나머지 6호는 정처 없이 떠났다. 오직 朴敬振 1호만 남아 일본개척단 농장의 논 물을 보았다고 한다.[10] 빈강성 아성현에서도 1940년 4월 북해도 八紘開拓團과 山形縣 大谷開拓團의 입식을 위해 조선인 농민 100여호, 500여명을 다른 곳으로 강제 이주시켰다.[11]

1941년 12월 태평양전쟁이 발발하자 '만주국'에서는 ≪戰時緊急經濟方策要綱≫을 발표하고 국책차원에서 모든 인력, 물력, 재력을 동원하여 침략 전쟁에 집중시켰다. 그리하여 토지에 대한 강제 매수를 한층 더 강화하였는데 1942년부터 실행되기 시작한 ≪滿洲開拓第二期五個年計劃實行方策≫에서는 종전의 이민용지 확보의 기본방침인 '未利用地開發主義', '熟地不買原則'을, '개척지는 미이용지 개발주의를 기본원칙으로 하지만 군사상 및 기타 특별히 필요할 경우에는 미이용지가 아니더라도 개척용지로 사용할 수

10) 權寧朝, <조선민족의 이주와 중국동북일대 근대 벼농사의 개척> ≪재외한인연구≫ 제2호 1992 137쪽
11) 野村佐太男편, 1941 ≪開拓關係問題(一)≫ 93-94쪽

있다'[12])로 바꾸었다. 이것은 지금까지의 기간지 수탈의 실태를 인정하는 동시에 금후 이 특수규정을 구실로 숙지도 강제 수매하겠다는 것이었다. 만주개척은 '開拓'이 아니라 중국인 및 조선인의 경작지에 대해 강탈을 일삼는 '開拓'이었다.

당시 만주 水源에 대한 조사에 따르면, 自然流水로는 단지 50만ha의 수전밖에 조성할 수 없었다고 한다. '만주국'정부는 쌀 증산을 일본 개척민을 통해 실현하려고 했기 때문에 우선 일본개척민을 위해 수전적합지를 준비해 두었다. 그러나 일본 개척민이 늦게 들어왔기 때문에 개척열망을 가진 조선인 농민들에 의한 개간은 금지되고 개척에 적합한 토지를 放棄해 두는 특수현상이 나타나기도 하였다.

(2) 일본인 개척단의 수전경작

1939년 12월 22일 日滿 양국정부는 ≪滿洲開拓政策基本要綱≫을 발표하고 총력전체제 하에서 만주이민에게 식량증산 임무를 부여하면서 '이민' 대신에 '개척민'이라는 용어를 사용하기 시작하였다. 1940년 11월 5일에 발표한 ≪日滿支經濟建設要綱≫에서도 만주의 식량, 사료 공급기지로서의 역할을 강조하면서 만주농업이민에게 북변방위의 군사적 역할을 부여하는 외에 증산요원이 되도록 하였다.

1937년부터 시작된 일본이민의 ≪二十個年百萬送出計劃≫의 제1기 5개년 계획이 끝난 뒤, 1942년 1월에 발표된 ≪滿洲開拓第2期5個年計劃要綱≫에서는 1942년을 시점으로 5년 간 일반 개척민과 의용대 개척민을 총 22만 호, 청년의용대 13만 명을 송출할 계획이었고[13] 일본개척민을 핵심으로

---

12) 滿洲國興農部開拓總局 ≪滿洲開拓第二期五カ年計劃實施方策≫ 1941 29쪽; 淺田喬二, <滿洲農業移民政策の立案過程> 滿洲移民史研究會, ≪日本帝國主義下の滿洲移民≫ 1976 87쪽

하는 개척사업, 북방거점의 강화, 식량증산을 중점 추진정책으로 책정하였다. 일본제국 내의 전시 식량자급 확보가 절박해짐에 따라 이제까지 치안유지를 위해 개척민을 북만지역에 집중시키고 전작위주로 경영했던 정책을 바꾸고 쌀 증산을 의무화시켰다. 만주개척총국이 '대동아전쟁'발발 1주년이 되는 1942년 12월 8일에 발표한 ≪戰時緊急實行方策≫에서도 개척정책의 중점은 '입식의 확보'와 '증산의 확보'라고 명백히 밝혔다.[14]

1943년에 제정한 ≪開拓政策實行方策≫에서 일제는 농업생산의 실태를 완전히 무시하고 일본인 이민의 수전 경작목표를 30만맥, 쌀 공출목표를 10만톤으로 정하여 전년도의 실적과 비교해 면적은 2배, 수확량은 3배로 증가시킬 계획을 세우고, 입식 첫해부터 증산 제일주의를 강제로 추진하였다. 일제는 정책회사를 통해 대규모의 수리관개사업을 일으켜 집단 수전지대를 만들어 우선 일본 개척민에게 경작하도록 하였다.[15] 그 결과 1942년 이후 북만지역의 수전면적이 급증하여 남만에 편중되어 있었던 수전 분포상황이 변화되기 시작하였다.

일제는 일본농업이민이 식량자급체제 확립의 중추적 역할을 담당하도록 강조하였지만 1943년까지 실제 입식한 일본개척민은 61,019호로, 계획호수 115,181호의 53.0%에 불과하였다.[16] 1940년도의 滿鐵北滿經濟調査所의 북만 수전경영개선에 관한 자료에 의하면 일본집단개척단(제1차~제9차)의 생산량은 만주 전체 벼 생산량의 5%정도 밖에 안 되었고 反당 수확량은 1.501석으로 만주 평균 反당 수확량보다 낮았다.[17] 이와 같은 입식호수의 부진,

---

13) 松村高夫, 1972 <滿洲國成立以後における移民·勞動政策の形成と展開> 滿洲移民史研究會, ≪日本帝國主義下の滿洲≫ 257쪽
14) ≪滿洲移民關係資料集成≫ 제5권 381쪽
15) 東北物資調節委員會, 1947 東北經濟小叢書 ≪農田水利≫ 16쪽
16) ≪滿洲開拓年鑑≫ 1944년 281쪽
17) 小林英夫, 1976 <滿洲農業移民の營農實態> 滿洲移民史研究會, ≪日本帝國主義下の滿洲移民≫ 480쪽

평균보다 낮은 反당 수확량의 상황은 일본개척민이 쌀 증산 담당자로서의 역할을 충분히 이행하지 못했음을 보여 주는 것이었다.

일본개척단의 경영형태를 보면, 비록 자작농주의를 원칙으로 하였지만 제1차 일본 농업이민 개시 때부터 수전에서는 조선인을 고용하거나 그들에게 소작시키는 방식을 많이 취하였다. 30년대 후반기부터 농업노동자의 노임 상승으로 말미암아 고용에 의한 영농이 사실상 성립되기 어려웠으므로 일본개척단은 의무화된 강제 공출 할당량을 완납하기 위해 조선인에게 소작시키는 경우가 많았다. 그리하여 일본개척민은 점차 지주, 부농으로 轉變되었고 조선 농민들은 그들의 소작인이 되었다.

1938년에서 1941년까지의 통계에 의하면 화천, 綏棱, 밀산, 학립, 林口 와 서난 등 8개 현의 일본 개척촌은 40% 이상의 토지를 조선인과 滿漢농민에게 소작시켰다고 한다.[18] 1934년에 진출한 瑞穗村 제3차 이민단의 1940년 자소작지별 실태를 보면 團소유, 개인소유의 수전 소작지는 전체 수전면적의 75.6%을 차지하였다. 1939년에 진출한 제8차 이민단의 하나인 大八浪移民團의 자작지는 1941~1942년에 1~2할에 불과하였고 대부분은 소작지였는데 1942년에는 수전 소작지가 64.4%에 달하였다.[19]

1942년부터 시작된 ≪滿洲開拓第2期5個年計劃≫의 일본인 만주개척단에 의한 수전 '개척'은 조선인을 소작인으로 이용한 '開拓'이라고 할 수 있다. 일본인 농업이민은 일제의 만주지배 붕괴이전에 이미 수전 경작에서 직접 생산자인 조선인 농민에 패배하였다. 일본개척단의 조선소작농을 통한 수전경작은 일제의 만주 지배권력이 확보됨에 따라 유지될 수 있었지만 그 통치 붕괴와 함께 존립할 여지가 사라지게 되었다.

---

18) 延邊大學, 1967 ≪朝鮮族簡史≫ 136쪽
19) 大東亞省, ≪第八次大八浪開拓團綜合調査報告書≫(1943년) 7-9쪽; 小林英夫, 1976 앞의 책 459쪽

(3) 조선인 개척단과 수전경작

1940년 5월 3일 칙령 제107호로 공포된 ≪開拓團法≫은 조선인 개척민에게도 적용되었으며, 조선인 만주 이주사업을 책임진 만선척식회사는 1941년 6월 만주척식공사에 통합되었다. 그 후 조선인 이민에 의한 '자작농설정'은 점차 감소되었고 개척이민으로 전환되어 갔다. 1941년 자작농으로 설정된 호수는 모두 4,250호로 1940년의 절반에 미치지 못했다.[20] 안전농촌은 1941년 6월 만주척식공사의 관할 하에 들어갔고 새로 입식한 집단이민, 집합이민은 기본적으로 '일본개척단법'에 준하였다. 1940년 말 조선인 개척단으로는 북안성에 경남개척단, 栢根里 제1개척단, 제2개척단, 흥안남성에 富有개척단이 있었는데 합계 3,494호나 되었다.[21]

1942년 10월 ≪朝鮮人開拓民第2期5個年計劃要綱≫에 의하면 1942년부터 5개년간 집단개척민과 집합개척민 5천호, 분산개척민 5천호의 규모로 대체로 해마다 1만 호씩 5년동안 5만호를 송출할 계획이었다. 그 중 조선인 집단개척민은 일본인 개척민과 마찬가지로 개척단법에 준해 취급되었고 집합개척민은 개척진흥농회가 책임지도록 하였고 분산개척민에 대해서는 입식을 적절히 통제한다는 방침이었다. 조선인 개척민에게는 1호당 대체로 수전은 2정 4단, 밭은 남만, 중만에서는 4정, 북만에서는 6정보를 기준으로 할당하였다.[22]

조선인 집단개척은 1939년에 개시되어 1944년 6월까지 모두 20개 단, 31,771명이 입식하였으며 집합이민은 1937년부터 시작해서 1944년 6월까지 모두 196개 단, 65,059명이 入植하여 합계 96,830명에 이르렀다. 여기에 분

---

20) 朴昌昱, 1995 ≪中國朝鮮族歷史研究≫ 410쪽
21) 滿鮮拓植會社, 1941 ≪滿鮮拓植株式會社・鮮滿拓植株式會社 5年史≫ 78쪽
22) ≪滿洲開拓月報≫ 1942년 7월호 7쪽

<표 4-2> 1939~1943년 조선인 집단개척민의 出身 道 別 구성(단위; 명, %)

道	경기	충북	충남	전북	전남	경북	경남	평북	강원	함남	함북	합계
人員	520	3045	2790	6573	5354	6068	4344	99	1542	45	1274	31,654
비율	1.64	9.62	8.81	20.77	16.91	19.17	13.72	0.31	4.87	0.14	4.02	100%

출전; 1943년 1944년도 의용대개척단의 출신도별은 제외; 開拓總局招墾處, 1944 ≪朝鮮開拓入植統計≫ 2쪽을 참조하여 작성.

산이민 52,916명을 가하면 조선개척민은 1944년에는 거의 15만명에 육박하였다.[23] 그러나 이들 조선인 개척민은 재만 조선인 인구 150여만 명의 10%에 불과한 숫자이다. 그리하여 이들 개척민에 의한 수전 경작성과도 제한적일 수밖에 없었다. 여기에서 개척민 이외의 일반 조선이민이 만주 수전경작의 주된 담당자였음을 확인할 수 있다.

<표 4-2>를 보면 조선 집단개척민은 전라도, 경산도 출신의 朝鮮南部稻作地帶의 농민이 70.57%를 차지하고 있었음을 알 수 있다. 이것은 이 시기 일제의 조선인 집단개척인민의 주안점이 쌀 증산에 있었다는 것을 그대로 나타냈다.

일본정부는 일본인 및 조선인 開拓團의 수전경영에 대해 ≪營農標準案≫에 근거하여 약간의 보조비를 지급하였지만 그것으로는 수전관리비로 사용하기에도 부족하였다. 그리하여 1940년, 1941년 전후부터는 수리공사비용을 절감하기 위해 滿洲拓殖公社가 인근 몇 개 개척단을 통합하여 통일적으로 施工하고, 수리공사 준공 후에 각 開拓團이 독립적인 생산단위로 관리하고 시설자금, 경영자금 등을 각자 상환하는 방식을 취하였다.[24]

---

23) 開拓總局招墾處, 1944 ≪朝鮮人開拓民入植統計≫ 1쪽
24) 앞의 ≪農田水利≫(1947), 24쪽

3) 수전확대시책

⑴ 대규모 수리공사을 통한 수전의 조성(1940~1943년)

1940년대에 들어서서 일본제국 내의 식량사정이 한층 더 악화되자 일제는 벼농사 기술의 개량 및 개발을 통해 미곡증산을 추진하는 동시에 주로 대규모의 수리, 토목공사를 벌여 수전조성을 함으로써 쌀 생산량의 증대를 추구하였다.

미개간지를 개발하고 토지를 개량하기 위해 '만주국'정부는 1939년 6월 新京(長春)에 자본금 2000만원을 출자하여 '만주토지개발회사'를 설립하였다.[25] 이 토지개발회사는 1940년부터 20년간 수전 75만 맥, 한전 675만 맥을 조성한다는 목표를 세우고 수전 개발을 주요 사업으로 정해 1940~1942년 3년간 해마다 수전조성 보조비를 200만원씩 지출하였다.

1940년에 선정된 토지개량공사지역은 삼강성 鶴立崗지역의 3,6000ha, 連江口지역 24,400ha, 오동하지역 65,000ha, 대평진지역 10,000ha, 길림성의 신개하지역 25,600ha, 봉천성의 창도지역 5,000ha, 강평지역 4,400ha, 안동성의 장하지역 1,000ha, 龍江省의 甘南지역 125,000ha, 금주반산지역 75,000ha로 합계 372,000ha나 되었다.[26] 특히 이민 적합지로 미이용지가 많은 삼강성은 대부분 습지였기 때문에 수전 개발의 중점지역으로 확정되었다.

1941년부터 만주토지개발공사는 길림성 신경에서 서쪽으로 50㎞ 떨어진 新開河 지역의 1,300ha의 저와지에 대해 그 상류에 약 4,000ha 되는 太平池를 설치함으로써 관개용수를 확보하려고 하였다. 이 공사 실행을 위해 원주민

---

25) ≪滿洲年鑑≫(1942), 310쪽
26) ≪滿洲移民關係資料集成≫ 제4권 106-107쪽

200～300호를 이전시키고 제11차～제13차의 일본개척단 1,100호를 모두 이곳에 이주시킬 계획이었다. 그 결과 1945년 일제 敗退까지 이 계획의 절반 호수가 그곳에 이주하였다.[27]

송화강 수계에서는 1940년에 빈강성 防水開發事業局이 설립되어 10년 계획으로 수리사업을 개시하였는데 呼蘭河, 拉林河, 螞蟻河, 阿什河의 상류에 관개수원과 홍수를 조절할 수 있는 저수지를 만들고 그 연안에 새로 방수제방을 1,136㎞ 쌓고 河道를 정리하여 수전 84,000ha, 목장 29,000ha를 조성한다는 계획이었다. 이 사업은 1941년에 착공한 후 1943년에는 緊急造成農地事業에 편입되어 1945년 일제 패전 될 때까지 지속되었다.[28]

岫巖縣에서 1943년 日滿當局은 城北 洋河大橋에서 남쪽 하천까지 길이 10㎞의 主水渠를 파고 8개 支水渠를 수축하였는데 관개면적이 6,750무에 이르렀다. 같은 해 착수한 雅河 于家嶺 引水工程은 干渠 2.6㎞를 수축하였고 관개면적을 4,500무나 늘렸다. 이 두 곳의 引水工程은 지금까지도 여전히 雅河灌區의 주요 공정으로 이용되고 있다.[29]

1942년에 제정된 ≪농지의 防水와 배수공사 助成綱要≫에서는 방수제를 修築하거나 배수로를 여는 등 방수, 배수공사를 하여 경작지를 조성하는 지방단체(성, 시, 현, 기)에 대해 40% 이내의 施工補助費(총액 80만원)를 지급한다고[30] 규정하여 각지의 수리사업을 촉진하였다.

1943년 1월 20일 국무원 회의에서는 ≪戰時緊急農産物增産方策要綱≫을 결정하였고 같은 달 '만주국' 흥농부는 ≪水利組合設立要綱≫(훈령 제33호)을 반포하여[31] 특정 단체나 개인이 식량 및 원료의 자급을 목적으로

27) 滿洲國史編纂刊行會, 1990 ≪滿洲國史≫ 上 331쪽
28) ≪滿洲移民關係資料集成≫ 제4권, 57쪽
29) ≪岫岩縣志≫ 1989 遼寧大學出版社, 204쪽
30) 앞의 ≪農田水利≫(1947), 74쪽
31) 위의 책, 121쪽

개척용지 이외의 수계를 단위로 수리조합을 설립해 水田과 畑地를 조성하여 경영할 수 있도록 하였다. 수리조합은 개척용지 이외의 수계를 이용하는 것을 원칙으로 농업 수리시설의 신축, 개량 및 관리 등과 관련되는 사업을 공동 경영한다는 것이었다. 즉 기존의 수리시설을 토대로 하나의 수계를 하나의 구역으로 區劃하여 그 구역내의 농민들이 공동사업단체를 조성하도록 하였다. 이 조치는 쌀 증산에 영향이 큰 용수 부족문제를 해결하고 水利糾紛을 줄이는 효과도 있어 수전을 새로 조성하기보다 효과가 빨랐고 좋았다. 1944년 말까지 수리조합은 24개나 되었다.

1943년 4월 8일 '만주국' 흥농부는 ≪自給農場設置要綱≫(훈령 제201호)을 발표하여[32] 일본 큰 회사들에게 황지, 폐경지를 개간, 개량하여 자급농장을 설립하게 하였다. 정부는 자급농장설립에 대해 보조비를 지급하고 賦稅나 出産糧食稅를 면제하는 등의 혜택을 제공해 주었다. 日滿政府는 큰 회사의 자급농장 설립을 통해 수전 면적을 늘이고 부족한 쌀 공급을 어느 정도 해소하려 하였다. 이에 따라 滿鐵, 昭和製鋼所, 大同酒精, 日滿制粉 滿拓, 農地開發 등의 회사가 각지에 많은 농장을 개설하였다. 그 중 만철이 경영한 수전 自給農場으로는 小孤家農場, 길림농장, 해림농장, 奇峰農場, 吉山農場, 鎭西農場, 웅악성농장이 포괄되었는데 旣成 수전면적은 368ha뿐이었지단, 새로 조성한 것은 5,492ha나 되었다.[33] 이들 자급농장에서 실제로 경작을 담당한 자는 역시 조선인 농민들이었다. 自給農場은 기간지와 쉽게 경작지로 개간할 수 있는 곳에만 설립되어 미개간지는 별로 많이 개간되지 못하였기 때문에 전반적인 식량증산에는 효과가 크지 않았다.

---

32) 滿洲工商公會中央會, 1944 ≪滿洲國産業經濟關係要綱集≫ 제1집 79-80쪽
33) 앞의 ≪農田水利≫ (1947), 69-70쪽

(2) 긴급 수전 조성사업(1944~1945년)

1943년에 이르러 남방으로부터의 쌀 수입이 점차 어렵게 되는 반면 만주에 있는 일본군이 점차 늘어나 무려 200여만 명에 달하였다. 軍需를 현지에서 해결해야만 하는 일본은 戰時下 제일 필요로 하는 쌀을 신속히 증산하기 위해 ≪米穀管理法≫을 폐지하고 1943년 9월에 日滿共同糧食自給體制 확립을 선포하였으며 내각에서는 1944년부터 1945년까지 단지 2년이란 짧은 기간에 대규모 수전을 조성한다는 ≪滿洲國緊急農地造成事業要綱≫案을 통과시켰다.

이에 알맞게 '만주국' 흥농부도 1944년 5월 11일 ≪1944년도 農地造成改良事業助成要領≫(훈령 제180호)을[34] 발표하여 농지의 적극적인 개간과 개량을 위한 여러 가지 조치를 취하였다. 그 주요 내용은 다음과 같다.

① 지방 실정에 따라 현, 旗, 특수단체, 회사, 개인은 미개간지, 습지를 적극적으로 개척, 개량하여 수전 및 한전으로 개간, 경영해야 한다.
② 쉽고 빠르게 효과를 얻기 위해 수리사업계획의 실행을 우선시하고 수리조합을 整備, 增設하며 법인자격을 주며 중앙수리조합을 설립한다.
③ 도시인구의 歸農방법을 강구하며 농촌 노동력을 조절하고 遊休노동력을 활용하는 조치를 취한다. 소작관계를 조정하고 현지실정에 따라 조세를 감면해준다.
④ 水田造成面積 50陌 이상, 수전 개량면적 100陌 이내에 대해서는 총 공사비(수전조성의 경우는 畦畔 공사비를 포함해) 3할 이내의 보조금을 지급한다. 특별한 공사에 대해서는 이 제한에 따르지 않는다.

이는 종래 '만주국' 국영 조성농지가 다만 개척용지를 개척하는 데 중점을 둔 것과 달리 戰局이 긴박해짐에 따라 수전조성과 개량을 중심으로 쌀 증산을

---

34) 滿洲工商公會中央會, 앞의 책, 76-79쪽

추진하기 위해 대규모 수리사업에 대한 보조비 제공과 농촌노동력을 확보해 준다는 원칙 외에 긴급증산을 위해 개척단의 경영과 입식에 당분간 지장이 없는 범위 내에서 중국인 농민과 조선인 농민을 이용하여 개척지 내의 미개간지도 완전히 개척하려고 하였다. 이것은 결코 중국인, 조선인 농민의 편리를 도모하기 위한 것은 아니었다.

≪1944년도 농지조성과 개량사업강요≫의 공정별 보조율은 저수지공사 70%, 引水施設工事 50%, 用水幹線工事 40%, 防水堤工事 40%, 많은 자재가 필요한 工事는 40%, 일반 공사는 30%로[35] 수전조성과 공사개량에 보조금을 교부하였다.

'만주국' 긴급 농지조성 사업의 수전조성 계획면적은 모두 128,976ha였다. 새로 수전조성을 하기로 한 곳은 삼강성의 학립강, 연강구, 대평, 동안성의 黑臺, 길림성의 신개하, 음마하, 岔路河, 북안성과 龍江省에 걸친 呼裕爾, 북안성의 수화, 용강성의 감남, 금주성의 반산, 봉천성의 강평 12개 곳이었다. 이 계획은 만주농지개발공사, 만주척식공사, 濱江省防水開發事業局, 省公署, 縣公署가 각자 책임지고 경영하였다.[36] 工事費는 일본과 '만주국' 정부가 각각 절반씩 책임지고 노동력은 '만주국'에서, 일본은 주로 양수기, 석유발동기, 각종 펌프, 혼합기, 준설기, 트럭, 공기압착기, 기관차, 변압기 등 필요한 자재들을 공급하고 기술상의 원조를 책임지기로 했다.[37] 긴급 수전조성 사업의 대표적인 수전개발지역은 다음과 같다.

1. 만주농전개발공사: 제2송화강지역 50,000ha, 동요하지역 32,000ha, 신개하지역 5,000ha, 富錦지역 35,000ha, 呼裕爾河지역 30,000ha, 강평지역 2,000ha, 鶴立崗, 蓮江口, 湯旺河지역 8,000ha

---

35) 위의 책, 73쪽
36) 앞의 ≪農田水利≫(1947), 105쪽
37) ≪日本の海外活動に關する歷史的調査≫ 8 滿洲編(上) 1985 30-31쪽

2. 만주척식공사: 甘南 25,000ha, 반산지역 31,000ha
3. 빈강성 防洪開發局: 50,000ha
4. 현에서 경영한 소규모의 수전지역으로 双遼지역은 수전 2,000ha, 小凌河
   지역 수전 1,000ha, 개평지역 500ha, 장하지역 500ha, 개성지역 1,000ha,
   혼춘지역 500ha, 동녕지역 500ha, 그 밖의 3개 지역을 포괄해 합계 8,000ha

'만주국' 정부는 위 사업에 필요한 노동력 확보를 위해 국가권력을 최대한
동원하였다. 1941년 11월에는 ≪勞務新體制要綱≫을 발표하였고 1942년
2월에는 ≪勞動者緊急就勞規則≫을 실행하였으며 1943년부터는 國民勤
勞奉公制의 확립을 통해 國民皆勞體制를 강화하였다.[38] 농업노동력 부족
지대에서는 농번기에 노동력 공출을 줄이고 학생, 학동, 협화청소년단, 勤勞
奉公隊를 歸農시켰다. 그리고 농민들의 離農을 방지하고 도시의 비생산인
구를 농촌에 보내기 위해 생활필수물자 배급을 강화하는 등 조치도 취하였
다.[39]

國民皆勞體制 하에서 日滿當局은 공사에 필요한 노동력을 강제로 조직
된 '國民勤勞奉公隊'를 위주로, 화북의 苦力을 보조로 이용하면서[40] 중국
인을 수리공사장에 총동원하였다. 1943년에 제2송화강 좌안 七家子提水站
과 수로를 수축할 때 첫해에는 매일 48,000명, 2년째는 매일 68,000명을,
3년째는 매일 80,000명의 노동력을 동원하였다. 그 외에 산동에서 온 3,000명
의 苦力까지 동원하였다.[41] 수전 조성 후에는 일본인이나 조선인 이주민에게

---

38) 松村高夫, 1971 <日本帝國主義下における'滿洲'への中國人移動について> ≪三
田學會雜誌≫ 64권 9호 51쪽
39) 滿洲工商公會中央會, 앞의 책, 76-78쪽
40) 노동통제위원회는 1938년도의 入滿 허가인원을 1937년도의 38만에서 47만명으로,
1939년 1월에는 91만명으로, 1940년은 140만명으로 설정했다. 松村高夫, 1971 <日
本帝國主義下における'滿洲'への中國人移動について> ≪三田學會雜誌≫ 64권 9
호 45쪽
41) 姜念東, 伊文成 외, 1982 ≪僞滿洲國史≫ 369쪽

수전을 경작시켰다.

1943년 12월 5일 '만주국'정부는 강제로 四平省 이수, 동풍, 쌍요, 서안, 해룡, 長嶺 6현의 勤勞奉仕隊 및 勞工 13,000명을 징발하여 小城子, 孤家子의 두 개 공사지역에 8개 大隊, 32개 中隊, 128개 小隊로 편성해 '만주국' 개척총국의 지휘하에 水田灌區工程을 시공하였는데 1945년 광복 때까지 전체 계획의 75%을 완성했다. 灌區를 만드는 동시에 1943년 봄 일본은 靑海, 菊月 2개 개척단 30호를 이주시켜 小寬, 孤家子 남쪽에 수전 450무를 경작케 하였다.[42] 莊河縣의 排水를 통한 수전조성 공사장에서는 후기에 가서 매일 4,000여명을 동원하여 人海戰術로 공사를 진척시켜 1944년 防洪堤 약 10㎞를 완성한 데에 이어 제2기, 제3기 공사를 진행하여 모두 3,000ha의 수전을 조성하였다.[43] 日滿政府는 이와 같이 국가권력을 이용하여 중국인을 강제로 수리공사장의 노동력으로 혹사했다. 대규모의 수리공사의 완공은 실로 중국인의 피와 땀의 결실이었다.

1944년 겨울이래 침략전쟁이 패세로 기울면서 일제는 직접 戰力을 증강시키는 외에 그다지 중요하지 않는 산업에 대해서는 관심을 두지 않았다. 하지만 개척단의 수전조성사업은 끝까지 추진하였다. 긴급농지조성사업은 그 개시로부터 끝날 때까지 1년 반 밖에 되지 않았지만 <표 4-3>을 보면 1944년도 긴급농지조성사업의 수전조성계획 47,398ha 중 40,204ha의 수전이 조성됨으로써 계획의 83.8%가 완성되었음을 알 수 있다.[44]

1944년도 긴급조성농지계획의 實績을 자세히 살펴보면 牙力達河, 綏化, 歙馬河, 康平, 太平鎭, 蓮江口, 鶴立지역의 계획은 모두 달성되었고 반산지역만 계획의 절반을 달성한 상태였다. 기타 제2송화강, 甘南, 防水開發區

---

42) 梨樹縣志編纂委員會, 1992 ≪梨樹縣志≫ 遼寧敎育出版社 506쪽
43) 滿洲國史編纂刊行會, 앞의 책(上), 330쪽
44) 앞의 ≪農田水利≫(1947), 120쪽

<표 4-3> 緊急造成農地 水田의 計劃面積과 實際成績(단위; ha)

지역＼구분	1944년도조성계획	1945년도조성계획	1944년도조성실적	1944년계획 완성비율
鶴立	550	550	550	100%
蓮江口	680	220	690	101.4%
太平鎭	1,800	1,800	1,800	100%
新開河	-	-	-	
康平	400	1,050	400	100%
飮馬河	383	-	383	100%
呼裕爾河	-	-	-	
黑臺	700	1,071	-	
盤山	1,425	3,835	640	44.9%
岔路口	-	-	-	
綏化	1,000	1,000	1,000	100%
大仙他拉	-	-	-	
牙力達河	480	2,020	480	100%
第二松花江	20,000	30,000	18,031	90.1%
東遼河	-	20,000	-	
甘南	7,000	4,890	5,500	78.6%
省縣경영지구	7,600	7,100	7,100	93,4%
防水開發局	5,380	8,042	3,630	67.5%
計/평균	47,398	81,578	40,204	83.8%

출전: 東北物資調節委員會, 1947 東北經濟小叢書 ≪農田水利≫, <緊急造成農地計劃面積과 實際成績表>에 의거해 작성

담당지역도 거의 다 완성된 상태였다. 현에서 경영한 소규모 조성지역의 수전 완성율은 93.4%에 달해 1945년 전쟁이 끝날 때 거의 완성되었다[45]고 할

---

45) 滿洲國史編纂刊行會, 앞의 책 (下) 279-281쪽

수 있다. 그 결과 1944~1945년 8월에 이르는 1년반 동안의 긴급수전조성 성적은 '만주국' 전 시기 중에서 가장 뛰어 났다.

이하에서는 긴급농지조성사업에서 규모가 큰 盤山灌區, 郭前旗灌區와 査哈陽灌區의 例를 통해 수리사업의 槪況을 알아보겠다. 반산관구는 요녕성 반산현 남요하 서안에 있는 하나의 전력 펌프관구로 田庄臺, 平安, 榮興, 二道橋子의 4개 펌프 스테이션을 건설하여 모두 24대 펌프(6,010마력)가 있었는데 1945년까지 관개면적은 165,000무에 이르렀다. 郭前旗灌區는 제2 송화강 좌안, 前郭爾羅斯縣 남쪽에 위치해 있는데 1944년 일제의 긴급개발 계획으로 전력펌프 스테이션 3개로 수전 5만ha를 관개할 계획이었지만 1945년에 제1, 제2 전력펌프 스테이션의 일부분만 설치되어 실제 18,000ha만을 관개하였다. 査哈陽灌區는 흑룡강성 甘南縣 내의 諾敏河 남안에 있는데 원래 계획은 諾敏河에 제언을 수축하고 1초에 60㎥를 양수하여 수전 4만ha를 개발할 계획이었지만 1945년까지 단지 7,000ha의 용수로공정을 완성하였을 뿐이었다.[46]

이 시기 '만주국'정부의 쌀 증산정책은 대규모의 수리공사를 통한 큰 면적의 수전조성에 있었기 때문에 일반 농민의 자연 유수에 의한 수전 관개는 적었다. 당시 혼하, 청하, 음마하, 해랑하, 조양하 및 倭肯河 유역의 수전관개는 이미 최대한도에 달하여 용수 부족현상이 일어나기도 하여 수전면적과 실제 파종면적에 큰 차이가 있었다.

(3) 농사개량시책과 한계

만주의 벼농사는 그 역사가 짧고 1939년까지만 하여도 미곡증산을 적극적

---

46) 東北人民政府農業部水利總局, 1952 ≪東北四大灌區介紹≫ ; ≪中國水利史稿≫ 下册 1989 433-434쪽

<표 4-4> '만주국' 벼 장려품종일람표(1940년)

지역별	粳糯별	품종
최남부지대	粳種	陸羽132號(50%), 萬年(25%), 農林1號(20%)
	糯種	紅糯315號(2%), 今田糯(3%)
남부지대	粳種	農林1號(15%), 龜ノ尾3號(20%), 嘉笠(50%), 熊1號(10%)
	糯種	平六糯石1號(3%), 靑森糯五號(2%)
중부지대	粳種	田泰(20%), 公十號(25%), 靑森糯五號(20%), 公六號(30%)
	糯種	松本糯(5%)
북부지대	粳種	靑森糯五號公號(25%%), 公六號(30%), 富國(10%), 公八號(20%), 坊主六號(10%)
	糯種	松本糯(3%), 小川糯(2%)
최북부지대	粳種	公八號(25%), 坊主六호(20%), 走坊主1호(50%)
	糯種	小川糯1號(5%)

비고; ① 출전; 滿鐵新京支社調査室, ≪滿洲ニ於ケル水稻作ノ硏究≫ 1942 103쪽

② 괄호 안의 수치는 장려비율

③ 1941년 3월 장려품종결정위원회는 장려품종을 변경하였는데 改廢된 것은 公八號, 小川糯一號였고 公五號는 북부지대의 장려품종으로 첨가되었다.

으로 추진하지 않았기 때문에 이에 대한 시험연구는 극히 소극적이었고 농사개량을 통한 쌀 증산효과는 크지 않았다. 40년대에 들어서서 수전조성을 통한 쌀 증가정책을 추진하는 동시에 우량품종의 선정과 보급, 비료의 사용, 경작기술의 개량, 병충해의 구제, 농기구의 개량, 모범농장의 설정 등 농사개량을 통한 단위당 수확량을 증가시키는 노력도 게을리 하지 않았다. 그러나 농사개량조치는 수전면적의 확대를 통한 증산효과에 크게 못 미치었다.

1941년 '만주국'정부는 미곡증산을 위해 구획을 나누어 장려품종을 정하였다. 1941년 장려품종 결정위원회가 지정한 장려품종은 다음 <표 4-4>와 같다. 粳種은 陸羽132號, 萬年, 農林1號, 秀禾, 龜ノ尾3號, 嘉笠, 田泰,

小田代5號, 興亞, 靑森5號, 彌榮, 興國, 國主, 富國, 坊主6號, 走坊主1號의 16종이었고, 糯種은 紅糯1號, 今田糯, 平六糯, 靑森糯5號, 松本糯 등 5종이었다.[47] 1943년에는 ≪農作物優良品種普及機構整備要綱≫을 제정하여 우량품종의 확실한 보급을 기하였다.[48]

施肥에서는 1940년 1월 이래 화학비료의 통제배급을 책임진 日滿商事와 그해 10월 이래 ≪特産專管法≫에 의해 大豆粕의 배급을 책임진 農産公社는 안동, 봉천, 금주, 간도, 길림의 남만 5성 관할하의 16만맥에 대해 硫安, 大豆粕의 현장배급을 추진하며 증산을 도모하였다.[49] 그밖에 흥농부농산사는 水稻多收穫競作會를 개최해 증산을 장려하는 등 다양한 농사개량조치를 취하였다.[50]

1940년대에 들어서서 侵略戰爭이 곧 패세로 기울면서 쌀 생산에 필요한 노동력, 시비, 농기구의 안정적 확보가 더욱 어려워져 농사개량의 효과는 제한될 수밖에 없었다. 제2송화강지역은 5월 하순에 예정되어 있던 18대 펌프 중 단 7대만 확보할 수 있었고 合江省 太平鎭지역은 펌프 수송이 지연되어 경작이 중지되는 상황까지 벌어졌다.[51] 그리고 쌀의 賣價가 낮게 평가된 데에 반해 비료비 등 생산비는 폭등하였다. 만주의 비료 가격은 일본에 비교해 높았는데 1940년 공주령에서 一俵당 硫安은 4圓, 過燐酸石은 4圓 30錢,

---

47) 中村誠助, 1941 國立農事試驗場熊岳城支場 <南滿ニ於ケル水稻作ノ硏究> ≪滿洲水稻作ノ硏究≫ 滿洲農學會, 1943, 17쪽

48) 日滿農政硏究會新京事務所, 1943 ≪滿洲に於ける水稻品種育成增殖竝に普及に關する硏究≫ 45-46쪽

49) 荒川左千代, 1943 <滿洲に於ける水稻の施肥に就て> ≪農業の滿洲≫ 제15권 제4호 4-7쪽

50) 1940년도 제1회 全國水稻多收穫競作會는 북만, 남만 2구로 나누어 현, 기, 성별 선발을 통해 우수한 자에 대해 1,000원에서 30원에 이르는 償金을 5등급으로 나누어 주고 大臣償을 수여하였다. 이와 같은 방식을 통해 쌀 증산에 대한 관심을 환기시켰다. 興農部農産司, 1941 ≪1940년도 제1회 全國小麥水稻多收穫競作會報告書≫ 10-11쪽

51) 앞의 ≪農田水利≫(1947), 119쪽

興安北省

興安東省

黑河省

最北部地帶

北安省

三江省

龍江省

東安省

濱江省

北 部 地 帶

興安南省

牡丹江省

興安西省

吉林省

中部地帶

間島省

四平省

熱河省

錦州省

南部地帶

通北省

奉天省

最南部地帶

安東省

朝 鮮

關東州

<도 4-1> 만주국 벼 장려품종 분포지대구분(1940年)

비고: 奧田亨, 工藤要, 1942〈滿洲に於ける水稻作耕種技術の現狀〉《滿鐵調查月報》 제22권 제1호 136-137쪽 참조.

大豆粉은 1枚에 3圓 20錢이었다. 1943년에는 1圓정도 더 올라갔다.[52] 그리고 비료배급도 원활치 않아 쌀 증산에 크게 지장을 주었다.[53]

1940년대에 들어서서 일본 북해도 농법을 이용하는 개척농업실험장도 나타났기는 했지만 그 수가 적었고 문자그대로 실험단계에 있었으므로 이민단 전체의 영농실적을 대표할 수 없었다.[54] 게다가 그들의 실험결과도 좋지 않았다. 一例를 보면, 북만에서의 일본개척농업실험장의 點播는 조선인 농민의 撒播보다 수확량이 적었다고 한다.[55] 대체로 당시 만주에서 수전경작은 조선인의 재래농법을 모방하고 있는 상태라 할 수 있으며 개척지도 예외가 아니었다.

2. 쌀 증산 실상

이 시기 일본은 대륙침략에 필요한 쌀을 최대 한도로 확보하기 위해 수전을 중점적으로 강제 개발하였다. 그리하여 원래 만주에서 중요시되지 않았던 쌀 생산은 개척민, 특수회사에 의한 開田, 특설농장의 설치, 수전조성에 대한 보조, 비료 및 기타 생산자재의 우선적 배급, 병충해의 예방과 구축, 우량품종의 보급 등 일련의 정부추진정책이 실행되면서 수전 면적과 벼 수확량은 만주 어느 작물과 비교할 수 없을 정도의 증가폭을 기록하였다.

---

52) 荒川左千代, 앞의 논문 7쪽
53) 1940년 금주성 반산현 榮興村에서는 춘경기에 糧穀會社가 벼 증산을 위해 특별 배급한 大豆粕이 시비기를 넘겨 施用되지 못하고 퇴적되어 있었다. 橫山敏男, 1943 ≪滿洲國農業政策≫ 252쪽
54) 小林英夫, 1976 앞의 논문 476-477쪽; 삼강성 학립현 熊本村과 길림성 서난현 水曲柳에 일본인 개척민의 水稻 실험농장 2개가 있었지만 1943년까지도 실험성과를 얻지 못했다. 安田泰次郎, 1942 ≪滿洲開拓民農業經營と農家生活≫ 大同印書館 325쪽
55) 滿鐵調查局, 1943 ≪滿洲稻作技術調查報告≫ 38쪽

<표 4-5> 만주농산물 총생산량 중 벼의 비중(1924~1944년)(단위; %)

연도	24	25	26	27	28	29	30	31	32	33	34	35	36	37	38	39	40	41	42	43	44
벼	0.6	1.2	1.1	0.8	0.8	0.8	0.8	0.9	0.7	1.0	1.6	2.0	2.7	3.1	3.5	4.4	3.6	4.3	3.5	3.7	4.0

출전; ≪東北經濟小叢書・農産≫(加工篇), 1949 95-96쪽

　　<부록 2-a>를 보면 1940년 이전의 만주수전면적 및 생산량의 상황은 1927년 이전은 해마다 증가하는 추세였지만, 만주사변전후에 다소 저조했다가, 1934년, 1935년이 되어서야 대체로 사변 전의 수준으로 회복되었다. 그 후에는 꾸준히 증가세를 나타냈는데 1924년을 기준으로 수전면적과 수확량 지수를 100으로 할 때 1941년은 각각 640, 772에 달하여 6~7배의 현저한 증가세를 보였다. 1942년, 1943년은 약간 주춤하였지만, 1944년에 수전면적은 326,000ha, 생산량은 698,000kt에 이르러 여전히 높은 증가세를 유지하였다. <표 4-7>을 보면 1943년 수전면적과 생산량은 1938년과 비교해 평균 각각 26.50%, 3.69% 증가하였음을 알 수 있다. 수전면적의 증가율이 생산량 증가율보다 특히 두드러졌다. 간도성의 例를 들면 1935년에는 수전이 1만 5,875ha였는데 1943년에는 25,000ha에 달해[56) 그 증가폭은 대단히 컸다. ≪黑龍江省農業基本情況歷史資料統計表≫에 의하면 1945년 수전면적은 186만무, 생산량은 5억斤에 달하여 1930년에 비해 각각 7.7배, 21배 증가했다고[57) 한다.

　　<표 4-5>를 보면 벼 생산량이 만주 전체 농산물 생산에서 차지하는 비중이 1934년까지 1% 내외였고 1935년, 1936년에는 2%선을 넘어섰지만 1938

---

56) 방경수, 1987 ≪연변농업경제사≫ 8쪽
57) 權寧朝, 앞의 논문 187쪽

년도부터 광복까지는 3.5%~4.4%로 늘었음을 알 수 있다. 40년대에 들어서서 벼 생산량이 급증하였던 것이었다. <부록·3>을 보면 1938년 이후 생산량이 급증세를 나타내고 있는 것과 맞물려 조선인 인구도 전례 없이 해마다 10~15만의 급증세를 나타내고 있음을 볼 수 있다. 이는 이주 조선인의 급증에 따라 벼 생산량도 급증하였다고 해석할 수 있겠다.

만주사변이전 수전 개발이 제일 발달한 곳은 안동, 봉천, 길림(간도성) 등 동만, 남만이었다. 이 시기 수전은 북만을 위주로 하는 송강, 합강, 눈강, 흑룡강, 흥안 등지로 확장되면서 지역적으로 興安嶺 以西지역 및 북만 북부지대의 일부를 제외한 만주 전역에 분포되었다. 1943년 만주 169개 縣, 市, 旗 중 수전이 없거나 적은 현은 71개 현, 시, 기뿐이었는데(벼농사를 하지 않은 곳은 33개 시, 현, 기뿐이었고 1톤 이상 500톤 이하를 생산한 곳은 38개 현, 시, 기) 이 지역들은 기후적으로 벼농사하기 어려운 서북부 흥안성, 눈강성, 흑룡강성에 위치해 있었다. 쌀 10,000톤 이상을 생산한 현은 요녕성의 심양, 무순, 흥경, 淸原, 안동성의 안동, 류하, 장하, 요북성의 해룡, 개원, 길림성의 永吉, 磐石, 延吉, 舒蘭, 蛟河, 和龍, 通陽, 松江省의 寧安, 延壽, 五常, 合江省의 依蘭, 密山, 鷄寧 등 모두 22개 현이었다. 이들 현은 모두 길림성, 요녕성, 안동성, 요북성, 송강성, 합강성에 속하였는데 만주 수전의 56.86%, 벼 생산량의 50.00%를 차지하였다.[58] <도 4-2> 1945년 수전분포도와 <도 2-2> 1930년 수전분포도를 비교해 보면, 흑룡강성의 수전 분포 증가가 두드러지고 요녕성, 길림성도 큰 발전을 이루었음을 볼 수 있다. 1,000町이상의 수전면적을 가진 현은 1930년에는 18개 현 밖에 안 되었지만 1945년에는 1,000ha이상(1町=0.9917ha) 되는 현이 63개 현으로 늘어났다.

<표 4-6>을 보면 이 시기 개척단 중심의 수전확대정책으로 말미암아 일본인, 조선인 개척단의 중점분포지역인 송강성, 합강성이 종전의 주요한 産地인

---

58) 앞의 ≪農産(生産篇)≫(1947), 102-104쪽 참조

<표 4-6> 만주 각 성의 수전면적(1945년 현재)(단위; ha, %)

흥안성	요녕성	안동성	요북성	길림성
451(0.13%)	58,958(17.17%)	49,185(14.32%)	25,527(7.43%)	84,612(24.65%)
송강성	합강성	눈강성	흑룡강성	총계
58,193(16.95%)	50,990(14.85%)	7,039(2.05%)	8,308(2.42%)	343,263(100%)

출전; 東北物資調節委員會, ≪東北經濟小叢書·農田水利≫ 1947 31-37쪽에 의거하여 작성

요녕성, 길림성, 안동성 각 현을 따라 잡거나 초월할 정도로 경이로운 발전을
이루었음을 알 수 있다. 1945년 송강성, 합강성 관할하의 4,000ha를 넘는

<표 4-7> 省 別 수전농업상황(단위; ha, kt, kg)

항목 성별	수전면적(ha)				생산량(kt)			수확량· 1ha의 수확량 (kg)
	면적	비율	全農産物 에서의 비율	1938년과 비교한 증가율	생산량	비율	전농산물 에서의 비율	
9성합계	316,899	100.00%	2.64%	26.50%	648,869	100.00%	3.69%	2,047
요녕성	59,328	18.72%	2.13%	54.71%	79,765	12.29%	2.73%	1,345
안동성	47,874	15.11%	6.19%	4.31%	98,855	15.13%	9.85%	2,065
요북성	26,299	8.30%.	1.10%	28.88%	53,740	8.28%	2.12%	2,043
길림성	75,922	23.96%	2.45%	5.43%	188,606	29.07%	5.05%	2,484
송강성	52,023	16.42%	2.16%	30.43%	112,925	17.41%	3.91%	2,171
합강성	38,218	12.06%	5.86%	59.90%	79,662	12.28%	11.26%	2,084
눈강성	6,493	2.05%	0.41%	199.91%	10,890	1.68%	0.67%	1,677
흑룡강성	10,386	3.28%	0.61%	33.70%	13,792	3.66%	1.18%	2,258
흥안성	356	0.01%	0.24%	150.70%	643	0.01%	0.40%	1,781

출전; 東北經濟小叢書, 1947 ≪農産(生産篇)≫99-101쪽

현은 송강성의 빈현, 호난현, 아성현, 오상현, 연수현, 주하현, 녕안현, 목릉현, 합강성은 화천현, 보청현, 발리현, 밀산현, 계녕현, 방정현, 통하현, 의난현, 탕원현, 학립현이었는데[59] 이들 현은 30년대 초기만 하여도 벼농사가 별로 발전하지 않은 지역들이었다. <표 4-7>을 보더라도 만주의 기후관계로 벼농사하기에 안정도가 낮고 면적이 적은 흥안, 눈강, 흑룡강 3개 특수 省을 제외한 나머지 省을 비교해 보면 1938년부터 1943년까지 수전조성사업이 괄목할 만한 성과를 거둔 省은 합강, 요녕, 송강, 요북의 순위로 그 증가율이 각각 59.90%, 54.71%, 30.43%, 28.88%이었음을 알 수 있다.

이 시기 쌀 생산은 일제의 전쟁수행 필요에서 기형적으로 추진된 결과 그 발전도 왜곡되었다. 앞서 서술한 바와 같이 이 시기 수전면적의 확대는 위로부터 강제된 쌀 증산 기반 조성책의 결과로서 모든 정책적, 제도적 운용도 수전의 확충과 개량에 중점을 두었다. 그 결과 수전면적과 쌀 생산량이 늘어났기는 했지만 이것은 직접 생산자인 조선인의 이익을 도외시한 것이었다. 즉 그것이 그들의 생활수준 개선으로 이어지는 것이 아니라 오히려 수탈을 강화하고 빈곤을 강요하는 것이 되어 결과적으로 그들의 쌀 생산참여 적극성을 감소시켰고 쌀 생산의 한단계 높은 발전을 제약하였다.

그리고 '만주국'시기 중국 남방의 稻作農民이 入滿하여 수전 경작하는 것은 일본인, 조선인의 이주여지를 좁힌다며[60] 줄곧 제한정책을 폈기 때문에 만주사변전 중국인 벼농사 참여로 인한 벼농사 발전의 무한한 가능성은 좌절되었다.

또한 수전면적의 확대에 따라 벼 생산량이 신속히 증대하기는 하였지만 이는 기타 다른 농작물 생산의 희생을 동반하였다. 이는 다음 <표 4-8>에서 확인할 수 있다. <표 4-8>을 보면 1940~1944년의 수전면적과 벼 생산량은

---

59) 앞의 ≪農田水利≫(1947), 31-37쪽
60) 松村高夫, 앞의 논문 39쪽

<표 4-8> 1940-1944년 만주의 주요 농산물 재배면적 및 생산량 추이(단위; kt, ha)

항목	연대	37-39년 평균	1940년	1941년	1942년	1943년	1944년	40-41년 평균(增減)
대두	생산량	4,207,390	3,503,485	3,276,970	2,932,603	3,153,108	3,466,900	3,266,613
	지수	100	83	78	70	75	82	78(-22%)
糧穀三品	생산량	9,712,537	10,473,551	10,485,963	10,059,651	11,767,621	11,938,237	10,945,005
	지수	100	108	108	104	121	123	113(+13%)
소맥	면적	1,037,793	967,778	969,248	903,890	527,915	538,629	781,492
	지수	100	93	93	87	51	52	75(-25%)
	생산량	899,770	848,948	808,078	655,983	357,915	345,539	603,292
	지수	100	95	90	73	40	38	67(-33%)
육도	면적	101,451	97,418	79,874	60,963	50,889	41,953	66,219
	지수	100	96	79	60	50	41	65(-35%)
	생산량	117,671	96,566	84,277	49,744	40,943	35,821	61,470
	지수	100	82	72	42	35	30	52(-48%)
벼	면적	246,636	339,494	363,649	317,969	320,045	326,311	333,494
	지수	100	138	147	129	130	132	135(+35%)
	생산량	605,608	589,052	723,725	532,403	651,632	698,217	639,006
	지수	100	97	120	88	108	115	106(+6%)

비고: ① 출전; 대두와 糧穀三品의 숫치는 ≪東北經濟小叢書·農産≫(流通篇) 34-36쪽에 의거하여 계산함; 소맥, 육도, 벼의 숫치는 ≪東北經濟小叢書·農産≫(生産篇) 85-87쪽, 93-95쪽, 97-98쪽에 의거하여 계산함.
② 糧穀三品은 고량, 속, 옥수수를 가리킴.

1937～1939년보다 평균 각각 35%, 6%씩 증가하였다. 그 외의 농작물 중 糧穀三品의 생산량이 1937～1939년 평균보다 13%의 증가를 나타내고 있었을 뿐, 기타 대두, 소맥, 육도의 생산량은 40년대에 계속 감소하는 추세였다.

<표 4-9> 만주 주요 농산물 ha당 수확량 비교(단위; kg)

작물\연도	1937년		1940년		1943년	
	ha당 수확량	지수	ha당 수확량	지수	ha당 수확량	지수
고량	1,309kg	100	1,170kg	89	1,258kg	96
속	1,171	100	1,013	87	1,013	87
옥수수	1,505	100	1,309	87	1,320	88
소맥	889	100	820	92	668	75
稻子	2,459	100	1,748	71	2,051	83
대두	1,157	100	961	83	1,032	89

출전; 東北財政委員會調査統計處, 1991 ≪舊滿洲經濟統計資料≫ 栢書房 301쪽

1944년 만주 경작지 면적의 30%를 점하는 대두생산량은 1937~1939년보다 평균 22%나 감산되었다. 小麥과 陸稻의 면적은 같은 기간에 각각 25%, 33%, 생산량은 35%, 48%나 줄어들었다. 이와 같이 대두, 소맥, 육도 등 농산물의 급격한 감산은 수전면적의 증가폭인 35%와 대조를 이루었다. 이것은 일제가 쌀 위주의 전시식량을 확보하기 위해 수전면적 확대를 기형적으로 추진한 결과라 할 수 있겠다.

　<표4-9>를 보면 40년대 소맥, 쌀, 속, 옥수수, 대두, 고량 등 만주 주요 농작물의 단위당 생산량이 1937년보다 많이 떨어졌음을 볼 수 있다. 이와 같은 전반적인 토지생산성의 하락은 전시 농업생산의 침체를 그대로 보여준다. 그토록 중시되었던 쌀의 ha당 수확량도 다른 작물과 같이 낮아진 것을 볼 때 이 시기 쌀 생산의 증대는 수전면적의 대대적인 확대를 통해 실현되었음을 다시 한번 확인할 수 있다. <표 4-8>에서 1940~1944년까지 5년간 수전면적의 증가율이 평균 35%에 달한데 비해 벼 생산량의 증가율이 단지 6%에 불과한 점도 단위당 수확량이 떨어짐에 따라 생산량의 증가가 수전면적의

확대에 비례한 증가를 이루지 못한 불균형적 발전임을 설명해 준다. <표 4-10>을 보면, '만주국'시기에 들어서서 수전 경작면적이 대체로 사변전의 수준으로 회복한 1935년의 ha당 수확량을 100으로 할 때, 1939년까지의 5년간은 해마다 이 기준을 초과하였지만 1940년에서 1944년까지는 줄곧 이 기준에 크게 못 미쳤다. 1935~1939까지 5년간은 ha당 수확량이 평균 2,436kg인데 반해 1940~1944년 5년간은 평균 1,915kg로 21.3%의 감소를 나타냈다. 이는 같은 시기 수전면적과 생산량이 평균 1.5배 증가했던 것과 대조를 이루었다. 이 시기 쌀 생산의 증가는 토지생산성이 낮아지는 추세에서 이루어진 기형적인 증가였다.

<표 4-10> 1935-1944년 ha당 수확량 비교(단위; kg)

연도	35	36	37	38	39	평균	40	41	42	43	44	평균
수확량	2,259	2,518	2,612	2,355	2,437	2,436	1,735	1,990	1,674	2,036	2,140	1,915
지수	100	115	116	104	108	108.6	77	88	74	90	95	84.8

출전; <부록 2-a>에 의거하여 작성함.

만주의 벼농사는 어떤 작물의 발달사에도 찾아볼 수 없는 짧은 기간에 급속한 발전을 이루었다. 그러나 1945년 일제통치로부터 해방될 때까지 벼 생산량이 각 省內의 전체 농작물에서 차지하는 비중은 적었다. <표 4-7>의 각 省 내의 농산물 중, 수전면적과 벼 생산량이 차지하는 비중을 보면, 제일 높은 省인 안동성, 합강성의 수전면적이 겨우 6% 내외, 벼 생산량이 10~11% 밖에 차지하지 못하였고 그 다음으로 많은 길림성은 수전면적이 2.45%, 벼 생산량은 5%뿐이었다. 기타 흥안, 눈강, 흑룡강성은 1% 미만의 극히 적은 비중을 나타냈고 나머지 요녕성, 요북성, 송강성도 불과 2~4%밖에 안 되는 낮은 비율이었다.

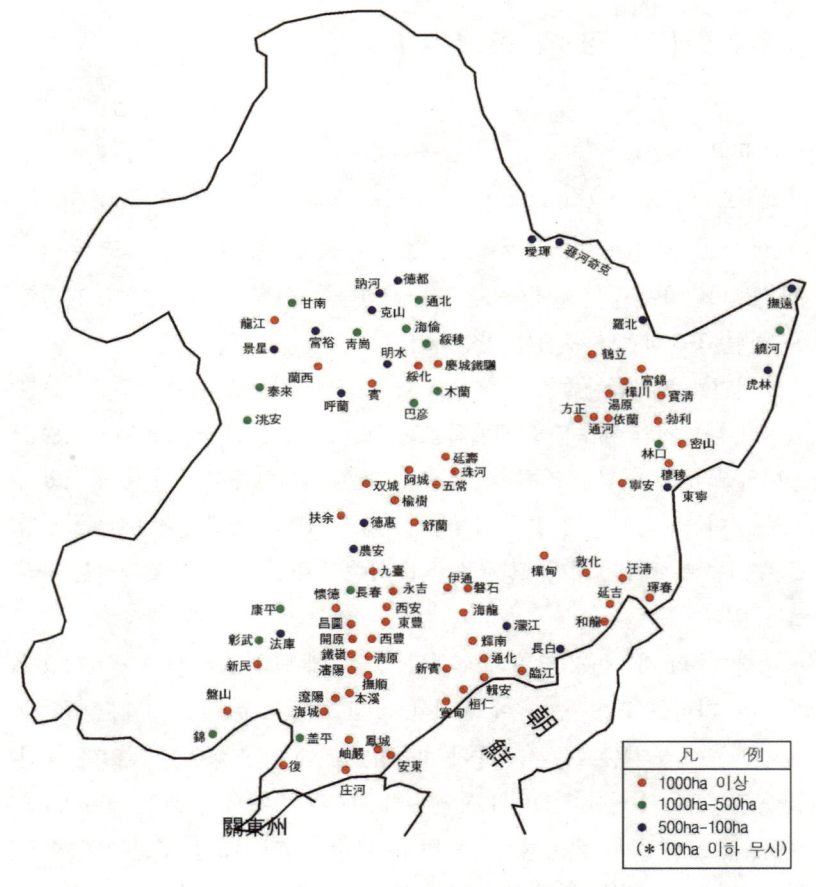

<도 4-2> 만주 수전분포도(1945年)

비고 : 東北物資調節委員會, 1947 《農田水利》 中國文化服務社 31-38쪽에 의거하여 작성.

3. 일제의 미곡강제공출과 수탈의 강화

1) 미곡강제공출

일제는 1939년도부터 시작되는 미곡통제시기에 그 중심을 미곡공출정책에 두었다. 그들은 선후 장려금 지불, 先錢制, 後錢制, 생활필수품 배급 등 여러 방안을 마련하여 공출의 최대화를 추구하였다. 이와 같은 공출형식의 다양함은 한편 공출성적의 부진을 반영하기도 하였다.

조선인들은 자급자족을 위해 벼농사에 종사하면서도 지주에게 소작료를 납부한 나머지의 대부분을 판매하였고 그 대금으로 값싼 조, 기타 식량을 소비하였다. 쌀이 만주 전체 농작물 생산에서 차지하는 비중이 극히 낮았기 때문에 미곡의 판매가격 및 구입작물가격의 변화는 농업생산 전반에 큰 영향을 주지는 못했지만 저미가정책은 稻作위주의 조선인들에게 결정적인 타격을 주었다.

통제이후의 벼 매수가격은 기타 물가의 급등에 반해 줄곧 낮게 책정되었다. 종래 벼 가격은 고량, 옥수수에 비해 4～5圓, 대두에 비해 2～3圓 높았지만 1939년 수매가격은 고량, 옥수수와 비슷하였고 대두, 玄粟보다 낮았다. 농산물 공출정책을 실시한 첫해인 1939년 9월 이후의 糧穀會社 잠정 매입가격은 100kg당 표준 중부 北海품종 3등은 14.43원이었고, 10월 16일 이후 매입 공정가격은 15.09원이었다. 공출장려금액으로 9월 1일～9월 20일까지는 매입가격의 20%를 가해 주었고 9월 21일～9월 30일까지는 매입가격의 15%, 10월 1일～10월 31일까지는 매입가격의 15%, 11월 1일～11월 30일까지 매입가격의 7%를 가해 주었다.[61] 최대 出廻期인 12월 이후에는 장려금이 없어져서 가격은 형편없이 낮아져 쌀 가격은 벼의 생산비가 높음에도 불구하고 고량, 옥수수, 대두보다 1원 더 낮았다.[62] 1940년 2월 18일 주요 농산물가격 인상율이 20～25%이었지만 벼는 9.3%에 불과해 가격 인상율이 제일 낮았다.[63] 1940년은 1939년과 마찬가지로 공출장려금 제도를 실행하였는데 공정가격은 100kg당 표준 중부 북해 3등은 16.50원이었고 공출장려금은 10월 말까지는 100kg당 3원(수매가격의 18%), 11월 1일～11월 30일까지는 2원(수매가격의 12%), 12월 1일～1941년 1월말까지는 1원(수매가격의 6%)이었다.[64]

1939년 시점에서 川本國義는 그 당시 생산비보다 낮은 쌀 가격이 조선인 농민의 생활을 위협하고 있다고 하였다. 그의 연구에 따르면 생산된 쌀은 보통 표준등급에 달하기 어려워 100kg당 평균 13원 54전, 즉 백근에 6원 77전이 되었다. 그런데 벼 백근을 생산하는데 들어가는 생산비는 6원 62전이었고 거기에 드는 생활비는 3원 16전이어서 합계 9원 78전이 필요하였다.[65]

---

61) ≪滿洲米穀生産と需給調査≫ 遼寧省檔案館日文資料 農林 2095호, 1942 謄寫本 89쪽
62) 川本國義, <1939年度 岔路河附近 水稻作に關する所見> ≪農業の滿洲≫ 제11권 제12호 24쪽
63) 1940년 2월 18일 농산물가격인상상황(100근의 가격)(단위; 円)

	종전의 가격	인상된 가격	인상율
대두	7.00	8.50	21.4%
량	d5.60	6.70	20%
옥수수	5.75	6.90	20%
정백속	8.80	11.0	25%
소맥	9.60	11.50	20%
벼	15.09	16.50	9.3%

　　출전; 藤原泰, 1942『滿洲國統制經濟論』273쪽

64) 遼寧省檔案館日文資料 農林 2095호 1942 ≪滿洲米穀生産と需給調査≫ 謄寫本 90-91쪽
65) 川本國義, 1939 <不可解なる買收價格> ≪農業の滿洲≫ 제11권 제10호 9쪽

여기에 노임 2원 68전은 자가 노동력이기 때문에 이것을 공제하면 실제 지출은 7원 10전이 되었다. 만약 농산물 거래장까지의 거리가 16吉米가 되어 백근을 큰 마차로 운송하면 30전이 들어가고, 거래장이 제일 가까운 정차장까지 60吉米이라면 운임비 60전(자동차수송)이 더 필요해 결국 100근을 8원에 팔면 수익이 조금도 남지 않은 셈이었다. 그는 농민들이 1원의 이윤을 보려면 거래장에서의 판매가격이 100근에 9원(100kg에 18원)은 되어야 한다고 하였다.[66] 농민 대부분이 자급자족생활을 하면서 반년은 구매에 의존하지 않는다고 가정해도 위에서 계산한 생산비보다 훨씬 낮은 벼 가격은 농민생활을 완전히 파탄에 몰아넣는 것이었다. 이와 같은 생산비에 못 미치는 低米價 공출에 반대해 1940년 4월 16일 남만주농사주식회사 사장 金昌煥은 海城, 盤山 두 현의 농민 대표로서 미곡 가격인상과 만주양곡회사가 수득한 이익차익을 농촌에 돌려보내라는 진정서를 올렸다.[67]

1939년, 1940년 공출장려금제도의 실시로 현물 소작료 위주의 북만의 경우, 지주가 소작인에게 早期에 소작료 납부를 명령하여 장려금을 받으려고 대량 공출하는 실례가 있었지만, 金納 소작료가 지배적인 봉천성, 금주성 등 남만에서는 효과가 없었다. 종래 남만에서의 金納 소작료 산정은 시가에 평년작 수확량을 곱한 것을 절반 나누는 것이 관행이었지만 1941년 소작계약 갱신 때에는 종래 평년작의 市價에 상당한 공정가격에 장려금을 가산했다. 공출촉진의 편의적 방책을 逆用하여 양곡가격을 인상시킴으로써[68] 조선인의 소작료는 높아가기만 하였다.

'만주국'정부는 1940년 9월 30일 칙령 제237호로 ≪米穀管理法改正件≫을 公布하여 미곡의 생산자와 취득자가 농산물 거래장 혹은 지방 행정관서

---

66) 위의 논문, 10쪽
67) ≪滿鮮日報≫ 1940년 4월 6일
68) 橫山敏男, 1943 ≪滿洲國農業政策≫ 동경, 東海堂 263쪽

가 지정한 장소 외에서는 미곡을 매각 할 수 없도록 규정하였고 몰래 미곡을 수입, 수출하면 1년 이상의 有期徒刑, 혹은 10만원 이하의 벌금을 내도록 하여[69] 저미가로 인해 盛行하게 된 암거래에 타격을 가하였다.

1941년에는 전쟁확대에 따라 쌀의 증산 및 공출 요구가 더욱 절박해지자 1939년, 1940년의 공출장려금제와 달리 先錢制를 실시하였다. 선전제는 파종 전에 100kg에 1원의 현금을 미리 교부하고 강제로 收買계약을 맺어 수확 후 쌀의 암거래를 두절하는 동시에 파종, 제초, 수확에 필요한 자금을 미리 일부 지급함으로써 증산을 도모하려는 것이었다.

각 성, 시, 현, 기의 행정관청, 통제기관, 협화회 등은 전문적으로 식량공출만을 관장하는 '蒐荷推進本部'를 조직하여 선전제를 추진하였다. 선전제는 우선 '만주국' 중앙관청에서 省별 수매수량을 정하고 각 성은 시, 현, 기별로, 시, 현은 다시 향, 촌, 둔별로 수매수량을 정해 농민과 수매계약, 증산량계약을 맺었다.

1941년 9월 1일 이후의 농산공사 쌀 매입공정가격은 표준 품종 북해 3등이 100kg에 18.75원이었다. 이는 그 해 생산비를 밑도는 낮은 가격이었다. <표 4-11>을 보면 심양, 봉성, 반산의 쌀 수매가격은 생산비보다 100kg당 2円 정도 낮았고 반석은 생산비보다 좀 높았지만 거래비용까지 계산하면 여전히 이익이 없었음을 알 수 있다. 쌀 생산자인 조선농민은 이와 같이 생산비보다 낮은 수매가격으로 인해 농산물 공출을 기피하기 마련이었으므로 흥농합작사는 1941년부터 공동집단공출를 실시하여 농민의 단독 운반을 금지하였고 부재지주에 대한 현물 소작료 납부까지 금지하면서 쌀 유출을 방지하기도 하였다.

태평양전쟁이 발발한 후 1942년에도 先錢制를 실시하였는데 일제는 일본을 중심으로 하는 '대동아공영권'을 내세우며 만주에서의 쌀 공급을 의무화시켰다. 1942년 9월 1일 이후의 농산공사 매입공정가격은 표준품종 북부재래종

---

69) 滿洲糧穀株式會社, 1940 《滿洲糧穀要覽》 16-21쪽

<표 4-11> 1941년 100㎏당 水稻 생산비와 수매가격(단위; 円)

	생산비(a)	수매가격(b)	b/a(%)
반석	14.67	18.50	126.1%
심양	20.33	18.50	91.0%
반산	19.98	18.50	92.6%
봉성	22.37	18.50	82.7%

출전; 滿洲國興農部農政司調査科, ≪1941年度主要農産物生産費≫ ; 淺田喬二, 小林英夫, 1986 ≪日本帝國主義の滿洲支配-15年戰爭期を中心に-≫ 526-527쪽에 의거해 작성.

3등이 100㎏당 17.50원이었다.[70] 공출을 더 늘리기 위해 '만주국' 경제부는 ≪농산물 공출촉진용 면제품 배급 임시조치에 관한 건≫(1942년 11월 6일)을 결정하고 1942년 11월~다음해 3월말까지 공출한 농민에 대해 농산물 1톤에 면포 15碼, 면사 2개, 타올 하나, 양말 한 컬레를 공정가격으로 배급 판매하였다. 당시 만주지역의 생활필수품은 대부분 일본상품에 의존하고 있는 형편이었고 戰時관계로 紗布공급이 특히 적었기 때문에 이 방법을 통해 공출의 증대를 期하였다.

日滿정부는 생산비보다 낮게 책정된 가격으로 농민들이 감당할 수 없을 정도로 과다한 공출량을 정하고 이것을 채우기 위해 이른바 '總力集結體制'를 도입하였다. 각급 정부, 협화회, 흥농합작사는 삼위일체가 되어 군대, 경찰, 헌병, 특무까지 총동원하여 쌀을 공출하고 搜索했다. '만주국' 중앙과 각 성은 방대한 '出荷督勵班'을 조직하여 공출을 '독려'하였고 각 현에서는 '搜荷督勵本部'를 조직하여 현장, 부현장이 본부장 및 부본부장 직을 맡았고 日本軍部隊長이 顧問職을 맡기도 하였다.[71] 그 밑에는 또 搜荷工作

70) 橫山敏南, 1943 앞의 책, 287-290쪽
71) 東北經濟小叢書 ≪農産 ‧流通篇 (下)≫ 1947 187-188쪽

班, 取締班, 情報班, 配給班, 青少年特別工作班 등등도 두었는데 이들은 향촌에 내려가 집안을 들치며 糧食을 수색하고 마음대로 욕하고 때리기까지 하면서 공출을 강요하였다. 일단 은닉양식을 발견하면 몰수하고 엄하게 다스렸다.[72] 당시 '收荷班'은 쌀을 암거래하거나 평민이 입쌀을 먹으면 경제범인으로 징벌하였다.

그리고 공출성적이 좋지 않은 촌락에 대해서는 물자배급을 일시 정지하였고 그 개인은 관공서로 소환하여 공출 서약서를 쓰도록 하였다. 만약 공출량을 납부하지 않으면 反滿抗日의 죄를 씌워 경찰서에 보냈고 공출을 완성하지 못한 관공서에 대해서도 처벌을 내렸다.[73] 여기에서 식민지 수탈의 야만성을 극명하게 드러냈다. 이와 같은 공출정책 하에서 소작료와 공출을 낸 이후 농민들은 생계를 유지하기 어려웠다.

위와 같은 행정권력의 동원과 면제품의 특별배급 등 조치를 통해 농산공사가 수매한 잡곡, 대맥, 연맥 등 농산물은 先錢契約量을 초과해 최종적으로 목표의 약 93%를 달성하기까지 하였다. 그러나 농산공사가 중시하고 있었던 대두, 소맥, 쌀의 실제 공출량은 여전히 공출 할당목표를 밑돌고 있어 농산공사의 농산물 공출정책은 사실상 실패하였다고 볼 수 있다. 만주척식공사는 1942년부터 협화회 조선인보도위원회를 조직해 조선인 개척민을 상대로, 戰時下 황국신민으로서 나라에 충성하는 표시로서 공출에 적극 참여하도록 독려하는 미곡공출촉진운동을 전개하였다. 그러나 이주 조선인들은 자가 식량 확보에만 노력하면서 쌀 대신 공출이 적은 작물을 경작하는 등 공출에 비협력적이었다. 1942년도의 미곡공출 성적은 할당량 42만 톤에 비해 30만 톤 내외로 떨어졌다.[74]

---

72) 李樹田, ≪中國東北通史≫ 1991 699-701쪽
73) 烏廷玉 張云樵 張占斌, 1990 ≪東北土地關係史研究≫ 223쪽
74) 滿洲農產公社總務部調查科, 1943 ≪滿洲に於ける米穀經濟の發展過程≫ 98쪽

<표 4-12> 통제이후 주요 작물의 평균공출비율(단위; %)

작물 연대	고량	속	옥수수	소맥	벼	대두
1937년	22.2%	11.4%	26.3%	81.9%	57.6%	88.6%
1940년	20.3%	11.9%	29.9%	33.4%	55.1%	47.5%
1943년	38.2%	17.1%	39.%	36.6%	69.9%	74.2%

출전; 東北財政委員會調査統計處, 1991 《舊滿洲經濟統計資料》 栢書房 301쪽

'만주국'정부는 1943, 1944년도에는 증산공출대책으로서 先錢制度를 폐지하고 출하장려금제도를 復活했다. 1943년 8월 1일부터 1944년 3월말까지 농산물을 거래시장에 공출한 농민에 대해 先錢과 같이 농산물 100kg에 1엔의 後錢을 지급하기로 하고 극히 낮은 쌀값도 조금 올렸다. 이 해에 《戰時緊急農産物增産要綱》을 발표하고 공출량 1톤에 면포 10碼, 中入綿 1滿斤(약 600그람), 綿絲 2紐를 1942년도와 같은 방법으로 농민에게 특별배급하기도 했으며 초과 공출한 농민에 대해서는 생활필수품의 배급판매량을 늘렸다.75)

<표 4-12>에서 볼 수 있다시피 벼의 공출량은 대두와 비슷하게 절반 이상이었다. 침략전쟁의 확대로 인해 벼 공출비율이 더 높아져서 1943년에는 70%에 이르렀다. 이것은 고량, 속, 옥수수, 소맥의 공출비율 12%~39%를 훨씬 크게 웃돌았다. 그러기에 조선인 농민들은 공출비율이 높은 벼 생산을 피해 그 비율이 상대적으로 낮은 작물을 경작하는 경향을 보였고 오직 생존을 위한 自家用 식량확보에만 몰두하였다. 쌀 공출로 조선인 농민들의 식량문제가 심각해졌으므로 협화회운동의 일환으로 벼농사를 하는 조선인 농민들의 쌀

---

75) 《滿洲開發四十年史》(上卷) 792쪽

<표 4-13> 통제이후 벼와 기타 농작물공출실적(단위; 千瓱, %)

연대	벼 생산량(a)	벼 공출계약량(b)	벼 공출실적(c)	c/a	c/b	기타 農産物공출비율
1939년	790	470	432	54%	91%	
1940년	686	499	374	54%	74%	
1941년	808	550	422	52%	76.7%	80.2%
1942년	630	426	289	46%	68.6%	92.7%
1943년		608	490		80.6%	104.7%
1944년		709	517		72.9%	111.2%
평균				51.5%	77.3%	97,2%

출전; 1939-1940년도 수치는 ≪滿洲米穀生産と需給調査≫ (遼寧省檔案館日文資料 農林 2095호,
1942) 謄寫本 36-37쪽에 의거하여 작성. 1941-1944년도 수치는 淺田喬二·小林英夫,
1986 ≪日本帝國主義の滿洲支配≫ 513쪽, 516쪽, 518쪽, 520쪽에 의거해 작성.

소비를 줄이기 위해 수전경작자에게 旱田 1정보를 할당하여 식량에 보탬이
되게 하는 조치를 취하기도 하였다. 조선인 이민의 생활 파탄은 이 시기의
수전농업 발달이 전시수요만을 충족시키기 위한 왜곡된 발전이었음을 제일
잘 보여준다.

<표4-13>에서도 1939~1942년 실제 공출량은 생산량의 약 46%~54%
로 평균 51.5%에 달하였다. 벼 수확량의 절반, 혹은 절반이상이 공출되었음을
재차 확인할 수 있다. 벼농사에 종사하는 이주 조선인들의 소작료가 거의
50%인 분익소작임을 고려한다면 그들은 소작료를 납부한 후 대부분 공출하
고 있었던 것이다. 통제시기인 1941~1944년 기타 농산물 공출은 전반적으로
공출계약량에 가깝거나 초과한 상태였지만, 벼의 실제 공출량은 공출계약량을
초과한 해가 한번도 없었다. 1939~1944년에는 평균 공출계약량의 77.3%

밖에 되지 않았고, 1940~1944년 벼의 실제 공출량과 공출계약량은 약 10~ 20만 톤의 차이가 나타났는데 이러한 사실에서 농산공사의 쌀 공출계획은 실패하였음을 알 수 있다. 1944년을 보면 거래시장에서 쌀의 공출할당량은 709.000톤이었고 수매실적량은 517.000톤으로 공출 완성율은 72.9%밖에 되지 못하여 1944년도 쌀 공출계획을 달성하지 못하였지만, 기타 농산물 공출비율은 111.2%로 공출할당량을 초과 달성하였다.

2) 쌀 배급판매제의 실시

일제는 전시식량수요의 급증, 쌀 공출의 부진으로 공급이 제한되어 있는 상황 하에서 공출의 강화만으로 기대수량을 충족시킬 수 없었으므로 쌀 배급판매제를 엄격히 실행하면서 소비를 최소화시켰다.

1939년 9월 29일 물가위원회 제2분과회가 결정한 ≪生活必需品價格竝配給統制要綱≫에서 米는 甲級品으로 양곡회사가 공정가격을 정하고 배급을 통제한다고 규정하였다.[76]

1940년 6월 1일 신경 등 각 주요 도시에서는 節米의 구체적 방책으로 通帳制度를 채용하면서 배급판매제를 시작하였다. 1940년 6월의 신경특별시 행정지역 내 배급방법을 보면 통장에 의해 定量을 월 2회로 나누어 업자부터 구입하고 식당, 음식점, 여관, 학교기숙사 등에서는 미곡배급조합으로부터 직접 배급받았다. 1인당 기준 소비량으로 일본인, 조선인에 대해서는 60세이상 월 12kg, 12~60세 이하는 월 15kg, 4~12세까지 어린이는 월 9kg을 배급하였고 3세 미만은 배급하지 않았다. 중국인은 재산에 따라 甲, 乙, 丙, 丁으로 나누어 갑은 월 6kg, 을은 월 4kg, 병은 월 3kg, 丁에게는 배급하지

---

76) 滿洲工商公會中央會, 앞의 책, 147-148쪽

<표 4-14> 통제이후 미곡 공급 실적표(단위; kt)

연대 \ 항목	공급	수입	매입	잡곡	전년도 남은 부분
1939년	370,772	73,778	289,940	3,293	3,761
1940년	343,629	52,002	251,007	3,367	37,253
1941년	344,369	5,491	283,056	27,672	28,150

출전; ≪滿洲米穀生產と需給調査≫ (遼寧省檔案館日文資料 農林 2095호, 1942) 謄寫本 38쪽

않았다.[77]

　1941년 8월 '만주국'정부는 ≪生必物資計劃配給要綱≫을 발표하고 쌀을 배급품목으로 정해 배급권으로 판매 배급한다고 규정하였다. 쌀 가공업자는 통제기관인 양곡회사의 위탁을 받아 가공하고 소매상인은 공정된 가격으로 일반 소비자에게 배급 판매하였다. 쌀의 배급판매는 각 市, 鎭에 거주하는 일본인, 조선인 및 일부 중국인을 대상으로, 國民隣保組織을 통해 진행하였다. 그리하여 대부분의 사람들은 이 조직에 가입하기 마련이었고 日滿정부는 이를 통해 국민에 대한 통제를 강화하였다.

　태평양전쟁 개시 후 1941년 12월에 ≪戰時緊急經濟方策要綱≫이[78] 반포되면서 '만주국'은 완전히 일본의 전시경제에 종속되어 배급판매제를 실행하였다.

　<표 4-14>를 보면 공급에서 국외부터의 미곡수입량이 해마다 격감하고 있었음을 알 수 있다. 미곡관리법을 제정한 해인 1939년에 약 73,000톤이 수입되었는데 1941년에는 단 5,000톤 밖에 수입되지 않았다. 생산량의 증대가 크지 않고 공출실적이 일정하였지만 수요가 급증한 상황에서 일제는 배급

---

77) 앞의 ≪滿洲米穀生產と需給調査≫(1942), 33-34쪽
78) 滿洲商工公會中央會, 앞의 책, 76-78쪽

제 등을 통한 여러 조치를 통해 소비를 극소화시켰다. 미곡의 수매수량이 줄어드는 추세와 달리 혼식용 잡곡은 1939년, 1940년의 3000여 톤에서 1941년은 약 27,000여 톤으로 9배의 증가를 나타냈다. 그리고 소비규제 및 기타 배급정책을 통해 소비를 최소화시킨 결과 전년도 남은 부분은 1939년은 3,761톤이었지만 이듬해 1940년은 37,253톤, 1941년은 28,150톤으로 대폭 늘어났다. 이는 미곡배급의 효과를 단적으로 증명해 주었다.[79]

쌀 배급판매는 세대단위로 통장을 발급하고 記名式 배급통장과 배급권을 제시해 구입상황을 기입하면서 定量 공급되었는데 배급량은 해마다 줄어들었다. 일본인과 친일분자들에게 공급된 입쌀 기준은 1942년에 나이를 불문하고 8kg으로 감소되었고 그 定量에 때로는 잡곡을 포함시켰다. 漢族에 대해서는 민족멸시정책을 실시하면서 소수의 고급관리와 漢奸(1, 2등 관리와 그 가족, 少校 이상 현역군인과 그 가족, 흥농합작사 등 특수단체의 勳 3位 이상 자와 그 가족, 1,000원 이상 소득세, 정세를 납부하는 자와 그 가족)에게만 매월 1~3kg의 입쌀을 공급하였을 뿐이었고 일반 중국인은 입쌀 배급대상에서 제외되었다.

1943년 3월 30일에 '만주국' 흥농부 제31호, 치안부 제3호로 ≪飯用米穀配給要綱ニ關スル件≫이 발표되면서[80] 미곡배급정책은 한층 더 강화되었다. 4월 1일부터 시행된 이 요강은 소비를 줄이기 위해 가정용 미곡, 영업용 미곡, 비상용 미곡, 군인식권, 행정관서, 미곡판매업자, 미곡배급조합별로 배급을 상세하게 구분하였다. 가정용 미곡의 배급규정을 보면 지방행정관서가 발행한 미곡배급통장은 관할지역내에서 통용되었고 그 밖의 지역에서는 미곡특별배급통장, 외식권에 따라 배급하였다. 미곡배급대상자는 단지 日系 '만주국' 국민으로 현재 만주에 거주한 일본인에 한하였다.

---

79) 앞의 책 ≪滿洲米穀生産と需給調査≫ 38쪽
80) 滿洲工商公會中央會, 앞의 책, 127-138쪽

가정용 미곡의 연령별 배급정량을 살펴보면, 보통 배급정량으로 1인당 1개월에 1~2세는 3kg, 3~6세는 6kg, 7~10세는 8kg, 11~25세는 12kg, 26~40세는 11kg, 41~60세는 10kg, 60세 이상은 9kg이었다. 특별배급은 임산부 2kg, 기숙사에 기숙한 중등학교 이상의 학생 3kg, 만주개척 청년의용대 훈련소생 및 훈련소로부터 개척단으로 이행한 자로서 1년 되지 않는 자 4kg, 제1종 혹은 제2종 산업에 종사하는 중노동자 3kg, 특별 중노동자 6kg씩 이었다.

日滿정부는 위와 같은 식량배급 판매제를 통해 소비를 최소화시켰고 또한 높은 정미율을 행하여 식량공급량을 늘렸다. 보통 쌀의 정미율은 50%~60%이었는데 1941~1945년까지 정미율을 70%로 높였고 고량은 80%, 맥분은 82% 이상이 되었다. 높은 정미율은 일반 시민을 대상으로 배급되는 식량의 질이 좋지 않았다는 것을 보여 준다. 일부 부유한 자들은 배급판매식량의 부족부분을 암시장에서 고가로 구매하여 보충할 수 있었지만 대부분의 사람들은 산나물 혹은 곡식, 겨 등을 주식의 보충으로 먹을 수밖에 없었다. 그리하여 일반인들의 건강수준이 크게 하강하였다.[81] 전시총동원시기 일반 민중들은 물가 상승에 미치지 못한 실질 공출가격과 식량배급제를 통한 최소의 소비를 강요당하였으므로 그들에게 이 시기는 실로 통제와 수탈로 일관되는 수난의 시기라 할 수 있겠다.

3) 조선소작농의 생활난 심화

'滿漢農民은 田作, 朝鮮農民은 水田耕作'이라는 만주개발에서의 민족적 분업형태는 40년대에 들어서서도 지속되었다. 이 시기에는 日滿政府의 수전확대시책으로 여러 형태의 수전 농장이 설립된 것이 특징이었다. 이들

---

81) 박경수, 앞의 책 115-117쪽

수전농장들은 비록 농장이라 칭하였지만 거의 대부분은 조선농민을 소작농으로 하는 지주경영형태였다.[82] 이하에서 우선 일반 수전농장에서의 조선인 소작상황을 살펴본 다음 개척단에서의 조선인 수전소작상황을 언급하면서 이 시기 수전 확대를 통한 쌀 증산에도 불구하고 그것이 생산의 직접 담당자인 조선인들의 처지개선으로 이어지지 않고 도리어 그들의 생활여건을 악화시켰던 점을 살펴보고자 한다.

전시총동원체제 하에서 쌀 증산이 국책의 하나로 추진되면서 농장주의 소작농민에 대한 간섭과 규제, 소작료 수탈은 더욱 강화되었다. 농장이 책임지는 여러 前貸資本인 수리조합비, 비료대금 등 농사개량비용의 반납까지 함께 계산한다면 소작료는 예전보다 훨씬 높아졌고 또한 소작료 납부 후에도 나머지 쌀에 대한 처분권을 잃은 채 현금을 받아야만 하였다. 생산비를 밑도는 쌀 공출가격에서 현금이 보잘 것 없이 적었음을 쉽게 추정할 수 있는데 그것으로는 다른 잡곡을 충분히 사 먹을 수도 없었다. 조선인 소작농들은 농장측의 명령에 따라야만 하였고 그렇지 않으면 불량소작인으로 찍혀 放逐되기 일쑤였다. 그들은 그 이전보다 더 많은 노동과 생산비를 부담하게 되었지만 단순재생산조차 유지하기 어려웠다.

1940년대에 들어서 水田地價의 대폭 상승에 따라 소작농민의 소작조건은 불리해지기만 하였다. 오가황농장의 例를 들면 동아권업회사 매수 당시는 1天地당 100圓쯤이었지만 1936년 만선척식회사 매수 때는 300원 내외, 1940년에는 1200~1500원으로 올랐으며, 1941년에는 2000원 이상으로 치솟았다. 이와 같은 지가 상승에 따라 소작농의 소작료도 증가하였는데 오가황농장의 한 소작농은 20년 이상 개간을 해도 여전히 잉여를 축적하여 자작농으로 될 희망이 없다고 불만불평을 터뜨렸다.[83]

---

82) 滿洲農産公社總務部調査科, 1943 앞의 책, 58쪽
83) 橫山敏男, 1942 <南滿に於ける水稻の生産事情> ≪農業の滿洲≫ 제14권 제11호

1940년대 수전농장의 소작형태는 대부분 榜靑 형태와 유사했다. 盤山縣의 信義農場에서는 종자비, 비료비, 토지비, 용수비 등 생산에 직접 들어가는 비용을 지주 소작인이 절반씩 부담하고 소작농은 공동 조제장에서 조제한 쌀을 자가소비용으로 일부분만 남기고 대체로 지주, 소작인이 반반 부담하는 운반비로 거래소에 공동 공출해야 하였다.[84] 鳳城縣에 있는 佐藤機械農場의 소작상황을 보면, 소작인은 가을논갈이, 땅고르기, 묘대관리 등을 농장에서 책임지고 행한 대가로 55%의 고율 소작료를 납부해야 했고 나머지 45%에 상당한 부분도 자유로이 처분할 수 없었고 여러 비용이 공제된 후 현금으로 받아야만 하였다.[85]

아래에서는 개척단에서의 그들의 생활실상을 살펴보겠다. 태평양전쟁 발발 후 총독부는 종전의 이민 적격자를 가려서 모집하던 방침에서 지방 행정력을 동원하여 반강제적으로 조선인 농민을 설득하여 만주로 이주시켰다. 그들의 원만한 입식은 쌀 증산을 달성할 수 있는 인적 보장이었던 것이다. '만주국'의 북변개발계획의 일환으로 북만에 진출한 조선인 농민들의 어려움은 극심하였다. 광복 때까지 그들은 기아와 추위를 참으며 황무지를 개간하고 수전을 경작하였지만 일제의 침략전쟁이 敗勢로 기울어 원래 계획된 자금을 받지도 못하고 도리어 농산품을 거의 전부 수탈당하며 최저의 생활도 유지하기 어려웠다.

개척촌에 가면 집도 있고 농지, 소, 농기구가 모두 준비되어 있으므로 몸만 가면 된다는 조선총독부의 기만선전에, 하루 식사도 제대로 할 수 없었던 조선 소작농들은 속아서 북만 개척지로 갔다. 그러나 그들을 기다리고 있었던 것은 놀랄만큼 황막한 荒地 뿐이었다. 하얼빈시 교외의 郡力鄕 高甲龍의

26쪽
84) 橫山敏男, 1942 앞의 논문 25쪽
85) 위의 논문 25쪽

말에 의하면 그들이 조선총독부의 선전을 믿고 개척촌에 갔더니 만주척식공사가 준 것은 농경지가 아닌 原野였다고 한다. 그들은 놀란 나머지 며칠사이에 절반이 도망갔고 그 후 회사의 엄한 감시에도 불구하고 야외작업 도중에 도망가는 자도 속출하였다. 그 해 그 개척촌은 소멸했다고 한다.[86] 개척촌이 소멸되었다는 것은 그것이 얼마나 절망적인 '개척지'였던가를 설명해 준다. 그들 중 일부는 조선으로 되돌아왔으므로 그들에 의해 전해진 개척지의 어려운 사정에 관한 정보는 이듬해 조선총독부가 만주이민 모집을 제대로 확보하지 못하게 하는 결과를 빚어내기도 하였다.[87]

만주척식공사 北滿商租地에서의 조선 소작농들의 상황을 보면, 1호당 소작지 면적은 수전 2.5정보, 기타 2.5정보였고 소작료는 수확물의 6 : 4 분배율로 소작인이 6분을 가진다고 하였다. 그러나 수전개설비가 1호당 500원, 6개 사무소마다 소작관리비로 인건비 3,000원, 여비 300원, 보수비 90원, 시비와 잡비 120원, 상각비 190원으로 지출이 많았으므로[88] 그들의 부담은 실로 컸다. 그들은 최하등 생활을 반복할 수밖에 없었고 자작농이 될 수가 없었다. 楊龍錫의 회고에 의하면, 그들은 흑룡강성 尙志縣 牙不力 개척촌에 입식 한 후 만주척식공사가 배급한 粟을 먹으면서 힘들게 농사를 지었지만 수확한 농작물은 토지대금, 가옥건축비 등으로 대부분을 납부하지 않으면 안 되었다. 미작의 경우 수확 전에 회사사원에 의해 높이 산정된 공출량을 확보하는 것이 큰 고통이었다. 그들은 자기가 생산한 쌀을 먹지 못하고 모두 납부해야 하였다.[89]

1946년 중국 토지혁명 때 흑룡강성 오상현 新樂 조선민족촌의 통계에 의하면 이 촌의 239호 중 토지를 소유한 지주는 1호도 없었고 다만 일본개척단

---

86) 金贊汀, 1987년 3월 <「滿洲」・そこに打ち捨てられし者> ≪世界≫ 499호 316-319쪽
87) 申基碩, <조선인이민의 前途> ≪朝光≫ 7.6 314쪽; 김기훈, 1993 <'만주국'시대 일제의 대만 조선인농업이민정책사연구> ≪학예지≫ 제3집 162쪽 재인용
88) ≪滿洲移民關係資料集成≫ 제24권 제199쪽
89) 金贊汀, 앞의 논문 320-323쪽

토지를 맡아 경영하는 부농 5호가 있었을 뿐이고, 기타 98%의 농호는 토지 없는 소작농이거나 머슴꾼이었다.[90] 1945년 8월 일제가 철퇴할 때까지 그들은 여전히 소작농의 지위에 머물고 있었던 것이었다.

일제는 '민족협화'와 같은 여러 가지 기만선전을 동원하였지만, 나라 잃은 백성들로 전민족적 고통과 비애를 감지하면서 자신의 생활이 파괴되는 것을 몸소 체험한 조선 농민들 사이에는 자신의 생활을 자신이 지켜야 한다는 깨달음이 퍼져 있었다. 이들은 강인함, 끈질김으로 살아가면서 일본의 패전과 조선 독립에 대한 간절한 바램을 갖고 전쟁동원정책과 관련된 일제의 정책에 비협조적이었고 결과적으로는 일제의 미곡정책 수행에 타격을 주었다.

90) 權寧朝, 앞의 논문, 134쪽

결론

　만주에서의 벼농사 개발은 비록 중국관내, 조선과 일본에서의 그것과 비교해 많이 늦었다. 그러나 1875년 벼농사 개시부터 1945년 8월까지의 근대 벼농사 발달사에서 유구한 벼농사 전통과 수준 높은 벼농사 기술을 가진 이주 조선인에 의해 시작되고 줄곧 담당해 왔기 때문에 기나긴 발전단계를 거치지 않고 만주의 어떤 작물의 발달사에서도 찾아볼 수 없는 짧은 기간에 급속한 발전을 이루었다. 1945년 일제통치로부터 해방될 때 쌀은 만주의 제6대 작물로 급성장하였다.

　조선인 농민은 벼농사를 특기로 하여 滿漢人농민의 밭농사 중심의 만주개발열풍에 합류함으로써 근대 만주농업개발과정에서는 대체로 '중국인 밭농사, 조선인 벼농사'라는 민족적 분담현상까지 나타났다. 벼농사는 조선인 이민의 대표적인 생산분야로 확고한 위치를 점하면서 오늘날 중국 조선족 형성의 기초를 다졌다. 조선인 이민이 벼농사에 종사함으로써 많은 인구의 지속적인 이주가 가능하였다. 조선인의 만주이주성공은 벼농사 발달에 크게 힘입었고 조선인 인구증가는 또한 벼농사 발달의 動因이 되기도 하였다.

　이주 조선인에 의한 벼농사 전개로 말미암아 만주 벼농사는 조선에서의

稻作法을 그 농법적 기반으로 하였다. 이주 조선인들은 벼농사 개발과정에서 조선의 도작법을 활용하면서 거듭되는 실패를 겪으며 만주 각지의 실정에 알맞는 도작법을 찾아냈다. 특히 만주와 기후조건이 비슷한 조선 함경도, 평안도 북부지역의 도작법이 많이 응용되었다. 일제의 조선강점 후로는 조선에 보급된 일본품종을 만주에 도입시켜 벼농사 재배지역을 북만으로까지 확대시켰다. 그들은 일본 북해도 품종의 재배를 통해 세계 벼 재배의 최북단이라 할 수 있는 북위 50도에서도 벼농사를 행하였다. 일본농법이 강제적으로 보급되지 않은 만주에서 일제에 의해 개선되기 이전의 조선농법들이 많이, 오래 남아 있으면서 조선 벼농사 기술의 우수성을 실증해 주었다. 1940년대 초 일본개척단조차도 벼농사 분야에서는 조선인 이민의 수전농법을 모방하였다.

만주농업에서 벼농사가 차지한 비중이 적어 만주 농업경제 발전 전반에 대한 영향력은 크지 않았지만 이주 조선인에게는 생존이 걸려 있는 문제였다. 벼농사는 그들에게 있어서 가뭄, 수해, 냉해 등 변덕스러운 자연과 여러 불리한 사회적 여건을 극복해야만 하는 생존를 위한 장이었다. 이주 조선인들은 나라 잃은 백성들로 만주의 혹된 추위를 비롯한 여러 가지 열악한 조건에서도 살아남기 위해, 또한 좀더 나은 생활을 하기 위해 중국인들이 하지 않은 벼농사에 유별한 애착을 갖고 중국 강남 벼농사 발달지역인 절강성의 稻作농민과 일본인 농민들이 견디기 어려운 여러 가지 고난을 극복하고 꿋꿋이 버티며 줄곧 벼농사를 담당해 왔었다. 조선인 이민에 의한 만주 벼농사의 성공재배는 조선인의 강인한 민족성을 잘 보여 주었다.

조선인이 만주의 새로운 개척지에 정착할 때에는 보통 米作의 가능성을 전제로 하였다. 그들은 미작이 가능한 곳이라면 토지소유권 없이도 정착하여 소작을 하였고 논이 될 만한 토지가 없어야 밭을 개척하였다. 그들 중에는 만주이주 전, 밭농사를 생업으로 하는 자가 많았음에도 불구하고 이주후에는 거의 대부분이 벼농사에 종사하였다. 이것은 논농사가 밭농사에 비해 요구되는 자본액이 적었고 수익이 컸으므로 영세 소작경영으로도 일가의 생계를 유지할 수 있었고 벼농사를 하면 토지를 쉽게 빌릴 수 있었을 뿐 아니라 지주가 가을까지 食料를 대여해주는 경우가 많았기 때문이다. 그들 대부분은 수확하자마자 소작료를 바치고 그 나머지 벼도 窮迫販賣로 대부분 환금하여 값싼 잡곡을 구입하여 연명해야 했다. 그러나 조선 내의 기아에 시달리는 빈궁한 농민과 비교해 만주에서 벼농사를 생업으로 생계를 유지하는 것이 훨씬 나은 편이었기 때문에 빈궁한 조선인들은 희망을 품고 계속 만주로 몰려들었다.

벼농사의 전파, 보급경로, 수전 분포상황은 조선인의 이주경로, 분포지역과 거의 일치하였다. 벼농사지역은 1945년 시점에서 흥안북성을 제외한 만주 전역에 분포하였는데 대체로 조선과의 접양지대인 동부 산간 구릉지대로부터, 서부 평탄지역으로 점차 이행해 갔고, 남에서 북으로 보급되어 갔다. 벼는 생육조건이 까다롭기 때문에 초창기에는 기후가 온난하고 수리가 편리한 남부지역에 국한되어 재배되었지만, 1920년대 중 후기에 들어서서 寒地재배가 가능한 일본 북해도 품종의 재배성공과 보급에 따라, 북만으로 확대되어 갔다. 특히 길림성, 흑룡강성의 북만지역에서는 귀화하면 중국인과 같은 대우를 해주었고 조선인에 대한 규제도 봉천성보다 상대적으로 덜 하였기 때문에 20년대 중 후기 조선인 이민이 북만으로 이동하는 추세와 함께 벼농사도 북만으로 신속히 확대해 갔다. 1940년 이후 일본인 개척단, 조선인 개척단의 북만 위주의 분포특징과 개척단 중심의 적극적인 쌀 증산시책으로 말미암아 북만에서의 벼농사 발전은 더욱 두드러졌다.

본래부터 이민은 先住民으로부터 강한 배척을 받는 것이 상례라 하겠지만 일제는 대륙침략에 줄곧 벼농사에 종사하는 조선인 이민을 이용하는 정책을 폈기 때문에 만주 벼농사는 韓·中·日 3國의 힘의 원리로 첨예하게 뒤엉켜 복잡한 모순과 시련을 겪으며 발전해 갔다. 근대 만주 벼농사에는 침략과 반침략, 개발과 수탈, '보호'와 통제 등이 함께 점철되어 있었다.

일제가 만주침략에 벼농사 담당자인 조선인 이민을 이용함으로써 만주당국은 조선인의 만주이주와 벼농사에 따른 일본세력의 확대를 최대 골칫거리로 보고 일제의 만주침략을 미연에 방지한다는 이유로 경제적으로 벼농사에 유능한 조선인이 필요하였지만 조선인들에 대한 규제를 강화하는 방향으로 정책을 추진하였다. 지역별로 그 정도는 좀 다르겠지만 조선인의 주요 생업인 벼농사 과정이 그만큼 더 고통스럽고 어려워졌다. 그러나 만주당국의 중국인에 대한 대대적인 벼농사 권장과 관리의 강화는 한편으로 조선인 이민의 이입과 수전 개발에 좋은 기회를 제공해 주기도 하였다. 중국인 지주가 수전 사업의 유리함을 알고 조선인 농민을 환영한 지방도 있으며 만주 각지에 농장개설 열풍도 조선인 농민의 수요를 부추겼다.

만주에서의 일본의 미곡정책은 일차적으로는 대륙침략정책을 수행하는 과정에서 만주의 전략적 가치 설정에 따라 결정되었고 일본제국 내의 미곡수급 상황에 따라 그 발전속도와 규모가 조절되기도 하였다. 또한 식민지 조선의 통치유지와 안정을 책임지는 조선총독부의 의도에 의해 조정, 수정되기도 하였다. 일제는 근대 만주 벼농사발달사 전 기간에 걸쳐 똑같은 내용과 방식으로 미곡생산을 적극적으로 추진하지는 않았다.

근대 만주 벼농사에서 일제의 이민침략정책과 식민지의 미곡수탈의 필요로 말미암아 수전면적이나 벼 생산량이 급증한 것도 사실이었다. 일제는 일본인의 기호에 맞는 쌀을 생산하기 위하여 일본품종을 보급시켰고 수리, 시비, 농기구도 개량하였다. 그러나 실제로 만주개발을 위한 것도 아니었고 조선인 이민의 생활안정을 위한 것도 아니었다. 누구를 위한 정책이고 무엇을 위한 정책인가를 파헤쳐 보면 그것의 본질이 드러난다. 일제는 한편으로 조선인에게 끊임없는 탄압을 가하면서도 다른 한편으로는 벼농사에 대한 개입을 통해 조선인 사회를 지배, 통제해 가는 수단으로 '보호'의 허울을 쓰고 조선인 이민에 대한 생활개선을 표방하였다. 만주 벼농사의 전반적인 발달사에서 일제는

始終 조선인을 이용하고 수탈하였다. 일제의 조선인 이용정책으로 재만 조선인의 벼농사는 불명예스럽게 된 측면이 있는 것도 부인할 수 없다.

만주사변 전 일본제국 내에서 만주 쌀은 조선, 대만의 그것만큼의 중요성을 가지고 있지 않았다. 일제는 한편으로 조선인에 대한 '보호'를 표방하면서 수전에 종사하는 일부 조선인에 한해 벼농사 영농자금을 대부해 주면서 조선인에 대한 통제강화와 만주토지침탈의 수단으로, 유사시의 쌀 대비책으로 이용하려 하였다. 벼농사 과정에서 물 분쟁이 일어나면 韓·中 두 민족 간에 이간을 붙이면서 침략에 유리한 여론으로 이용하였다. 萬寶山事件은 바로 이와 같은 일제의 대륙침략정책의 필요에서 조작된 사건이었다.

일제는 '만주국' 설립 후, 1940년대까지는 일본의 미가폭락을 초래할까봐 자급자족 수준에서 쌀 증산의 규모와 속도를 통제하였다. 그리고 급속한 쌀 증산을 억제하기 위해 쌀 생산의 주요 담당자인 조선인 이민의 이주에 대해서도 통제정책을 실행하였다. 심지어 일본인 농업이민에 대해서도 早期 정착성공을 보장하기 위해 수전 주체의 일본인 농업경영안을 설정하기는 하였지만 이민사업이 진척됨에 따라 점차 畑作 본위의 경영법으로 이행해 갔다. 1939년 6월 1일부터 실행한 ≪米穀管理法施行規則≫에서의 수전 조성에 대한 허가제한제도도 바로 이와 같은 맥락에서 이해해야 할 것이다.

1939년 조선의 대흉작을 계기로 일본제국 내의 미곡과잉기조는 완전히 파괴되었고 그 이전부터 행해져 온 전시미곡사정의 악화경향이 현실화됨으로써 戰時期 식량을 안정적으로 공급받아야만 하는 상황에 직면한 일본은 그 해결의 실마리를 만주에 두면서 종래의 쌀 과다 증산억제기조를 대규모 수전 확대를 통한 미곡생산확대정책으로 전환시키면서 쌀 증산에 열중하였다.

이와 같은 정책전환에 따라 '만주국'정부는 개척지 마련을 위해 토지에 대한 강제 수매를 감행하였고 1942년에는 未利用地가 아니더라도 군사상, 기타 특별히 필요할 경우에는 개척용지로 삼을 수 있다고 명확히 규정함으로써 일반 旣墾地에 대한 강권적 침탈경향에 한층 박차를 가하였다. 조선총독부는 지방 행정력을 동원해 '반강제적'으로 조선인 농민을 만주로 이주시켰고 조선인 개척민을 강제적으로 수전 개발에 혹사하였다.

1940년대에 들어서서 日滿政權이 대규모 수리사업을 행하며 쌀 증산을 기형적으로 급속히 추진하였지만 그 발전은 직접 생산자인 이주 조선인의 일방적 희생을 강요하는, 그들 생활의 빈곤을 초래케 하는 왜곡된 발전이었으며 대두, 소맥, 육도 등 다른 주요 농작물생산을 대폭 위축시키고 희생시키는 왜곡된 발전이었다. 그리고 이와 같은 쌀 생산량의 증가는 또한 단위당 수확량의 증가에 따른 생산량의 증가가 아닌, 수전 면적 증가폭에 크게 못미치는 생산량의 증가였다.

전쟁완수를 위한 물적, 인적 총동원시기에 일제는 강제적, 폭력적 방식을 동원하여 생산비보다 낮은 공출가격을 정해 쌀을 강제 공출시켜 최대의 수탈을 감행하였고 쌀의 배급판매제를 통해 소비를 최소화시키면서 전형적인 식민지 지배원리를 적용하였다. 일반 민중들에게 전시총동원시기는 실로 통제와 수탈로 일관된 수난의 시기였다.

대다수 이주 조선인 농민들은 나라 잃은 백성들로 전민족적 고통과 비애를 감지하면서 일본의 패전과 조선독립에 대한 간절한 바램을 갖고 쌀 증산에 관심 없이 오직 생존을 위한 자가용 식량의 확보에 몰두하였고 일제의 전쟁동원정책에 비협조적이었다.

일제는 '만주국' 마지막 몇년기간 동안에도 조선인에 대한 식량배급을 중국인과 좀 달리하거나 '황민화'운동을 일으켜 중국인과의 민족적 격리를 助長하였다. 실제로 이주 조선인은 아무런 혜택도 받지 못하였고 아무런 정치적 권리도 없이 여전히 최악의 생활을 하면서 광복을 맞이하였다. 그들의 빈궁한 생활현실은 일제가 주장하였던 '보호'의 허위성을 실천적으로 반증하였다. 중국인과 조선인 이민은 모두 일제의 침략과 통치를 받고 있는 어려운 생산,

생활과정에서 서로 동정하고 도우며 유대관계를 강화해 갔다.

금후의 연구에서는 자료연구의 기초 위에서 현지답사를 통한 실증연구를 하여 문헌자료가 미치지 못한 부분을 보완하면서 재만 조선인의 벼농사를 더 생동감 있게 그려낼 필요가 있다. 또한 만주 벼농사와 일제시대 이주 조선인의 민족독립운동과의 관계에 대한 연구, 벼농사 외의 다른 곡물의 생산과 연관시킨 종합적인 연구가 필요하다고 생각한다.

〈부록 · 1〉 1910-1942년 재만 조선인 인구 추이

연도	1910	1911	1912	1913	1914	1915	1916	1917
인구	202,070	205,517	238,403	252,118	271,388	282,070	328,238	337,461
연도	1918	1919	1920	1921	1922	1923	1924	1925
인구	361,772	431,198	459,427	488,656	515,865	528,027	531,857	531,973
연도	1926	1927	1928	1929	1930	1931	1932	1933
인구	542,185	558,280	577,052	597,676	607,119	630,982	596,573	676,794
연도	1935	1936	1937	1938	1939	1940	1941	1942
인구	826,570	925,531	931,620	1,056,308	1,162,127	1,309,053	1,442,428	1,511,570

출전; 金哲, 1965 ≪韓國の人口と經濟≫ 28쪽.

〈부록 · 2-a〉 만주 수전면적, 생산량, 단위당 수확량

년도	경작면적		생산량		헥타아르당수확량	
	수전(ha)	지수	수량(kt)	지수	수량(kg)	지수
1924년	56,858	100	93,670	100	1,647	100
1925년	93,097	164	192,277	205	2.065	125
1926년	110,803	195	180,380	193	1,628	99
1927년	125,817	221	147,720	156	1,175	71
1928년	82,000	144	149,720	160	1,826	111
1929년	88,280	155	136,820	146	1,550	94
1930년	98,140	173	154,350	165	1,573	96
1931년	81,800	144	158,640	169	1,939	118
1932년	62,980	111	109,790	117	1,743	106
1933년	79,360	140	166,010	177	2,092	127
1934년	101,780	179	213,333	228	2,096	127
1935년	135,975	339	307,174	328	2,259	137
1936년	173,951	301	437,960	468	2,518	153
1937년	199,689	351	521,560	557	2,612	159
1938년	254,780	448	599,678	640	2,355	143
1939년	285,438	501	695,585	742	2,437	148
1940년	339,494	596	589,052	629	1,735	105
1941년	363,649	640	723,725	772	1,990	121
1942년	317,969	559	532,402	568	1,674	102
1943년	△316,899 320,045	563	△648,806 651,632	696	△2,047 2,036	124
1944년	326,311	574	698,217	745	2,140	130

출전; ≪東北經濟小叢書 · 農産≫(生産篇) 93-95쪽에 의거해 작성; 1937년이전은 비록 흥안
성, 열하성의 생산량을 계산하지 않았지만 이 두 성의 수도생산량이 극히 적기 때문에 생
산추세를 고찰하는데 영향은 없다. △부호는 동북9성의 數値이다.

〈부록 · 2-b〉 만주 수전면적, 생산량, 단위당 수확량 추이

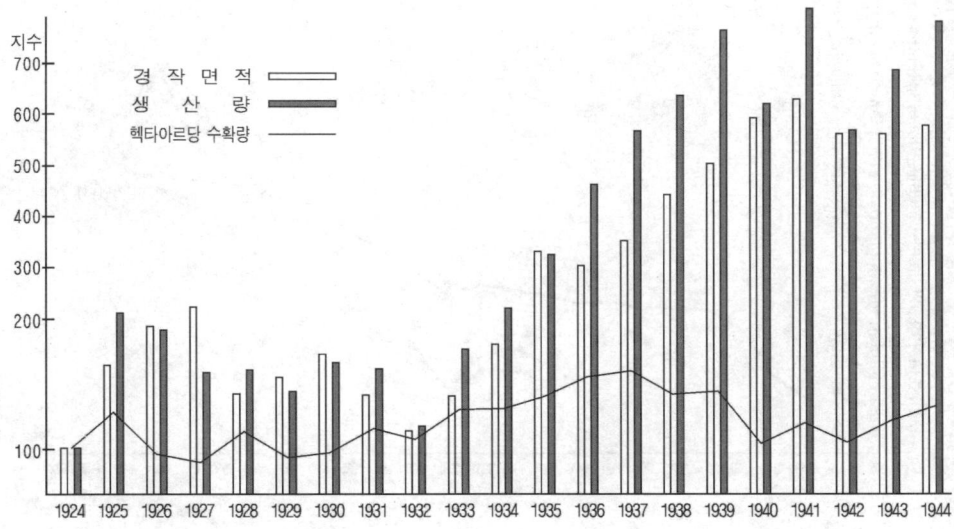

〈부록 · 3〉 만주 조선인 인구, 수전면적 및 수확량 추이 비교

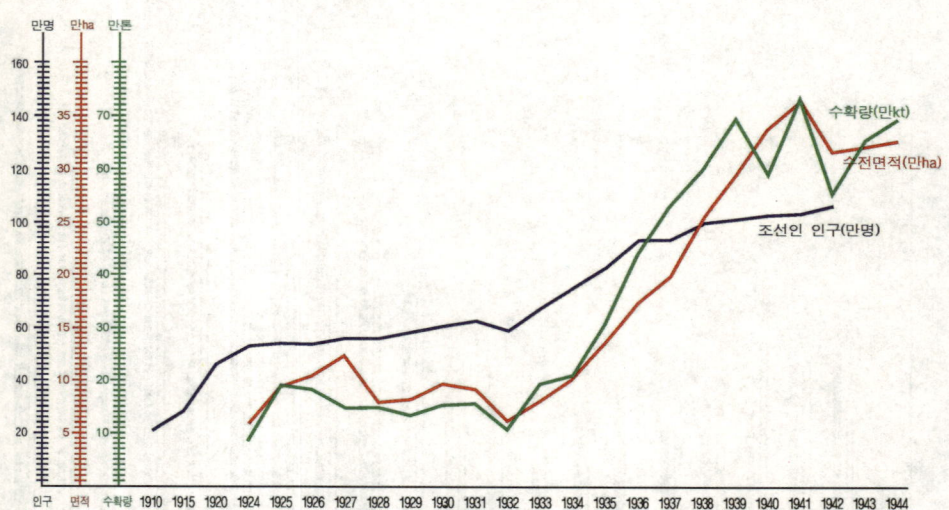

비고:조선인 인구는 金哲, 1965, ≪韓國の人口と經濟≫ 岩波書店 28쪽에 의거하여 작성.
　　　수선면적과 벼 수확량은 東北物資調節委員會, 1947 ≪東北經濟小叢書 農産(生産篇)≫ 93-95쪽에 의거하여 작성.

〈부록 · 4〉 만주의 도량형

1) 만주사변전 만주 각지의 면적:

(1) 봉천성의 면적단위:

1弓: 일본 약 7合4勺1才
1畝: 240弓, 일본 약 5畝27步
1天地(晌): 10畝, 일본 약 5反9畝9坪

(2) 길림성의 면적단위:

1弓: 일본 약 7合4勺
1畝: 360弓, 일본 약 8畝26坪
1晌: 10畝, 일본 약 8反8畝20坪

(3) 흑룡강성의 면적단위:

1弓: 일본 약 7合4勺
1畝: 288弓, 일본 약 7畝3坪
1晌: 2880弓, 일본 약 7反1畝4坪
1方: 45晌, 일본 약 32町1畝

2) 1934년 1월 25일 '만주국'의 도량형법 공포한 후:

度: 10무=1天地, 100무=1頃, 1分=1/10무, 1釐=1/100,
1町=0.166頃=0.9917公頃(陌, 헥타아르) 1맥=1만㎡
量: 1승=10合=100勺, 1斗=10승, 1石=100승
衡: 1근= 1000분, 1근=100전, 1근=10량, 1擔=100근, 1甋=1000斦,
1斦=2근=1.6666일본근

<부록 · 5> '만주국' 행정지도

蘇　聯

極東地方

東部西比利亞地方

蘇　聯

黑河

黑龍江

沿海州

興安北省

興安東省

北安省

三江省

東安省

蒙古

興安西省

龍江省

濱江

松江省

牡丹江省

間島省

吉林省

熱河省

興安南省

錦州省

奉天省

奉天

通化省

安東省

關東州

旅順　大連

東海

河北省

渤海

黃海

朝鮮

凡　例

	國　界
	省　界
	縣　界
	租借界
	鐵　道
	城　長
	國　都
	省公署
	縣公署

282　近代 滿洲 벼농사 발달과 移住 朝鮮人

참고문헌

1. 자료

1) 사료

中國遼寧省檔案館 소장 문서

奉天省長公署

<JC10-2227>, <JC10-2668>, <JC10-4525>, <JC10-4526>,
<JC10-4230>, <JC10-4532>, <JC4537>, <JC10-4539>,
<JC10-4540>, <JC10-7031>, <JC10-7563>, <JC10-7576>,
<JC10-7584>, <JC10-7585>, <JC10-2671>

開原縣公署 <3390>

中國吉林省檔案館 소장 문서

吉林省政府實業廳

<L12+L16 J11-02-0845>, <L11 L16 J111-02-0854>, <J101-07-1407>,
<L11 J111-02-0797>, <L121+L16 J111-02-0846>, <L121+L16 J111-02-0848>,

<L14 J111-02-0901 >, <L16-13 J111-02-0824>, <L16-34 J111-03-0745>,
<L16-3 J111-02-0868 >, <L16-34 J111-03-0741> <L16 J111-02-0904>,
<L16 J111-02-0905>, <H931 J111-01-1753 >, <L14 J111-02-08>

吉林省政府

<L121 J101-06-0286>, <L121 J101-12-0274>, <L121-13 0101-20-0627>,
<L121 J101-10-0430>, <L121 J101-16-0371>, <L14 J101-07-0287>,
<L14-34 J101-12-0414>, <L14 J101-16-0261>, <L16 C42 J101-17-0190>,
<C24 J101-06-1273>, <C435 J101-06-1241>, <L121 J101-12-0366>,
<H931 J101-09-1726>

中國延邊檔案館檔案文件

和龍縣公署

<39-3-585>, <39-3-671>, <39-3-672>, <39-3-661>

敦化縣政府

<51-3-543>

汪清縣公署

<32-7-542>

汪清縣政府實業科

<32-7-755>

遼寧省檔案館, 1990 ≪奉系軍閥檔案史料匯編≫ 卷1-9 江蘇古籍出版
　　　　　　社 香港地平線出版社
遼寧省檔案館, 吉林省檔案館, 中共吉林省委黨史研究室, 1990 ≪萬寶
　　　　　　山事件≫ 吉林人民出版社
≪清朝文獻通考≫ 卷1, 卷 19

≪盛京典制備考≫ 卷 8

≪諭折匯存≫

徐有榘, ≪林園十六志≫ 本利志1, 田制 沃田條

孫　成, ≪盛京通志≫

吳廷燮, ≪奉天通志≫

徐世昌, ≪東三省政略≫

徐　曦, ≪東三省紀略≫ 邊塞紀略下 1915

吳碌貞, ≪延吉邊務報告≫

沈如秋, ≪延邊調査實錄≫

魏聲禾, ≪吉林地志≫

≪奉天地誌≫, ≪海城縣志≫, ≪寧安縣志≫, ≪岫岩縣志≫, ≪梨樹縣志≫,
≪東北年鑑≫ 1931 東北文化社刊

顧維鈞, 1932. 6. 8 ≪關于朝鮮人在東北各省之地位之說帖≫

中央硏究院近代史硏究所편, 1972 ≪淸季中日韓關係史料≫ 1-11 臺北
　　　　　泰東文化社

趙中孚, 張存武, 1987 ≪近代中韓關係資料叢編≫ 臺北, 中央硏究院近
　　　　　代史硏究所

李樹田, 1989 ≪吉林農業檔卷≫

東北財經委員會調査統計處, 1991 ≪舊滿洲經濟統計資料≫(1931-1945)

遼寧省檔案館, 1991 ≪'9.18'事變檔案史料精編≫ 遼寧大學出版社

楊昭全, 李鐵環, 1992 ≪東北地區朝鮮人革命鬪爭資料匯編≫ 上·下
　　　　　遼寧民族出版社

최종범, ≪江北日記, 江左興地記, 俄國興地圖≫(1994) 한국정신문화원

추헌수 편, 1971 ≪資料 韓國獨立運動≫ 4 연세대출판부

이상룡, 1973≪石洲遺稿≫ 고려대영인총서 제1집 瑩雪出版社

韓詩俊 외편, 1998 ≪중국내한국근현대관계자료≫ 국사편찬위원회

≪日本外務省 및 陸海軍省文書≫ 2268 外務省警察史 在滿大使館

  MF 002000 SP. 267 ≪最近支那關係諸問題摘要≫

  MF 002008 SP 156 ＜日本ノ對滿洲政策ニ關スル閣議決定案＞

日本外交史料館資料, ≪滿蒙各地ニ於ケル朝鮮人ノ農業關係雜件(1-7卷)≫

    ＜遼寧省政府ノ移住鮮人退去命令＞ 1927年

    ＜修正東邊各縣鮮人小作章程＞ 1928年 8月 30日

    ＜水田耕作韓僑取締ニ關スル支那側訓令ノ件＞

    ＜韓僑雇傭錢徵收ニ關スル件＞ 1931年 3月 13日

    ＜中國側ノ鮮農ニ對スル小作法制定ニ關スル件＞ 1931年 10月 5日

    ＜寬甸當局ノ鮮農ニ對スル水利稅强徵ニ關スル件＞ 1933年 4月 22日

    ＜水田賃貸契約＞ 1934年 3月 1日 在奉天日本總領事館

    ＜興安總省訓令＞ 第126號 1934年

    ＜鮮農産米ニ對スル地方稅免除方ニ關スル件＞ 1934年 10月 30日

    ＜朝鮮人ニ對スル小作辦法草案＞ 吉林省公署 民政廳 土地科

    ＜孫家屯水田實施計劃書＞ 1935年 5月 9日

    ＜日滿人關係農事輔導要綱＞

    ＜奉天省日滿關係農事輔導委員會章程＞1935年 11月

    ＜營口農村生産糧ノ取扱竝共同販賣規約＞ 1935年 11月

    ＜營口農村稻刈取脫穀規約＞

日本外務省편, 1965 ≪日本外務年表竝主要文書≫ 上, 下 原書房

金正明, 1968 ≪朝鮮獨立運動≫ 1-5卷 原書房

金正柱, 1971 ≪朝鮮統治史料≫ 10卷 韓國史料研究所

梶村秀樹, 姜德相, 1972 ≪現代史資料≫ 25卷 みすず書房

朝鮮總督府時代關係資料, ≪齊藤實文書≫ 고려서림 영인본 1990

日本外務省, ≪特殊調査文書≫ (일제의 한국침략사료집) 31〜36卷 高麗書林 1990

亞細亞局第2課, ≪間島關係(開放及調査)≫(1931) 1・2 고려서림 영인본 1990

船橋治, 1999 ≪滿洲移民關係資料集成≫ 1-40卷 不二出版社

2) 조사보고서

日本農商務省, 1906 ≪韓國土地農產調査報告≫(京畿道, 忠淸道, 江原道) 以文社

滿鐵地方部地方科, 1914 ≪南滿洲米作槪況≫

東洋拓植株式會社, 1918 ≪間島事情≫ 京城

朝鮮銀行調査部, 1920 ≪鴨綠江江岸地方經濟狀況調査報告≫

滿鐵地方部勸業科, 1921 ≪滿洲ノ水田≫

在哈爾賓 日本總領事館, 1922. 5 ≪北滿在住朝鮮人の狀況≫

在外朝鮮人事情硏究會, 1922 ≪南滿及東蒙朝鮮人事情-附, 水田事業の現狀≫

朝鮮總督府內務局社會課, 1923 ≪滿洲及西北利亞地方に於ける朝鮮人事情≫ 京城

朝鮮總督府, <在外鮮人關係> ≪朝鮮統治史料≫ 第10卷

滿鐵庶務部調査課, 1923 ≪滿蒙全書≫ 3卷

吉林省政府實業廳, 1923 ≪1922年中ノ北滿朝鮮人≫

在外朝鮮人事情臨時增大號, 1923 ≪南滿及間琿朝鮮人事情-附水田事業の現狀≫

朝鮮總督府, 1923 ≪在滿洲朝鮮關係領事館打合會報告≫ 大和商會印刷所

東亞勸業株式會社, 1924 ≪奉天附近に於ける朝鮮人農家の小作慣習
　　　　　　に就て≫

東亞勸業株式會社, ≪南滿洲に於ける土地商租問題≫

滿鐵調查部, ≪滿洲移民槪況≫ 産業調査資料 52編

滿鐵調查部, ≪滿洲農業移民槪說≫

朝鮮總督府警務局, 1925 ≪朝鮮警察之槪要≫

滿鐵興業部農務課, 1926 ≪滿洲ノ水田≫

滿鐵庶務部調査課, 1926 ≪滿洲水田の話≫ 日淸印刷所

東亞勸業株式會社, 1926 ≪南滿洲に於ける土地商租問題≫

在間島末松警視 1926. 3 ＜朝鮮人ノ間島・琿春同接壤地方移住ニ關
　　　　　　スル調査＞ 金正柱, 1971 ≪朝鮮統治史料≫ 10

滿鐵庶務部調査課, 1927 ≪在滿朝鮮人の現況≫

東亞經濟調査局, 1927 ≪本邦食量問題ト滿洲≫ 經濟資料 13卷 第10號

南滿洲鐵道株式會社庶務部調査科, 1927 ≪滿洲農業の特質と日滿農
　　　　　　業比較研究≫

東亞經濟調査局, 1928 ≪東部吉林省經濟事情≫ 經濟資料 14卷 2號
　　　　　　東京堂書店

滿鐵庶務部調査科, 1929 ≪支那官憲の在滿鮮人壓迫問題≫

朝鮮總督府警務局, 1930 ≪在滿鮮人ト支那官憲≫ 行政學會印刷所

≪北滿鮮人農村槪況≫ 1930 ≪パンフレット≫ 第142號

東亞勸業株式會社, 1931 11 ＜朝鮮人移民の金融狀況＞ ≪滿洲移民
　　　　　　關係資料集成≫ 第16卷

滿鐵太平洋問題調査準備會, 1931 ≪東北官憲所發排日法令輯≫

滿洲同胞問題協議會編 1931, 12 ≪滿洲同胞狀況調査報告≫ 第1輯

東亞勸業株式會社, 1933 ≪東亞勸業株式會社拾年史≫

吉林省公署實業廳, 1933 ≪吉林省に於ける鮮農の水田事業に就いて≫

民政部總務司調查科, 1933 ≪在滿朝鮮人事情≫ 川口印刷所新京工場

滿鐵經濟調查會, 1934 ≪遼河流域に於ける水田經營案≫ (其ノ三)

關東軍, ≪1934年度 12月 北滿に於ける水田經營案≫ 參考案

滿洲國協和會奉天地方事務局, 1934 ≪奉天省に於ける水利組合に就て≫

開原驛, 1934 ≪開原縣下に於けゐ朝鮮人狀況調查≫

滿鐵吉林事務所, 1935 9 ≪土地貸借關係上より觀たる鮮滿人相互關
　　　　　係に就て≫

朝鮮總督府, 1935 ≪施政二十五年史≫ 朝鮮總督府 京城

在滿日本大使館, 1935 ≪在滿朝鮮人槪況≫

吉林省公署民政廳土地科, 1935 ≪鮮農小作問題に就て≫

東亞勸業株式會社, 1935 ≪營口 河東 鐵嶺 綏化 三源浦 朝鮮人安全農
　　　　　村建設經過竝現狀≫

朝鮮總督府, 1935 ≪朝鮮人移民問題重大性≫

東亞局, 1936, 1938 ≪外務省執務報告≫ 第2卷, 第6卷 クリス出版

滿鐵臨時經濟調查委員會, 1936 ≪吉林省に於ける土地管理に關する
　　　　　法律≫

營口驛貨物調查係, 1937 ≪遼河流域(領事館營口警察署管內)に於け
　　　　　る朝鮮人一般槪況≫

吉林鐵路局配車科, 1937 ≪吉局管內に於ける稻作事情と米の出廻狀況≫

滿鐵產業部, ≪滿洲經濟年報≫ 1937, 1938, 1941, 1942 改造社

滿洲國軍事顧問部, 1937 ≪滿洲共產匪の硏究≫ 第1輯 極東硏究所出
　　　　　版會

滿鐵產業部農林科 拓植系, 1937 ≪朝鮮人農業自由移民取扱規程≫

滿洲拓植公社, ≪第84回 帝國議會說明資料≫

滿鐵北滿經濟調查所, 1938 ≪作物分布より見たる滿洲農業地域圖≫

滿洲拓植公社 東京支社, 1939 ≪滿洲開拓政策に關する內地側會議要錄≫

商工公會, 1939 ≪營口產米事情≫

奉天商工公會, 1940 ≪奉天經濟三十年史≫

滿洲事情案內所, 1940 ≪滿洲の土地事情≫

朝鮮總督府農林局, 1940 ≪朝鮮米穀要覽≫

滿洲糧穀株式會社, 1940 ≪滿洲糧穀要覽≫ 滿洲糧穀株式會社

日滿農政研究會 新京事務局, 1940 ≪滿洲農業要覽≫ 日滿農政研究
　　　　　會 新京事務局

高見成, 1941 ≪鮮滿拓植株式會社, 滿鮮拓植株式會社 五年史≫

興農部農產司, 1941 ＜1940年度第1回全國小麥水稻多收穫耕作會報
　　　　　告書＞

朝鮮總督府, 1941 ≪朝鮮施政三十年史≫

滿鐵調查部, 1941 ≪在滿鮮農ノ移住入植過程ト水田經營形態≫

滿鐵調查部, 1942 ≪北滿に於ける雇農の研究≫ 東京博文館

滿鐵新京支社, 1942 ≪滿洲に於ける水稻作の研究≫ 滿洲農學會刊

滿洲農產公社總務部調查科, 1942 ≪滿洲水稻生產に於ける灌漑と技
　　　　　術-五常縣 安家及山河實態調查報告書≫

滿鐵北滿經濟調查, 1942 ≪北滿水稻作經營改善ニ關スル資料≫

日滿農政研究會新京事務所, 1943 ≪滿洲に於ける水稻施肥に關する
　　　　　研究≫

滿洲農產公社總務部調查科, 1943 ≪滿洲に於ける米穀經濟の發展過程≫

日滿農政研究會新京事務所, 1943 ≪滿洲に於ける水稻品種育成增殖
　　　　　竝に普及に關する研究≫

滿洲帝國協和會中央本部調查部, 1943 ≪國內に於ける鮮系國民實態≫

滿洲工商公會中央會, 1944 ≪滿洲國產業經濟關係要綱集≫ 第1輯 新
　　　　京 公大印刷所

<間島小作法改正> 1932 ≪滿鐵調查月報≫ 第12卷, 第4號

<鮮農の農務楔組織> 1932 ≪滿鐵調查月報≫ 제12卷 제6號

<奉天省の土地制度と地稅制度> 1932 ≪滿鐵調查月報≫ 第12卷 第6號

野間淸, 1932 <奉天省租稅制度> ≪滿鐵調查月報≫ 제12卷 제9號

滿鐵經濟調查會, 1932 <奉天省の土地制度と地稅制度> ≪滿鐵調查
　　　　月報≫ 제12卷 제9號

天野元之助, <滿洲に於ける小作樣式と其の性質> ≪滿鐵調查月
　　　　報≫ 第12卷 第11號

<朝鮮人安全農村に就いて> ≪滿鐵調查月報≫ 1934年 5月號

長谷部照正, 1935 8 <滿洲國成立後に於ける商租權> ≪滿鐵調查月
　　　　報≫ 第15卷 第8號

中谷忠治, <間島に於ける農業機構の槪要> ≪滿鐵調查月報≫ 第15
　　　　卷 第12號

廣瀨進, 1936 <在滿鮮農の社會的諸條件> ≪滿鐵調查月報≫ 第16
　　　　卷 第8號

廣瀨進, 1936 <間島及東邊道地方に於ける鮮農の特殊性> 第16卷
　　　　第9號

奧田享, 工藤要, 1941 <滿洲水稻作の社會的諸條件> ≪滿鐵調查月
　　　　報≫ 第21卷 第12號 12月號

奧田享, 工藤要, <滿洲に於ける水稻作耕種技術の現狀> ≪滿鐵調
　　　　查月報≫ 第22卷 第1號

萩原昌彥, 1933 <滿洲の水稻に就いて>(1-6) ≪全滿朝鮮人聯合會會

報≫ 第5-9號 奉天印刷所

_____, 1935 ＜朝鮮米と滿洲＞ ≪全滿朝鮮人民會聯合會會報≫
第33號

3) 잡지, 신문

잡지: ≪朝鮮總督府月報≫, ≪滿鐵調査月報≫, ≪農業の滿洲≫, ≪農
業經濟研究≫, ≪全滿朝鮮人聯合會會報≫, ≪上海時報≫, ≪滿
蒙之文化≫, ≪在滿韓人研究≫, ≪朝鮮農會報≫, ≪滿洲特產月
報≫, ≪調査時報≫, ≪內外經濟情報≫, ≪滿蒙≫, ≪農事試驗場
研究時報≫, ≪論叢≫, ≪日滿經濟≫, ≪農林公報≫, ≪奉天農事
合作月刊≫, ≪朝鮮農會報≫, ≪吉林農報≫, ≪吉林公報≫, ≪墾
務公報≫, ≪東北新建設≫, ≪中央研究院近代史研究所集刊≫,
≪滿洲評論≫, ≪農林公報≫, ≪滿蒙年鑑≫, ≪滿洲經濟研究年
報≫, ≪東北新建設≫, ≪朝鮮總督府施政年報≫, ≪朝鮮≫, ≪三
田學會雜誌≫, ≪史學雜誌≫, ≪朝鮮總督府施政年報≫, ≪滿洲
年鑑≫, ≪滿洲開拓年鑑≫, ≪拓務時報≫, ≪經濟滿洲≫, ≪한국
민족운동사연구≫

신문: ≪上海時報≫, ≪盛京時報≫, ≪東亞日報≫, ≪朝鮮日報≫, ≪滿
日新聞≫, ≪間島日報≫, ≪滿鮮日報≫, ≪매일신보≫, ≪흑룡강
신문≫, ≪吉林農報≫, ≪營商日報≫, ≪吉長日報≫, ≪龍沙新
報≫, ≪滿洲日日新聞≫, ≪滿洲新報≫

2. 저서

1) 한국측 저서

李勳求, 1932 ≪만주와 조선인≫ 평양숭실전문학교경제연구실

이춘녕, 1964 ≪이조농업기술사≫ 한국연구원

이광린, 1964 ≪이조수리사연구≫ 한국연구원

현규환, 1967 ≪韓國流移民史≫ 語文閣

고승제, 1973 ≪한국이민사연구≫ 장문각

박영석, 1978 ≪萬寶山事件研究≫ 아시아문화사

_____, 1984 ≪일제하 독립운동사연구≫ 일조각

_____, 1988 ≪在滿韓人 獨立運動史研究≫ 일조각

_____, 1986 ≪리턴보고서≫ 번역본, 탐구당

이태진, 1986 ≪한국사회사연구- 농업기술발달과 사회변동≫ 지식산업사

서굉일, 동엄 1993 ≪間島史新論≫ 우리들의 편지사

김용섭, 1995 ≪증보판 조선후기농업사연구≫ (Ⅱ) 일조각

주봉규, 1995 ≪일제하 농업경제사≫ 서울대학교출판부

李榮薰, 張矢遠, 宮嶋博史, 松本武祝, 1996 ≪近代朝鮮水利組合研究≫
        일조각

李景植, 1998 ≪朝鮮前期土地制度研究≫ Ⅱ 지식산업사

安承模, 1999 ≪아시아 재배벼의 起源과 分化≫ 文研文化社

2) 중국측 저서

熊希齡, 1913 ≪東三省移民開墾意見書≫

黃越川, 1930 ≪東三省水田誌≫ 上海美成印刷所

連濬造, 1931 ≪東三省經濟實況攬要≫ 傳記文學出版社

吉林省公署總務廳調查科, 1934 ≪吉林省各縣略誌≫

吳希庸, 1941 ≪近代東北移民史略≫

中央設計局東北調查委員會, 1945 ≪東北水利概況≫

東北物資調節委員會, 東北經濟小叢書 1947 ≪農田水利≫

東北經濟小叢書 1947 ≪農產≫(生產篇), ≪農產≫(流通篇)

東北人民政府農業部水利總局, 1952 ≪東北四大灌區介紹≫

≪國聯調查團報告書評議≫ 年度不詳

章有義, 1958 ≪中國近代農業史資料≫, 北京 三聯書店

延邊大學歷史學部, 1962 ≪朝鮮族簡史≫ 延邊人民出版社

姜念東외, 1980 ≪僞滿洲國史≫ 吉林人民出版社

玄龍順, 1982 ≪朝鮮族百年史話≫

王魁喜외, 1984 ≪近代東北史≫

陳祖槼, 1985 ≪中國農業遺產選集≫ 稻(上編)

孔經緯, 1986 ≪東北經濟史≫ 成都 四川人民出版社

朴京洙, 1987 ≪연변농업경제사≫ 연변인민출판사

徐基述, 徐明勛편, 1988 ≪黑龍江朝鮮民族≫ 黑龍江朝鮮民族出版社

遼寧省, 1988 ≪中國考古學年鑑≫

華中師範大學, 1989 ≪吳祿貞集≫

沈陽市民委民族誌編纂辦公室, 1989 ≪沈陽朝鮮族志≫ 遼寧民族出版社

≪中國水利史稿≫1989 下册

蘇崇民, 1990 ≪滿鐵史≫ 中華書局

滿洲國史編纂刊行會, 1990 ≪滿洲國史≫ 上, 下 東北師範大學出版社

烏廷玉 張云樵 張占斌, 1990 ≪東北土地關係史硏究≫

李樹田, 1991 ≪中國東北通史≫ 吉林文史出版社

應存山, 1993 ≪中國稻種資源≫

游修齡, 1995 ≪中國稻作史≫ 中國農業出版社

朴昌昱, 1995 ≪中國朝鮮族歷史硏究≫ 延邊大學出版社

衣保中, 1993 ≪中國東北農業史≫ 吉林文史出版社

_____, 2000 ≪朝鮮移民与東北地區水田開發≫ 長春出版社

孫春日, 1999 ≪'滿洲國'의 在滿韓人에 대한 土地政策 硏究≫ 백산자료원

姜龍範, 2000 ≪近代中朝日三國對間島朝鮮人的政策硏究≫ 黑龍江朝
　　　　　鮮民族出版社

沈陽市人民政府地方志辦公室, 1998 ≪沈陽市志≫ 遼寧民族出版社

黑龍江省檔案館, ≪日本向中國東北移民≫

東北財經委員會調查統計處 ≪舊滿洲經濟統計資料≫ (1931-1945)

3) 일본측 저서

上塚司, 1914 ≪間島に於ける水稻≫ 大連 小林又七支店

細井肇, 1921 ≪鮮滿の經營≫ 自由討究社

崗川榮藏, 1923 ≪滿洲米作論≫ 大阪屋號書店

伊藤榮之祐, 1924 ≪滿洲に於ける水稻栽培≫

矢內原忠雄, 1926 ≪植民及植民政策≫ 有斐閣

尾池禹一郎, 1927 ≪滿蒙の米作と移住鮮農問題≫ 東洋協會

武田總七郎, 1927 ≪實驗稻作新說≫ 東京 明文堂

高橋岭泉, 1927 ≪滿鐵地方行政史≫

佐田弘治郎, 1927 ≪商品としての滿洲米≫ 滿鐵庶務部調査課

萩原昌彦, 1930 ≪滿洲乃米・組合三年誌≫

澤村東平, 1930 ≪朝鮮農業の勞力組成≫

金三民, 1931 ≪在滿朝鮮人の窮狀と其の解決策≫ 新大陸社

伊藤榮之祐, 1931 ≪滿洲ニ於ケル水稻栽培≫ 滿鐵農事試驗場

千葉豊治, 1932 ≪滿洲移植民論≫

村本實藏, 1932 ≪滿蒙の開發と日本≫

矢內原忠雄, 1934 ≪滿洲問題≫ 岩波書店

金曉星, 1934 ≪滿蒙の朝鮮人≫ 京城 無得莊

木下通敏, 1934 ≪滿洲に於けゐ農業經營の實際と移民問題≫ 東京

鈴木小兵衛, 1936 ≪滿洲の農業機構≫ 白楊社

東畑精, 大川一司, 1939 <朝鮮米穀經濟論> ≪米穀經濟の研究≫(1)

橫山敏男, 1941 ≪滿洲ニ於ケル水田事業ニ就テ≫ 滿洲糧穀株式會社

野村佐太男編, 1941 ≪開拓關係問題(一)≫

近藤康南, 1942 ≪滿洲農業經濟論≫ 日本評論社

安田泰次郎, 1942 ≪滿洲開拓民農業經營と農家生活≫ 大同印書館

橫山敏南, 1943 ≪滿洲國農業政策≫ 東京 東海堂

板谷英生, 1943 ≪滿洲農村記≫(鮮農編) 大同印書館

滿田隆一, 1944 ≪滿洲農業研究三十年≫

永友繁雄, 1944 <滿洲の農業經營と開拓農業> 滿洲移住協會

伊藤榮之祐, 1944 ≪滿洲ニ於ケル水稻ノ乾田直播栽培≫ 滿洲拓植公社

金熙泰, 1948 ≪朝鮮米作研究≫

久間健一, 1950 ≪朝鮮農業經營地帶の研究≫ 農林省農業總合研究所

歷史研究會, 1953 ≪太平洋戰爭史≫(1) 東洋經濟新報社

小早川九郎, 1960 ≪補訂 朝鮮農業發達史≫(資料編) 友邦協會

金哲, 1965 ≪韓國の人口と經濟≫ 岩波書店

滿洲開發40年史刊行會, 1965 ≪滿洲開發四十年史≫(上卷) 滿洲開發
　　　　四十年史刊行會

淺田喬二, 1968 ≪日本帝國主義と舊植民地地主制≫ 東京 龍溪史學

滿洲史研究會, 1972 ≪日本帝國主義下の滿洲-'滿洲國'成立前後の經
　　　　濟研究≫

淺田喬二, 1973 ≪日本帝國主義下の民族革命運動≫ 東京 未來社

淺田喬二, 小林英夫 1986 ≪日本帝國主義の滿洲支配-15年戰爭期を
　　　　中心に≫ 東京 時潮社

農林省熱帶農業研究センタ-, 1976 ≪舊朝鮮に於ける日本の農業試
　　　　驗研究の成果≫ 農林統計協會

滿洲移民史研究會, 1976 ≪日本帝國主義下の滿洲移民≫ 東京 龍溪
　　　　書舍

山田昭次, 1978 ≪近代民衆の記錄 6≫ 滿洲移民≫ 新人物往來社

西村成雄, 1984 ≪中國近代東北地域史研究≫ 法律出版社

極秘 大藏省管理局, 1985 ≪日本人の海外活動に關する歷史的調査≫
　　　　通卷 第22冊 23卷, 25卷 滿洲編 영인본 고려서림 1985

河合和男, 1986 ≪朝鮮における產米增殖計劃≫

印貞植, 1992 ≪朝鮮農村再編成ノ研究≫ 印貞植全集 第3卷 한올아카데미

金靜美, 1992 ≪中國東北部における抗日朝鮮・中國民衆史序說≫ 東
　　　　京 現代企劃室

塚瀨進, 1993 ≪中國近代東北經濟史研究≫ 東方書店

鶴嶋雪嶺, 1997 ≪中國朝鮮族の研究≫ 關西大學出版部

陳野守正, 1998 ≪歷史からかくされた朝鮮人滿洲開拓團と義勇軍≫

3. 논문

1) 한국측 논문

고승제, 1968 ＜간도이민사의 사회경제적분석＞ ≪백산학보≫ 5 백산학회

오세창, 1970 ＜재만한인의 사회적 실태＞ ≪백산학보≫ 9

_____, 1979 ＜재만조선인민회연구＞ ≪백산학보≫ 25

이성재, 1974 ＜한국이주민과 동북관헌＞ ≪건국대학교 논문집≫ 창간호

박영석, 1984 ≪일제하독립운동사연구-만주노령지역을 중심으로≫일조각

_____, 1995 ＜일본제국주의하 재만한인의 법적 지위에 관한 제문제＞ ≪한국민족운동사연구≫ 11

_____, 1995 ＜장학량 중국동북군벌정권의 대한인정책: 특히 길림성을 중심으로＞ ≪오세창교수화갑기념한국근현대사논총≫

이태진, 1984 ＜세종대의 농업기술정책＞ ≪世宗朝文化硏究≫ 2

조규영, 1984 ＜한인의 만주이주에 관한 연구-1910년대를 중심으로＞ 한양대학교석사논문

이형찬, 1988 ＜1920-1930년대 한국인의 만주이민연구＞ 서울대학교 사회대석사학위논문

홍종필, 1990 ＜만주 조선인 이민 수전개척소고-1920년대 만주조선인이민사 이해를 위하여＞ ≪명지사론≫ 3

_____, 1992 ＜만주길림지방 조선인이민의 경제상황에 대하여＞-1920년초기를 중심으로 ≪백산학보≫ 39

_____, 1992 ＜1920년대 재만조선인의 정착상의 문제에 대하여-상조권, 귀

화, 소작관습을 중심으로> 춘전이태영교수화갑기념논총 ≪전환기
의 동서사학≫

_____, 1993 <재만조선인이민의 분포상황과 생업: 1910-1930년을 중심으
로> ≪백산학보≫ 41

_____, 1993 <만주(중국동북지방)조선인이민의 전개과정소고> ≪명지사
론≫ 5

_____, 1997 <일제의 재만조선인 통제를 위한 철령안전농촌에 대하여>
≪명지사론≫ 9

이숭겸, 1991 ≪주요 고문서에서 본 조선시대도작기술에 관한 고찰≫ 서울대
학교 농학과 박사학위논문

윤병석, 1992 <한인조선족의 간도개척과 민족운동> ≪김창수교수화갑논
문집≫

윤휘탁, 1992 <1920-1930년대 만주 중부지역의 농촌사회구조: 간도지방의 조
선인 농민을 중심으로> ≪박영석교수화갑기념 한국사학논총≫하

_____, 1996 ≪일제하'만주국'연구-항일무장투쟁과 치안숙정공작≫ 일조각

김기훈, 1993 <滿洲國시대 일제의 대만 조선인농업이민정책사연구> ≪學
藝誌≫ 3

권혁수, 1993 <1920-30년대의 동북지방 조선족 농민의 경제상황에 관하
여> ≪명지사논≫ 5

임영서, 1993 여름 <1910-20년대 간도한인에 대한 중국의 정책과 민회>
≪한국학보≫ 73호

_____, 1994 <관동군의 입만 조선인 '방임'정책 형성과정> ≪육사
논문집≫ 46

전강수, 1993년 <식민지 조선의 미곡정책에 관한 연구> 서울대학교 박사학
위논문

權赫秀, 1993 <1920-30년대의 동북지방 조선족농민의 경제상황에 관하
　　　여> 《明知史論》 5

김승일, 1993 <동북항일근거지의 사회경제적 기초> 《汕耕史學》 7

권태억, 1994 <통감부 설치기 일제의 조선 근대화론> 《國史館論叢》 53

_____, 2000 <근대화·동화·식민지유산> 《韓國史研究》 108

전해종, 1994 <延邊 韓族의 定着過程과 初期韓人社會-19세기말에서
　　　1920년대초까지의 이민과 농업경영> 《東亞研究》 28

정연태, 1994 <일제의 한국 농지정책> 서울대 박사학위논문

권석봉, 1995 <청말 간도지방의 월간한민책 연구> 상, 하 《인문학연구》
　　　23, 24 중앙대학교 인문과학연구소

유원숙, 1995 <1930년대 일제의 조선인 만주 이민정책연구> 《부산사
　　　학》 19

황민호, 1995 <1920년대 후반 재만한인에 대한 중국당국의 정책과 한인사
　　　회의 대응> 《한국사연구》 90

김주용, 1996 <1910년대 북간도 한인의 법적지위: 토지소유권과 재판권을
　　　중심으로> 《동국사학》 30

_____, 2000 <일제의 대간도금융정책과 한인의 저항운동연구- 1910-1920
　　　년대를 중심으로> 동국대학교 박사학위논문

閔斗基, 1999 <萬寶山事件(1931)과 韓國言論의 對應> 《東洋史學研
　　　究》 65

2) 중국측 논문

박창욱, 1963 <試論日本帝國主義在東北植民統治時期對朝鮮族農民
　　　所實行的 ‘自作農創定’計劃> 《延邊大學學報》 1

_____, 1991 <조선족의 중국이주사연구> 《역사비평》 겨울호

趙中孚, 1974 ＜近代東三省移民問題之研究＞ ≪中央研究院近代史研究所集刊≫ 4

_____, 1976 ＜淸末東三省政制的背景＞ ≪中央研究院近代史研究所集刊≫ 5

黃今福, 1987 ＜淺談近代延邊地區的水田開發＞ ≪中國朝鮮族歷史研究論叢≫1

權寧朝, 1989 ＜黑龍江省近代水田的發展與朝鮮民族＞ ≪中國東北地區經濟史專題國際學術會議文集≫

_____, 1992 ＜조선민족의 이주와 중국동북일대 근대 벼농사의 개척＞ ≪재외한인연구≫ 2

권 립, 1990 ＜광복이전 중국거주 한민족의 법적지위에 대하여＞ ≪汕耘史學≫ 4 汕耘學術文化財團

_____, 1992 ＜만주'근대수전'의 개발과 우리민족＞ ≪김창수교수화갑기념논총≫

유병호, 1991 ＜일제의 조선인이민정책에 대한 연구＞ ≪한국학연구≫ 5

_____, 2001 ＜재만한인의 국적문제 연구＞(1881-1911) 중앙대학교 박사학위논문

김춘선, 1998 ＜'북간도'한인사회형성연구＞ 국민대학교 박사학위논문

김태국, 2001 ＜만주지역 '조선인 민회'연구＞ 국민대학교 박사학위논문

3) 일본측 논문

中村彥, 1914 ＜南滿洲の水稻作に就て＞ ≪朝鮮總督府月報≫ 第4卷 第3號

中村松次郎, 1915 ＜平北地方水稻直播의 得失及多栽培法에 대ᄒ야＞ ≪朝鮮農會報≫

石津半治, 1921 ＜滿洲に於ける水田の現狀＞ ≪滿蒙之文化≫ 第16
　　　　册 12月

田中誠之助, 1922 ＜滿蒙に於ける朝鮮人＞ ≪南滿及東蒙朝鮮人事情≫
　　　　附 水田事業の現狀

千葉豊治, 1922 ＜滿蒙在住朝鮮人と水田事業＞ ≪南滿及東滿朝鮮人
　　　　事情≫ 附, 水田事業の現狀

吳宗燮, 1926　＜滿洲の水田と朝鮮人＞ ≪朝鮮≫ 138號

黑澤謙吾, 1927 ＜滿洲稻作界の槪況＞ ≪農業の滿洲≫ 第1卷 創刊號

＿＿＿＿＿, 1927 ＜滿洲 各 地方ノ水稻品種＞ ≪農業の滿洲≫

＿＿＿＿＿, 1932 ＜滿洲ノ水田事業＞ ≪農業の滿洲≫ 第4卷 第1號

李琴堂, 1929 ＜北滿水田事業之近狀＞ ≪東北新建設≫

双慶生, 1929 ＜水田の愛川村＞ ≪農業の滿洲≫ 第1卷 第9號

靜兼武夫, 1931 ＜滿洲に適する水稻の品種に就いて＞ ≪農業の滿洲≫
　　　　第3卷 第4號

全滿米穀檢査場長 萩原昌彥, 1931 ＜滿洲米の米格觀＞ ≪農業の滿
　　　　洲≫ 第3卷 第10號

千葉豊治, 1932 ＜日本の食糧問題と滿蒙の農業＞ ≪農業の滿洲≫
　　　　第4卷, 第1號

萩原昌彥, 1932 ＜滿洲水田の將來＞ ≪農業の滿洲≫第4卷 第4號 29쪽

鎌田澤一郎, 1935년 2월 ＜朝鮮人移民問題の重大性＞ 朝鮮總督府,≪
　　　　朝鮮≫ 237號

善生永助, 1937　＜滿鮮人雜居地帶の村落調査-吉林省永吉縣大屯部
　　　　落の一例＞,≪滿鐵調査月報≫ 第17卷 第5號

小島淸重郎, 1937 ＜滿洲に於ける稻作の現在と將來＞ ≪農業の滿洲≫
　　　　第9卷 第3號

米穀檢查場, 1938 ＜滿洲産米之特徵與其鑑別＞ ≪奉天農事合作月刊≫
　　　　第2卷　第4號

＜米穀管理制度と　滿洲國米穀政策論＞　1938 ≪經濟滿洲≫　第77號

＜滿洲國米穀管理法＞ 1938 ≪農業の滿洲≫　第10卷　第11號　滿洲農
　　　　業團體中央會

高見成, 1938 ＜滿洲國の産業開發と鮮農＞ ≪滿洲評論≫ 第14卷　第4號

川本國義, 1939 ＜不可解なる買收價格＞ ≪農業の滿洲≫ 第11卷　第10號

_____, ＜1939年度　岔路河附近　水稻作に關する所見＞ ≪農業の
　　　　滿洲≫　第11卷　第12號

＜米穀管理法施行規則＞, 1939≪奉天農事合作月刊≫　第2卷　第7號

＜米穀需給關係の切迫＞　1940　5≪滿洲評論≫　第18卷　第18號　通卷
　　　　435號

奧田亨, 1941　＜滿洲水稻作小史＞ ≪滿洲經濟研究年報≫

大上末廣, 1941　＜滿洲國農業政策＞　大同學院, ≪論叢≫第4集　滿洲
　　　　行政學會

沖中守夫, 1941　＜滿洲開拓農村現地報告＞ ≪朝鮮≫ 314호　朝鮮總督府

中村誠助, 1941　國立農事試驗場熊岳城支場 ＜南滿ニ於ケル水稻作ノ
　　　　研究＞　滿洲農學會 ≪滿洲水稻作ノ研究≫　1943

小島淸三郎, 1941　農事試驗場佳木斯支場 ＜北滿ニ於ケル水稻作ノ硏
　　　　究＞ ≪滿洲水稻作ノ研究≫　滿洲農學會　1943

石津半治, 1941　＜滿洲開拓國策と米の問題＞ ≪農業の滿洲≫ 第12
　　　　卷　第3號

戶村一男, 1941　農事試驗場公主嶺支場 ＜中滿ニ於ケル水稻作調査＞
　　　　≪滿洲水稻作ノ研究≫, 滿洲農學會, 1943

深谷進, ＜滿洲に於ける米作發展の諸條件＞ ≪農業の滿洲≫ 第13卷

第10號

川上龍太郎, <滿洲に於ける稻作の現在と將來> ≪農業の滿洲≫ 第
　　　14卷　第7號

橫山敏男, 1943　<南滿に於ける水稻の生産事情>(1-6) ≪農業の滿
　　　洲≫　第15卷　第1號

荒川左千代, 1943　<滿洲に於ける水稻の施肥に就て> ≪農業の滿
　　　洲≫　第15卷　第4號

小島淸重郎, 1944　<水田硏究三十年> 滿田隆一, ≪滿洲農業硏究三
　　　十年≫　建國印書館

伊藤文十郎, <在滿朝鮮人ノ現況> 金正柱, 1971 ≪朝鮮統治史料≫ 8

松村高夫, 1971　<日本帝國主義下における'滿洲'への中國人移動に
　　　ついて> ≪三田學會雜誌≫　第64卷　第9號

＿＿＿＿, 1972　<滿洲國成立以後における移民・勞動政策の形成と
　　　展開> 滿洲史硏究會 ≪日本帝國主義下の滿洲≫

淺田喬二, 1976　<滿洲農業移民政策の立案過程> 滿洲移民史硏究
　　　會, ≪日本帝國主義下の滿洲移民≫

小林英夫, 1976　<滿洲農業移民の營農實態> 滿洲移民史硏究會, ≪
　　　日本帝國主義下の滿洲移民≫

依田憙家, 1976　<滿洲に於ける朝鮮人移民> 滿洲移民史硏究會, ≪
　　　日本帝國主義下の滿洲移民≫

宮嶋博史, 1981　<李朝後期における朝鮮農法の發展> ≪朝鮮史研究
　　　會論文集≫　18집 朝鮮史研究會

松本武祝, 1986　<朝鮮における水利組合事業の展開> ≪農業經濟硏
　　　究≫　第57卷　제4號

金贊汀, 1987 3　<滿洲・そこに打ち捨てられし者> ≪世界≫ 499號

申奎爕, 1993 ＜日本の間島政策と朝鮮人社會- 1920年代前半までの
　　　懷柔政策を中心として＞ ≪朝鮮史硏究會論文集≫ 31
大豆生田稔, ＜1920年代における食糧政策の展開-米騷動後の增產政
　　　策と米穀法＞ ≪史學雜誌≫ 91編 第10號

Abstract

The Modern period Development of Rice Agriculture
in Manchuria, and the Chosun People
who immigrated into that area

Jin Ying

The development of Manchuria, being located at the Northeast side of China, was fairly late compared to other Chinese areas, and was mostly undertaken by the hands of the immigrants. Since the early days of the Ch'ing dynasty the Chinese people have moved to the Northern area of China, and after reaching the Manchurian area they started to plant beans, millet, corns, kaoliang, dry rice and barley which were all serials suited for dry land cultivation. But the Chosun people who later immigrated into this area started to utilize the damp(swamp) areas, turned them into rice fields and widely initiated rice agriculture. This marked the beginning of irrigated agriculture inside the Manchurian area, and the Chosun people's rice field agriculture successfully joined the traditional dry field agriculture of this area. The establishment of this new agricultural measure helped boosting the entire economy of Manchuria, as it guaranteed considerable agricultural development through-out the area.

Rice agriculture was the trademark of the Chosun people at Manchuria. It was the most important economical factor that supported the very lives of the immigrated Chosun people of which the population was hitting nearly 2 million in 1945. Initially the Chosun people who immigrated to Manchuria(excluding the Gando area) found it hard to establish settlements because(unlike the Gando area) land ownerships of this area had not been secured yet. Nevertheless, the development of rice agricultural methods which the indigenous Chinese people could not develop or acquire served as the driving force behind the Chosun people's success. Rice agriculture is still the most prominent type of agriculture favored by the Korean-Chinese people(the so-called Chosun-jok/朝鮮族 people) located at the Northeast area of China, and the rice they produce is a favorite to many people.

Examining the history of the development of Manchurian rice agriculture is another way of determining the history of the Chosun people's interaction with(or blending in) the Chinese population, and the formation of the Korean-Chinese Chosun-jok people. This researcher must admit that such prospect was a strong motivation for this very work.

The Manchurian rice cultivation as a subject of historical studies has long been neglected by the researchers of Korea, China or Japan. Everyone admits that the Manchurian rice agriculture was the accomplishment of the Chosun people, but details regarding that success are hardly addressed by anyone. As a result, the history of the Chosun immigrants who moved themselves to the Manchurian area for certain reasons(other than resistance activities aiming for the country's liberation or acts of survival based on treacherous and traitorous intentions), and the process of their adapting to the original Manchurian society, are out of the researchers' interest or attention it surely deserves. This research tried to establish the definitive history of the rice agriculture establishment inside the Manchurian area, and suggest 4 separate historical phases(①1875〜1914, ②1915〜1931, ③1932〜1939, ④1940〜1945) with each phase's featuring some distinctive characteristics of its own. Not only the agricultural activities of the immigrated Chosun people, but also those of the Chinese and Japanese people were examined in the process. And the relationship between the (i)Japanese imperial authorities' policy regarding the Chosun immigration and their rice agricultural activities, and (ii)the powerful Manchurian militarists which seemed to have affected those policies, is also examined here, using new data which were not used in previous studies.

The Manchurian rice agriculture was practically initiated in 1875 when rice cultivation was proven successful in the Tonghwa area across the upper reaches of the Abrok-gang river. Compared to the situation inside China, Chosun or Japan, the development was fairly late, but once the methods were implemented it accomplished a fast success because of the technical expertise and historical experiences of the Chosun immigrants. In merely 70 years, the rice agriculture reached and demonstrated a height of success which was not accomplished by any other production of cereals in Chinese history. Rice cultivation was expanded from the initial agricultural areas(such as the Manchurian border with the Chosun dynasty at the Eastern mountain areas) to the Western flatland areas, and also from Southern areas/南滿 to Northern areas/北滿. The speed and route of the rice agriculture expansion, and the deployment of rice fields, matched the Chosun people's routes and paces of immigration, and geographical points of their eventually established settlements.

The Manchurian rice agriculture of the Chosun immigrants was based upon the traditional Chosun rice agricultural techniques. And the immigrants also added some new Japanese rice breeds which were earlier introduced to the Korean peninsula to their cultivation plans. As a result, they were able to counteract the remotely ideal environment of Manchuria with resounding success. Eventually, areas throughout the entire Manchuria, except the Heungan-Bukseong/興安北省 area, rice cultivation was successfully and firmly established. During the 1940s', rice cultivation was even enabled in areas located above the 50 degrees North Latitude.

Rice field products were more profitable than any other dry field products, so before the Manchurian war broke out the authorities of the Manchurian area or other landlords actively preferred the cultivation of rice. The authorities supported such cultivation with their irrigation policy which in the process eventually helped the Chosun people in their efforts of establishing and expanding the rice cultivation. The policy included several orders such as (i)encouraging reclamation by distributing unreclaimed lands(including swamps) at substantially lower prices, (ii)recommending rice cultivation to Chinese cultivators, and (iii)managing lawsuits regarding rice agricultural activities.

But the Chinese authorities were also in a position in which they had to prohibit the Japanese from expanding their influences upon Chinese territory, and because such Japanese attempts were based upon using the success of the Chosun peasants, restrictive policies had to be implemented to level the success of the Chosun people. This put them in a very difficult position regarding rice agricultural environment, and led to an actual drop of productivity and square measure of rice cultivation areas in the 1920s'. But the cultivation in general, managed to survive and continue its development.

The time of development of Manchurian rice agriculture overlaps some series of events including the Chosun colonization, the Japanese occupation of Manchuria, and the full-scale war which involved the Japanese invasion of China. In this research, the factor of the Japanese capitalism which would have undoubtedly required the Manchurian rice agriculture to serve its internal needs, and the imperial Japanese authorities' perspective upon the Manchurian area and the Chosun immigrants, were also examined.

찾아보기

金 穎

- 中國 遼寧大學 歷史學系 碩士卒業
- 韓國 서울대학교 국사학과 졸업(문학박사)
- 中國 遼寧大學 韓國學科 부교수(현재)

近代 滿洲 벼농사 발달과 移住 朝鮮人

인쇄일 초판 1쇄　2004년 1월 15일
　　　　　2쇄　2015년 3월 06일
발행일 초판 1쇄　2004년 1월 27일
　　　　　2쇄　2015년 3월 15일

지은이 金　　穎
발행인 정 찬 용
발행처 **국학자료원**
등록일 1987.12.21, 제17-270호

서울시 강동구 성내동 447-11 현영빌딩 2층
Tel : 442-4623~4 Fax : 6499-3082
www.kookhak.co.kr
E-mail : kookhak2001@hanmail.net
ISBN 978-89-541-0165-8 *94900
가 격 18,000원